［美］沃德·法恩斯沃思——著　朱嘉玉——译

做自己的哲学家

斯多葛人生智慧的12堂课

The Practicing Stoic
A Philosophical User's Manual

Ward Farnsworth

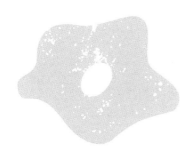

上海人民出版社

目　录

序 言

这是一本关于人性及其管理的书。我们知道，在古代，或是自古以来，在人性及其管理这门学科中最聪明的学生都属于斯多葛派。他们关于如何思考和生活的建议，与今天我们英语中"斯多葛派"（Stoic）一词所强烈缺乏的感受并不相似。最初的斯多葛主义者是最具独创性的哲学家和心理学家，同时也颇富实践性；他们为日常生活中的诸多问题提供了解决方案，并就如何克服非理性提出了建议，至今这些建议仍对我们助益良多。之后的章节以十二堂课的形式阐释了他们最有助益的学说。

————————————

以上是对这本书目的的简短陈述。读者如果觉得已经足够了，可以直接阅读第一章。对于那些想要更全面地了解下文基本原理的人，下面则是更完整的陈述。

1. 斯多葛主义的思想主要包含一些不论在任何时代都最为适用的智慧。斯多葛派深谙欲望、恐惧、地位、情绪以及从数千年前至今仍困扰着人类的许多事物。他们是那种脚踏实地的哲学家，想用自己的真知灼见把普通人从痛苦和幻想中解救出来。当然，斯多葛派也有他们的局限性；他们持有一些现在少有人秉持的信念。但在其他方面，他们远远领先于他们所身处的时代。他们说了许多从未有人提及的美好事物。

直到现在，斯多葛派的学说仍然与其在第一次被记录时一样有趣并有价值——或许还要更胜一筹，因为两千年的时间已然验证了他们所言说的许多内容。我们这个时代的愚蠢、不幸和其他令人沮丧的事情往往显得新颖或现代，但他们在经典对谈中的描述则提醒我们这并不是什么新鲜事。这本身就是斯多葛派的主张：人类的故事与问题不会发生改变，只是戴上新的面具罢了。补救措施也是如此。如今，无论是在不经意间还是在畅销书中，任何人提出的最有成效的建议往往都是重新讲述或发现斯多葛派很久以前更为精炼、聪慧、风趣的观点。因而，让读者找先贤们一窥究竟则更加直接。

2. 本书中的斯多葛主义是古希腊和古罗马的哲学家发展出来的一套思想。这里我要重申一开始所提到的——因为说得再多也不为过——斯多葛主义对他们的意义，并不等于这个词现在对我们的意义。在现代英语中，斯多葛主义通常指的是毫无怨言地受苦。而我们的主题是更多其他的内容：哲学意义上的斯多葛主义者不怎么抱怨，对他们来说，这只是一个小问题。（如果它对任何事情都有帮助的话，斯多葛主义者可能会很乐于抱怨。）"斯多葛"有时也被认为是**冷酷**的意思，这同样是不准确的。斯多葛派更有可能会在面对别人认为严峻的事情时表现出温和的幽默。或者有些人认为，斯多葛派寻求的是将自己从世界中解脱出来——这是一种返归自我（retreat into oneself）的哲学。事实正好再次相反。斯多葛派应该参与到公共事务之中。所有这些误解的结果对于正在学习斯多葛学说的我们来说是一个小麻烦：大多数人不知道斯多葛主义是什么，但他们并不知道自己对此一无所知。

斯多葛派之所以得名，是因为该学派的创始人——季蒂昂的芝诺（Zeno of Citium，约前334—前262）在俯瞰雅典广场的公共柱廊或廊院（"stoa"）教学。因此，斯多葛派被称为"廊院哲学"，与花园哲学（伊壁鸠鲁哲学）、学园哲学（柏拉图哲学）或学会（Lyceum）哲学（亚里士多德哲学）相对，每个名字都指的是学派学说的传授地。因此，如果"斯多葛主义"因为这个词的通俗意义而听起来令人生畏，你可以试着告诉你的家人，你正在研究廊院哲学，他们可能会喜欢这样。更有可能的是，对我们的主题感兴趣的读者也必须习惯于解释，当他们提到斯多葛主义时，他们指的是旧斯多葛主义。

3. 关于斯多葛派的许多书已经写好了。我应该谈谈，为什么似乎值得再读一本书，而这本书拥有什么其他书所没有的内容。

斯多葛主义主要是通过生活在公元前二到一世纪的三位哲学家的作品传达给我们的：塞涅卡、爱比克泰德和马可·奥勒留。塞涅卡和马可·奥勒留是罗马人，爱比克泰德是希腊人，但他也在罗马生活和教书。他们留下的作品往往特点各异。它们通常都是杂乱无章的笔记，或者按照对大多数读者来说已经没有意义的方式进行排序。他们的著作也没有相互引用、参照。因此，任何一个斯多葛派对某一特定主题所教授的内容，更不用说他们所说的全部，都不可能轻易地在同一个地方找到。塞涅卡可能会在三封信和一篇文章中展开对一个话题的评论，而同样的问题可能出现在爱比克泰德的论述的开头和结尾，或者出现在马可·奥勒留的日记的几个不同的地方。这种安排有其优点（有时不系统更好），但对于研究斯多葛派思想的学生来说，如果他们想从整体上看，或者想了解一个作者或所有作者对某个特定主题的观点，这种安排是不方便的。

这本书是对刚刚所述情况的回应。它有三个主要特点。第一，它试图以一种可以被描述为演进的逻辑方式来组织斯多葛派的思想。首先是基本原理，然后是其应用。我试图将这些应用按自然的顺序排列，如果相关的话，也将按照从简单到复杂的顺序排列。这种方法大致反映在各章的顺序、每章里的小节标题的顺序以及每个小节下讨论的顺序中。那些不在乎演进的人可以随意漫游，这些章节都是自成体系的，所以你不会读完一章才能理解下一章。但是，有了一个框架，哲学的不同部分之间的关系可能更容易理解。

第二，这本书旨在把不同的斯多葛派学者关于每一主题及其每一分支的最重要的观点汇集在一起。有时他们谈到一个问题的不同方面，塞涅卡解决了其中的一部分，爱比克泰德解决了另一部分。在其他情况下，所有的斯多葛派都在讨论同样的话题。在这种情况下，比较他们说了什么、他们怎么说是十分有趣的事情。这样的设计可以使他们互相交谈。

第三，这本书主要用斯多葛派自己的话，或者更准确地说，用最能说明他们学说的作者的语言来介绍他们的学说。这篇序言之后的导言以及每章的导言，都为需要的人提供了概要，且第一章比其他几章包含更多的阐述，因为它是开始。但读者可以跳过这一切，这并不会造成妨害。那些喜欢重述斯多葛主义的人还有其他的书要读，包括最近的一些优秀作品。这本书的目的是简明扼要地介绍斯多葛派自己所述的内容。对于那些喜欢的人来说，从这些内容的主要出处中接受这些内容是一种独特的乐趣。对我们所处世界的观察可能尖锐而准确，但在看到它在二千年前表达出来时，我们却获得了另一种力量。真理随年代而增长。

4. 正如此书，把长篇作品分割成摘录，必然意味着要牺牲上下文。塞涅卡寄给卢基里乌斯的一封信中的孤立的句子并不能表达他的观点所要表达的更多目的，更不用说这封信的全部要义，或者它在塞涅卡一系列作品中的位置。细微差别会不可避免地丢失。普遍而言，选择、编辑和整理不同作者的文字不免会影响读者理解其含义的方式。这本书的结构也是如此。它在一系列标题下展示了斯多葛主义，而这些标题对我们来说都是直观的。这不是任何希腊人或罗马人都会使用的结构（根本没有人会使用）。

简而言之，本书所选择的内容及其顺序，也相当于对斯多葛主义的一种解释。任何熟悉主要出处的人都会明白这一点。我之所以强调这一点，是为了那些并不熟悉的人。我希望那些喜欢以下内容但尚未阅读原文的读者接下来会读读原文。

5. 这本书意欲提供一门关于主要由斯多葛派学者教授的斯多葛主义短期课程。然而，在我不时想象的更为生动的课堂中，我们也可以有嘉宾演讲。例如蒙田，他就会成为一个活跃的来访者。因此，我们也会听到他和其他人的观点，他们可能被认为是斯多葛派知识的后裔，因为他们明显地受到了斯多葛派的强烈影响。这些人通常在某些理论问题上背离斯多葛主义，但在与本书更为密切相关的问题上与斯多葛派一致。他们对斯多葛派的信条给予了令人难忘的表达，并为其提供了变体；而有时，他们会直接偷走它们。他们的作品读起来很有教益，因为他们让我们看到斯多葛主义是一种超越古典起源的思想传统。

我们有时也会听到希腊、罗马作者的观点，他们本身并不是斯多葛派，但以我们感兴趣的方式同意斯多葛派的观点。这通常会是同一个故事：相似学派的哲学家们对生命的目的、宇宙的性质或类似的宏观问题的答案存在争议，但他们对更直接的问题有一些相同的看法，例如如何思考金钱、名誉、苦难和死亡。他们在发展的过程中偶有交汇。

总而言之，本书将爱比克泰德、塞涅卡和马可·奥勒留视为经典资料。如果他们说了什么，我已经准备好将他们的话收入本书，并将其视为斯多葛派的学说，无论它是否源于希腊人早先所说的任何东西。（我稍后将对此进行更多讨论。）一旦一个命题如此确定，本书将经常停逗，展示其他作者——斯多葛派的堂兄弟或后裔——是如何表达相同的观点的，或是如何对其进行例证和阐释的。

这本书保留了斯多葛派著作中的一些冗余内容，并删除了其他内容。如果不同的作者在本书中说了相似的话，那是因为他们的一致性是有趣的。如果一个作者在本书中以不同的方式阐述了同一个观点，那是因为每一次重述都为该观点的学生提供了一个可能有价值的细节。但是那些发现他们已经理解一个主题的人可以无碍地继续研读下一个主题。

6. 斯多葛派起源于古希腊。然而，这本书很少关注早期希腊的斯多葛派。本书移除了芝诺、克里安提斯、克利西波斯以及该学派的其他元老，却提及了后来的作家，这似乎是不公正和不幸的。困难在于，希腊人只有片段幸存下来；虽然有来自盖伦、西塞罗、普鲁塔克和其他人的文本谈论早期斯多葛派所说的话，但我们缺少他们为自己发声的详尽著作。我们掌握的二手资料足以让学者们拼凑出许多最早的斯多葛派思想，但这一结果在这类书中并不适用。

本书采用的将晚期斯多葛派视为典范的方法是值得反对的。斯多葛派可以由我们能够理解的最古老、最一致的哲学原则来更好地定义，而不是由晚期作者有时被指责为异端邪说的观点定义。在斯多葛派的晚期著作中，我们确实发现了一些与希腊人所说的不同，或者张力，或者偏离。从这个角度来看，斯多葛派所说的并不都是斯多葛主义，本书中的一些条目不应该被包括在内，因为它们没有足够接近这种哲学的核心原则。

我的观点是，罗马人的晚期斯多葛主义值得关注和赞扬。毫无疑问，它在理论上并不像希腊人发展的那样精妙和新颖，但它还有其他优势。晚期斯多葛派比早期斯多葛派更加普及，他们是使其适应日常生活的革新者。诚然，我们没有多少希腊人所写的东西（或罗马人做的所有东西）。但我们所知道的表明，这种哲学的晚期版本比早期版本更为务实，因为罗马的事业似乎要比希腊的类似例子更为务实。因此，斯多葛晚期作品作为一个独立的作品体系，有其自身的优势和重点选择，阅读起来既有益处，又不必因为它可能与希腊作品有所不同而抱有愧意。

关于这个观点，有一个最重要的例子应该直接说明：我在本书中加入了塞涅卡的一些观点，并称之为斯多葛主义，而有些人会说这些观点背离了斯多葛主义。在我看来，塞涅卡在某些主题上的观点（尤其是涉及情绪的）比其他斯多葛派的观点更有帮助和说服力。喜欢他所说内容的读者不应该被描述为"塞涅卡主义者"或类似的歪曲说法。塞涅卡是最多产且作品至今留存的斯多葛派作家。我认为，把他偶尔与希腊人不同的学说视为斯多葛主义的一个版本，而不是忠诚与背离的混合体，是最有意义的。如果结果必须明确命名，让我们把它称为斯多葛改革派或诸如此类的东西。

7. 斯多葛主义涵盖了许多主题，所以我要在这里按顺序说一下哪些在这里被讨论，而哪些被遗漏了。首先，这本书是关于伦理的。在当下日常用语中，"伦理"通常指关于行为是对还是错的规则，特别是在我们如何对待他人方面。然而，从哲学角度来看，这个词也指如何行动以及美好生活的意义等更宏大的问题。接下来的大部分内容都属于这一范畴，尽管包括其许多理论工具在内的斯多葛派伦理学的一些思想并不涵盖于其中。

这本书的主题也可以被描述为心理学，我们认为这是一个独立于哲学的主题，但斯多葛派并没有将它们区分开来。大多数章节都以人类非理性的某些方面及其如何被驯服为主题。斯多葛派的这些疑问将吸引一些读者，其原因与他们发现现代认知心理学具有吸引力的原因相同。了解自己的头脑有助于让自己意识到自己的错误判断——要让更敏锐一点，更有自我意识一点，不那么愚蠢一点。在某些方面，认知心理学家也可以算是斯多葛派哲学家的接班人，正如我们将要看到的，斯多葛派预见了他们的一些发现。不过，斯多葛派尽管在方法上不那么严格，但在他们试图回答的问题上更为雄心勃勃。他们提出了一种生活方式。

这本书中的斯多葛主义相当于哲学和心理学的融合，并倾向于后者。它之所以如此重要，是因为从我们现在所处的位置来看，斯多葛派有时相比于哲学家，更像心理学家。被他们认为最重要的一些哲学主张——比如遵循自然生活意味着什么，以及为什么它很重要——已经过时了，而他们对我们的思维如何背叛我们的观察则更经受住了时间的考验。无可否认，这种侧重点的选择有得也有失。一些斯多葛派的学说可能看起来不完整或不令人满意，除非它们与本书基本避免的伦理学或形而上学的基本原则相结合。但是我希望读者无论如何都会带来他们自己的首要原则，并且会发现斯多葛派的建议与读者中的许多人是相容的。

斯多葛派最初除了伦理学和心理学之外还包括很多。古人会把逻辑和物理确定为额外类目；在物理学中，他们会囊括一些我们可能会认为是宇宙学和神学的理论，其中一些理论正如刚才所说，今天已经没有多少受众。斯多葛派认为理性充斥着宇宙。他们认为自然是智慧的，事件表达了仁慈的天意。这本书并没有提出任何一种学说，也没有展示这里讨论的观点与它们之间的关系。这些问题需要一卷比这长得多的书，与此同时，今天的大多数读者不相信斯多葛派神学，也不需要它来学习斯多葛派的其他学说。这就是本书的论点：斯多葛派的著作仍然保持着活力，不是因为他们对宇宙的信仰与今天仍然有共鸣，而是因为他们对人性的见解与今时产生了共鸣。

我并不是说斯多葛派对于人生中最大的问题没有什么值得说的。相反，斯多葛主义之所以有价值，部分原因在于它与许多宗教一样，提出了一些关于如何生活的问题，有时也得出了类似的结论，但它仅仅是通过观察和推理得出的。或者说，它**可以**如此。正如我所说的，斯多葛派中确实存在神学，但你可以去掉支柱，神庙仍然屹立不倒；没有它，他们的分析和建议也足够站得住脚。换言之，当斯多葛派以此处所示的方式说话时，我们有时会发现他们与其他哲学或精神传统的追随者抵达了同一座高峰，但他们以不同的面貌登上了山顶。他们的方式将与许多现代读者相契合。它是人类逻辑、反思和知识的道路。

8. 这本书的英文书名 *The Practicing Stoic* 有着多重解读。刚才的讨论将暗示它背后的意图。在我看来，一个实践的斯多葛派在面对生活和思考问题时，会努力记住斯多葛派的智慧——被斯多葛派所吸引，不是将其作为信条或神学，而是作为有价值的建议和一种心理卫生形式。换句话说，这本书是为那些对斯多葛主义的实践而不是理论更感兴趣的人准备的。(当然，我并不嫉妒其他人对斯多葛主义高深理论的热爱，他们也有权利拥有书籍——他们的确已经拥有了。)

这个标题也意味着谦逊。一个实践的斯多葛派可以被认为是一个试图学习斯多葛派必须教授的东西，但因为做得不够好，还没有宣称成功的人。这本书不是"精通斯多葛派"或"斯多葛派大全"，而仅仅是"实践斯多葛派"，这无疑是所有人最应该自称的。("你是斯多葛主义者吗?""不，不——只是在实践中。")

9. 这本书的读者应该了解到，多年来斯多葛主义受到了许多批评。在这里，我的兴趣不在于学者或敌对哲学家对斯多葛主义的专业批评，其中很多问题我都认可，并留给专家来解决。我更感兴趣的是斯多葛派在书面对话中受到的碰撞，因为这些评价更接近本书的主题学说。第十三章展示了这些批评中最标准的三种，并对它们进行了评论。对于那些正在了解斯多葛派的人来说，看看那些不喜欢他们的人说了些什么，并思考他们可能会回应些什么，这是非常有益的。

我将在这里提出我的总体观点，即许多斯多葛主义的批评者对它并不手软。他们抓住了斯多葛派所说的最极端的东西，但没有说明这些观点在其他地方是如何具有合理性的。或者他们根据最无感染力的拥趸、特征、时刻来评判整个哲学。这太糟糕了，不是因为这对斯多葛派不公平（他们不在乎），而是因为这忽略了他们所说的更好的东西。但是批评仍然存在。许多人关于斯多葛主义的观点是基于他们所听到的，但他们所听到的都是诽谤。或者他们将斯多葛主义与某个听起来似乎令人难忘的想法联系在一起，也许是因为它很刺耳。如果你学了这个内容并和其他未学过的人讨论，你很快就会发现这一点。关于斯多葛主义的观点大大地超越了它的知识。

批评家可能会回答说，我犯了相反的错误，只展示了斯多葛主义中颇为吸引人的部分，而忽略了其余的部分。这可能是真的。我试图在有限的篇幅内公正地介绍晚期斯多葛派的应用伦理学和心理学。但是，如果存有更多或更不合理的学说版本，这本书就会选择更为合理的版本。我试图把斯多葛派的精髓展现出来——不是为了说服所有人对斯多葛派都有好的印象，而是为了写出一本有帮助的书。

10. 最后几条评论中的让步招致了一位专家的批评，我希望最后可以预见这一批评：这本书终究不是关于斯多葛派哲学的——它所包含的不是斯多葛派**或**哲学。它不是斯多葛主义，因为它遗漏了太多斯多葛派认为必要的东西。它不是哲学，因为它忽略了太多基本的东西。这也许是个好建议，但也**只**是建议而已。

这种区别对读者来说可能很无聊，但对学者来说却很有意义，作为一名学者，我对此表示支持。不过，考虑到本书的目的，其意义并不大。我试图为那些对斯多葛派关于为人的挑战的永恒价值感兴趣的人写一本书。如果抛开更深层次的原则，或包含偏离它们的思想，使结果不同于斯多葛派也不同于哲学，我们的主题可以被描述为那些曾经被称为斯多葛派的人的实践学说。此外我不作任何声明。

无论如何，没有人应该太在意是否被称为斯多葛派。据我所知，它没有任何成员门槛。如果我们想要以作者的写作精神来阅读他们，我们最好把注意力集中在他们认为更重要的问题上。他们主要不是为了提高某一哲学学派的地位，也不是为了决定谁有资格加入。他们试图帮助人们看得更清楚，生活得更明智，更轻松地承受生活的重担。让我们看看他们是怎么做的。

————————

登场人物。亲自认识斯多葛派的老师，是学习本主题的一大乐趣。为了方便那些还不熟悉他们的人，这里有一些简短的介绍，他们将在接下来的内容中经常出现。

1. 主要人物。三位斯多葛派作者在这本书中占主要地位。在某些话题上，他们都发表了评论；在有些方面，总有一个人比其他人更专业。

a. **小塞涅卡**（Seneca the Younger，全名为 Lucius Annæus Seneca）生于约公元前 4 年，卒于公元 65 年。他出生在西班牙。他的父亲与他同名（因此被称为老塞涅卡），是一位修辞学教师。老塞涅卡的儿子——我们的主人公小塞涅卡——年轻时被带到罗马。他在埃及生活了一段时间，早年当过律师和政治家，在被流放到科西嘉岛后，他成为了声名狼藉的皇帝——尼禄的导师和顾问。小塞涅卡也变得非常富有。

公元 65 年，小塞涅卡被指控参与皮索的兵变，后者未能成功刺杀尼禄。皇帝命令他自杀，他便自杀了：他割开自己的手脚血管，坐在热水浴里，尽管他们说最后是蒸汽杀死了他。这段插曲是电影《教父 2》中的一个很好的典故。

小塞涅卡写了关于哲学的书信、对话和散文，还写了一些戏剧。他的著作是现存的关于斯多葛主义的最丰富的著作，也是本书最大的素材来源。有时他的财富和政治生活使他被谴责为一个伪君子，因为他的生活与他的学说不一致。这个问题将在第十三章的一篇短文中讨论。

b. **爱比克泰德**（Epictetus）大约生活在公元 55 年到 135 年。

他出生在今天的土耳其地区，并在罗马度过了他前半生的大部分时间。（出于这个原因，我有时称他为罗马斯多葛派的一员。）当众多哲学家被皇帝图密善流放时，爱比克泰德移居希腊，并在那里建立了一所学校。

爱比克泰德没有留下任何著作。他学校里有一个著名的学生，名叫亚利安（Arrian），而亚利安的笔记被认为是他说的话。亚利安留下的文本包括《爱比克泰德论说集》（*Discourses*）和《手册》（*Enchiridion*，翻译成英语即 handbook。亚利安原文是用希腊语写的）。我们也有一些不太确定真实性的片段，是由斯托贝乌斯（Stobæus）记述的（约公元 500 年）。当你阅读爱比克泰德的内容时，最好想象你读到的是他在课堂上未经加工的讲话内容的文本。

爱比克泰德的生平与其他主要作者截然不同。他有一条腿是残疾的。他生来是奴隶，后来的解放使他与塞涅卡产生了一种奇妙的联系。正如刚才提到的，塞涅卡被指控参与刺杀尼禄的阴谋，皇帝秘书爱帕夫罗迪德（Epaphroditos）揭发了这一阴谋。而爱帕夫罗迪德就是爱比克泰德的主人，可能是他释放了爱比克泰德，尽管这一点和爱比克泰德生平中的其他事情都属猜测。（爱帕夫罗迪德后来因未能阻止尼禄自杀而被处死。那可真是一个残忍的时代。）

爱比克泰德在罗马师从穆索尼乌斯·鲁弗斯（Musonius Rufus），鲁弗斯是另一位斯多葛派学者，他没有留下自己的著作（但稍后我们也会看到他的一些片段）。穆索尼乌斯·鲁弗斯现在最出名地方的可能是他认为女性和男性一样适合接受哲学训练。

    c. 马可·奥勒留（Marcus Aurelius，全名为 Marcus Aurelius Antoninus Augustus），生活在公元 121—180 年。公元 138 年，哈德良皇帝收养了自己的继承人安东尼·庇护（Antoninus Pius）。哈德良还安排安东尼收养了当时十几岁的马可·奥勒留。安东尼·庇护不久后登基，当了二十多年的皇帝。安东尼于公元 160 年去世后，马可·奥勒留成为皇帝，并统治了近二十年——前八年与他的养兄路奇乌斯·维鲁斯（Lucius Verus）共治，最后几年与他的儿子康茂德（Commodus）共治，而关于康茂德，我们说得越少越好。在中间的这段时间里，马可·奥勒留独自当皇帝。这是一个几近不可能的时刻：世界上最有权势的人同时也是最聪明的人。

    马可·奥勒留在他生命最后十年的军事行动中，用希腊语给自己写了很多哲学笔记，我们称之为《沉思录》（*Meditations*）。在他的作品中，他从未将自己描述为斯多葛主义者，但他是这一哲学的忠实学生，长期以来一直被视为具有代表性的作者之一。

    从这些笔记中可以明显看出，我们的三位罗马斯多葛主义者的生平是重叠的，但只是勉强重叠。第一位离世的时候，第二位还年幼；第二位离世了，第三位还年幼。据我们所知，他们之间没有任何接触。马可·奥勒留十分感谢他的一位斯多葛派老师朱尼乌斯·鲁斯蒂克斯（Junius Rusticus），这位老师给了他一本《爱比克泰德论说集》，并且马可·奥勒留偶尔会引用那书。

2. 次要古典人物。其他一些古典作者——不完全是斯多葛派，但算是他们的朋友或堂兄弟——将不那么经常出现。

a. **伊壁鸠鲁（Epicurus）**生于公元前341年，卒于公元前270年。当然，他与他自己的哲学——伊壁鸠鲁主义密不可分。伊壁鸠鲁主义和斯多葛主义是对立的。第一种是感官享受和放纵的哲学，第二种是节俭的哲学。这两种名声都具有误导性：现在英语中的伊壁鸠鲁派（Epicurean）一词给人的印象就像斯多葛派给人的印象一样不准确。这两种思想流派在许多重要方面确实不同，最突出的是他们提出的美德与快乐之间的关系。伊壁鸠鲁认为快乐是人类唯一的合理动机，而斯多葛派认为我们唯一正当的目的是高尚地行动——理性地生活和帮助他人，幸福由此而来，但却是偶然的。不过，尽管存在这些差异，伊壁鸠鲁派和斯多葛派在分析判断、欲望和其他主题时，在一些重要问题上是一致的。

像许多其他希腊化时代的哲学家一样，伊壁鸠鲁写的书和文章都没有流传下来。但我们有他一小部分作品，主要是几封信和几组语录。其中较大的一组是在19世纪梵蒂冈图书馆的一份手稿中发现的［即所谓的"梵蒂冈语录"（Vatican Sayings）］。伊壁鸠鲁在其他古典作家的著作中也经常被引用。事实上，这本书中伊壁鸠鲁的许多条目都是塞涅卡自己保存下来的，他认为这没有什么可难堪的。

　　我将继续向你们赞扬伊壁鸠鲁的名言，这样，所有推崇他人之言、重视说话者而不是说话内容的人都能明白，最好的思想是共同的财富。（Seneca, *Epistles* 12.11）

这本书也将采用同样的言论。

　　b. **西塞罗**（Cicero，全名为 Marcus Tullius Cicero）生于公元前 106 年，卒于公元前 43 年。他是罗马最重要的政治家和哲学家之一，也是最有口才的演说家。他的一生主要是在政治活动中度过的，担任过律师、财务官、裁判官和执政官。尤利乌斯·恺撒遇刺后，他主张以共和国的形式拯救罗马：当马克·安东尼成为后三头同盟的独裁者之一时，他下令处死西塞罗，并在广场上悬挂他的头颅和双手。

　　西塞罗在他生命的最后阶段转向哲学写作。尽管他的主要目标和成就是保存希腊哲学知识，但他也作出了自己的贡献。直到如今，他的哲学著作一直是所有古代著作中阅读最广泛、影响最大的著作之一。西塞罗在何种程度上可以被认为是一个斯多葛派一直存在争议：他赞同斯多葛派的一些立场，也拒绝了另一些，但他在很多伦理学观点上与斯多葛派一致，他描述斯多葛派原则的方式有时也很有帮助。

　　c. **普鲁塔克**（Plutarch，全名为 Lucius Mestrius Plutarchus）

生于公元约 46 年，卒于公元 120 年，是一位多产的传记作家和哲学家，最著名的作品是《希腊罗马名人传》（*Parallel Lives*）和他的文集《道德论丛》（*Moralia*）。他出生在希腊，并在那里度过了大半辈子，但在某个时候成为了罗马公民。在他生命的最后二十五年里，他还在德尔斐的阿波罗神庙担任祭司。在他的哲学著作中，他追随柏拉图，对斯多葛派进行了许多直接的批评。他可能不想出现在一本关于斯多葛派的书中，尽管他的恩怨似乎主要是针对早期的希腊斯多葛哲学家，而且涉及的主张并不是本书要讨论的。无论如何，他的道德观有时与晚期斯多葛主义的道德观有重叠，我们会看到这一点。

3. 次要现代人物。本书有时会提供一些近代作者的段落，如前所述，他们可以被视为斯多葛派的后裔。他们本身不能被称为斯多葛主义者，因为他们在太多问题上与斯多葛派分道扬镳，但他们都读过斯多葛派哲学家的著作，并且都对这本书中的某些主题表达了斯多葛式的观点。

a. **蒙田**（Michel Eyquem de Montaigne，1533—1592），法国律师、政治家和哲学家。他的文章是在他退出公共生活二十二年后写成的，并普及了这样一种文学形式。他的话题很广泛，而且往往很私人。他对斯多葛派的某些原则进行了更广泛的讨论，有时对它们进行了比其他任何地方都更恰当的陈述。蒙田从小就以拉丁语为第一语言，他一生都热爱古典学习。有一段时间，他被称为法国的塞涅卡，他公开承认自己对塞涅卡和普鲁塔克的感激。

> 当我把别人的推理和想法移植到我自己的土壤里，并把它们和我的混合在一起时，我故意隐瞒了作者的名字。我这样做是为了控制那些草率批评各种写作的鲁莽行为，尤其是批评当代作家的作品，以及使用共同语言的作品——这种语言可以邀请所有人成为批评家，并且可以让这本书的构思和设计看起来十分普通。我想让他们为侮辱我作品中的塞涅卡和普鲁塔克而付出代价。[Montaigne, *Of Books*（1580）]

这一评价的真相将在下文中看到。

蒙田也为我们的目的提出了一些挑战，因为他是一个无尽的思想源泉，其中许多并不是斯多葛派。他是一个怀疑论者，因此不会赞同斯多葛派更为理论性的主张。随着时间的推移，他的一些观点发生了变化。我在本书中把 1580 年作为他文章发表的日期，但他写了二十多年，也修改了二十多年。因此，我通常按照前面解释的那样进行：首先询问一个给定的主张能否在古代斯多葛派的资料中找到。如果是这样，我时不时会给出蒙田的阐述或重述。

b. 塞缪尔·约翰逊（Sameul Johnson，1709—1784），英国散文家、诗人、评论家和其他各种作品的作者。他是最著名、最有趣的英语词典的作者，也是最著名、最有趣的英语传记 [博斯韦尔（James Boswell）的《约翰逊传》〕的传主。尽管约翰逊偶尔被描述为斯多葛主义者，但我们最好避免贴上这个标签。这并不适合他的整体作品，其中一些作品还贬低了斯多葛主义。然而，在约翰逊关于伦理学的著作中，他经常同意斯多葛派的观点，并对他们的许多观点给出了极佳的阐述。约翰逊经常以现在看来夸张的风格写作，他喜欢使用华丽的词藻。这使得今天大多数人很难从一而终地欣赏他的散文，但我们将适度添加一些他的内容。

c. **亚当·斯密**（Adam Smith，1723—1790），苏格兰哲学家和经济学家，他是斯多葛派的忠实读者，并深受其影响，尽管他自己的哲学在许多方面与斯多葛派不同。他在《道德情操论》（*The Theory of Moral Sentiments*）中对其进行了详细的批判，但在某些细节上同意斯多葛派的观点。

斯密是塞缪尔·约翰逊的同时代人（也是詹姆斯·博斯韦尔在格拉斯哥大学时的教授），但他们是否见过面就不得而知了。有一则广为流传的轶事，说斯密和约翰逊第一次也是唯一一次在苏格兰的一个聚会上相遇，短暂地互相辱骂，但有人质疑这是捏造的（唉！）。

d. **阿图尔·叔本华**（Arthur Schopenhauer，1788—1860），德国悲观主义哲学家和散文家。他写了很多话题，其中许多与本书所关注的内容相去甚远，但他在晚年所写的文章中，也触及了我们所谈论的一些主题。他也没有完全接受斯多葛主义；他对斯多葛主义提出批评，不相信幸福可以通过理性获得。但和这里提到的其他人一样，他仔细阅读了斯多葛派，在次要观点上与他们有很多共同之处。在这样一本书中有他是件好事，因为他对斯多葛派思想的解释与其他作者相比，有一种不同的、更现代的知识分子味道。

其他一些作家也会出现，包括与蒙田同时代的法国作家纪尧姆·杜·维尔（Guillaume de Vair）。他试图明确地调和斯多葛主义与基督教（有时被称为新斯多葛学派）。他的解释偶尔会引起人们的兴趣，就像那些在本书中不常出现的其他人一样。

因为这本书是为普通读者准备的，所以我没有使用尾注。当似乎需要加入解释性的注释时，它们会直接出现在正文中。它们大多由斯多葛派或他们的朋友引用的古代人物的简短笔记组成。我们这个话题的部分乐趣在于有机会接触了解一点古典世界，这是我们祖先无穷无尽的迷人之处。

翻译。这本书中有许多段落不是用英语写成的。所有原文的英译均存在于公开场合；当发现这些版本适合我们的目的时，我会毫不犹豫地使用它们。这本书尤其得益于洛布古典丛书（Loeb Classical Library）中许多珍贵的英译本，以及 T. 贝利·桑德斯（T. Bailey Saunders）对叔本华的英译。不过，在大多数情况下，英译文都经过了修订或重译，以使它们变成更清晰的现代英语，

且忠实于原文。我要感谢迈克尔·加加林、卡尔·加林斯基、安德鲁·库尔和阿什利·沃克斯，他们都是我出色的同事，他们在这方面为本书提供了才华和慷慨的帮助。

在斯多葛派表达自己的方式中，有时会有一些男性至上主义，我没有处理掉这些部分，因为我的目标是尽可能准确地展示他们所说的话。我希望读者能够忽略这个问题。虽然斯多葛派的政治思想大多超出了我们的能力范围，但他们以欢迎女性参与他们的哲学实践，并在其他方面支持女性平等而闻名，有时在他们的时代达到了激进的程度。

在对本书手稿的评论上，我要感谢上面提到的同事们，以及安雅·比德韦尔、切尔西·宾汉姆、丹尼尔·坎托、罗伯特·切斯尼、亚历山德拉·德尔普、安妮·法恩斯沃思、珍妮特·法恩斯沃思、山姆·法恩斯沃思、大卫·格林沃尔德、亚伦·格雷格、哈里斯·科尔、露西·莱福德、布莱恩·佩里兹-达普尔、里德·鲍尔斯、威廉·鲍尔斯、爱恩·拉蒂乌、克里斯托弗·罗伯茨、特德·斯基尔曼和布兰登·沃尔什。如有错误，责任在我。我还要感谢卡尔·W.斯卡伯勒，他是业内最优秀的设计师，他设计了这本书英文版的内页和封面。

导　言

这篇导言简要而粗略地概述了本书观点。它不是必读的，只是为了方便喜欢概要的读者。

1. 我们似乎在生活中直接地对事件和世界上的其他一切作出反应，但这种表象是一种错觉。我们是在对自己的判断和观点作出反应——对我们关于事物的想法作出反应，而不是对事物本身。我们通常没有意识到这一点。事件通过我们熟悉的判断镜片呈现在我们面前，以至于我们忘记了自己还戴着它们。斯多葛派试图注意到这些判断，发现其中的不合理，并更谨慎地选择它们。

这个观点是斯多葛主义的基础。有时，我们会注意到，当我们对一件事作出反应时，我们实际上是在对我们对自己说过的话作出反应，此时我们就可以看到上述观点的真实性。（或许我们可以换个说法。）但在其他情况下，我们很难看到判断在产生反应中的作用，因为它们是如此根深蒂固，以至于我们认为它们是理所当然的。斯多葛派研究这些反应——那些我们觉得不可避免的反应，方法是将它们与他人在不同条件下对相同事物的截然不同的反应进行比较（或与**我们**在不同环境下的不同反应进行比较）。斯多葛派据此推断，我们对任何事物的反应方式实际上取决于我们的思想和信念，无论这些思想和信念被掩埋得有多深。既然这些信念和思想属于我们，它们就应该是可以改变的，因此应该受到比往常更理性的审视。我们对世界的体验是我们自己的行为，而不是世界的行为，斯多葛派的意思是要为此负责（第一章）。

2. 我们应该把自己的幸福寄托在我们能控制的东西上，而不要执着于我们不能控制的东西。我们通常无法控制事件，或其他人的意见、行为，或任何其他在我们自己之外的东西。斯多葛派因此认为金钱、名誉、不幸等都是"外部"，并以超然的态度看待它们。斯多葛主义者对这些事情仍有偏向，因此更愿意避免逆境，宁愿拥有财富，也不愿没有。但对这些欲望或恐惧的**依附**被认为是确保了焦虑，是对这些欲望或恐惧对象的一切控制者的一种奴役。总之，担心自己所无法控制的事情是违反斯多葛派原则的。我们能够控制和应该关心的是我们自己的判断和行动（第二章）。

把前两点加以整合：我们依附于我们无法控制的事物，这给我们带来痛苦；我们忽视了我们**可以**控制的思维的特征，如果处理得当，它就会给我们带来平和。斯多葛派试图让我们意识到这种模式，并逆转它。

3. 在证明了我们的思想和判断创造了我们的经验之后，斯多葛派开始着手改变它们。他们使用两种策略以达到目的，我们可以将其描述为分析和直觉。分析层面包括理性论证——用道理和证据来证明物欲的无用，各种恐惧的不必要等等。直觉层面包括从与观点产生的相似影响的视角来看待生活，但没有观点。人们只是从一个新的角度看待事物，并对它们有不同的反应。同样地，我们可以说斯多葛派试图用文字和图像来说服人。

从直观的一面——也就是从图像开始：我们都有一个普通、自发的观点。我们从自己的内心向外观察，以此看待世界。这种观察角度使我们陷入一长串的欺骗之中。斯多葛主义者通过从一个不易被发现的角度看待事件以从中寻求自由——将事物或事件与世界或时间的尺度进行比较，或远观它们，或通过旁观者的眼睛看待你自己的行为，或把发生在自身之事看作发生在他人身上。斯多葛派获得了从鼓励谦逊和美德的角度看待生活的技能，并且这些消除了我们赖以生存的错误判断（第三章和其他处）。

斯多葛派不仅致力于克服对死亡的恐惧，还将死亡视为另一种视角和灵感的来源。意识到存在总有终结的时候，日常生活就会进入一种全新的、高尚的境界，就像思考宇宙或时间的尺度一样（第四章）。斯多葛派也会思考比较，让我们不那么神经质，不让比较变得我们通常用来骚扰自己的那样嫉妒性（第五章）。这些都可以看作是通过调整自己的观点以寻求智慧的例子。

4. 转向主题的分析层面：斯多葛派剖析了我们的内心世

界——欲望、恐惧、情绪、空虚等等。这些状态被证明是我们思考方式的产物，且大部分都是错误的；在检验中发现，它们背后的判断是错误或愚蠢的。斯多葛派的补救措施大体上相当于上述第 1、2 点的应用。我们不是对事物作出反应，而是对我们对事物的判断作出反应，而这些判断通常由墨守成规或荒谬、虚构的剧本组成。斯多葛派试图破除这些剧本，并且给我们带来更好的方式与自己谈论剧本的主题。

斯多葛主义对欲望、恐惧和觉察的更具体的分析在本书的中间位置，我们不在这里一一概述。其中大部分内容包括非常准确地观察人性，并记录其中的不合理。例如：我们渴望我们没有的东西，我们蔑视我们拥有的东西，我们通过主观和无谓的比较来判断我们的境况和是否成功。我们追逐金钱和享乐的方式并不能带来真正的满足；我们追求别人眼中的名声对我们没有实在的好处。我们用对事物的恐惧折磨自己，而忍受这些事物比焦虑容易。我们总是忽视当下，因为我们过于关注未来，而当未来到来时，我们又会同样忽视它。事情并不如此简单，但这体现了斯多葛派判断的况味。简而言之，我们被那些神志不清的、莫名其妙的、往往让我们感到不快乐和可笑的信念所困扰。更好地思考我们头脑的运作可以让我们从许多微妙的疯狂中解脱出来。

上述分析是否能改变一个人对任何事物的感觉似乎值得怀疑；你可能会认为，人们不可能被说服去放弃他们没有被说服去实践的习惯和感受。但有时他们可以。此外，斯多葛主义的观点是，在没有意识到的情况下，我们经常被我们的文化和我们自己说服而去服从于感情（第五至九章）。

5. 斯多葛派对逆境的看法与传统看法不同。他们寻求的不是痛苦或困难，而是一种不被这些事情所扰且能将其变好的心态。遇到我们不想要的东西是生活中不可避免且十分重要的一部分；但我们不想要的发展会产生伟大的成就、坚强的性格和其他我们**确实**想要的东西。因此，斯多葛主义意味着应把自己的想象力用到那些似乎令人讨厌的发展中，并把它们作为一种建筑材料。斯多葛主义者接受发生的一切并加以利用（第十章）。

6. 刚才回顾的一些斯多葛派分析具有丰富但消极的特点。它相当于理性地消灭对我们不利的错误信念。然而，在斯多葛主义者看来，这些都不应该导致绝望。恰恰相反：我们可以在智慧中找到更持久、更令人满足的快乐，找到比以往在幻觉中更少的痛苦。斯多葛派主张从现实中解脱，换句话说，并非远离现实。正视世界与人生，免受那些让大多数人发疯且虚构的困扰，这就是他们认为的美好生活。（第六章和第十一章）

斯多葛派还提倡享受自然的快乐，而不是我们为了让自己在仓鼠转轮上继续转动而发明的那些快乐。通常，斯多葛派的目标是用适度和超然的态度享受、回应或处理世界上大多数其他事情（第六章）。超然并不意味着缺乏关注或兴趣。最好把它看作是适度的一个方面——在我们与外部事物的关系中节制。斯多葛主义者避免因这些事物而兴高采烈、崩溃或以其他方式激动起来。实际上，斯多葛主义中很大一部分可以被看作是对德尔斐阿波罗神庙入口上方两条著名箴言的解释：认识你自己；适可而止。斯多葛派把这些格言变成了具体的哲学实践。

7. 斯多葛主义还对生活的意义——追求美德——提出了强烈的肯定观点。有美德的生活意味着依靠理性生活，斯多葛派认为理性要求诚实、善良、谦卑和无私。它还要求参与公共事务，即以任何可能的方式帮助他人。斯多葛派不是为了满足欲望而活，他们认为自己是整体的一个运作部分。这是极大的快乐，尽管它不是来自获得事物或他人的认可。斯多葛派寻求的幸福是 *eudaimonia*——美好的生活，或福祉。美德带来了作为一种衍生品的幸福，而斯多葛派认为这是确保幸福的唯一可靠途径（第十一章）。

8. 斯多葛主义是一种实践，而不是一套值得钦佩的主张。这是一项艰难的工作，因为我们的许多判断以及随之而来的恐惧和欲望都是习惯性的，很难改变或摒弃，而且它们不断受到我们周围环境和习俗的强化。通过理性来驯服心灵，就像我们把自己与武术或其他高要求的身体训练联系在一起一样。作为回报，斯多葛主义提供了幸福、平静和理智（第十二章）。

9. 斯多葛主义因提倡缺乏感受或同情心，要求它的学生做不可能做到的事，并（因为它不可能）把那些声称追随它的人变成伪君子而被批评。第十三章对这些批评进行了一些回应，概述如下：

a. 斯多葛派用理性代替时间和经验。面对诱惑和困难，他们的反应就像他们经历了上千次一样，对大多数事情建议的斯多葛式反应老手的自然反应。这种看待斯多葛主义的方式使它不那么超凡脱俗。这种哲学可以被认为是一种努力，帮助我们达到我们自己花更多时间才可能达到的精神状态，而不是试图让我们变得不那么像人。以这种方式看待斯多葛主义也清楚地表明，实践的斯多葛主义者并不无情或漠不关心。斯多葛派对他人痛苦作出的反应就像一个见过此类情况的好医生一样，积极而富有同情心，尽管可能没有太多的情绪。

b. 完美的斯多葛主义无疑是不可能的。我们最好将斯多葛派所推崇的"智者"视为一种理想。它旨在提供一个方向，而不是一个目的地。这并不令人担忧。许多哲学和宗教传统呼吁信徒朝着一个没有人能完全实现的理想而努力。问题不在于是否有人能坚持到最后，而是努力尝试对我们是否有所帮助。

c. 关于斯多葛派虚伪的说法通常来自对斯多葛派目的的误解。它的目的是帮助那些使用它的人，而不是给他们一个评判别人的依据。斯多葛派教师的劝诫有时会给人不同的印象，但解释斯多葛主义和实践斯多葛主义是不同的活动。如果要学习斯多葛主义，可能需要被传授，但它的实践涉及思考和行动，而不是说教。如果斯多葛主义激发了对其学生虚伪的指责，那么这些学生很可能是不合格的斯多葛主义者——不是因为他们的行为不纯，而是因为他们空谈过多。

———————

本书各章的顺序基本遵循上述讨论的顺序。许多关于斯多葛主义的讨论都从哲学中美德的定义和地位开始。在这本书中，位居后面的一些内容并不是因为它比前面的内容更次要，而是因为（我建议）一旦人们理解了斯多葛派关于理性的意义和要求的观点（这是本书前几章的主题），就会更容易理解它们。我这样说，是为了让读者可以自由地按照自己感兴趣的顺序来理解下面的内容，而不是把这些主题的顺序视为斯多葛派的论点或我的论点。这个顺序是有用的，但不是必要的。

第一章　判断

实践斯多葛主义的第一原则就是：人们就一些事件的判断、一些由我们作出的判断作出回应，而非事件本身。随后的章节介绍了斯多葛派如何形成这一思想，但其表述与众不同：

> 你因外界感到痛苦，令人困扰的是你对它的看法而非事物本身。而这正是你现阶段有能力解决的问题。（Marcus Aurelius, *Meditations* 8.47）

换言之，斯多葛派认为人的快乐、悲伤、欲望和恐惧涉及三个阶段：先有外界事物的"刺激"，再是对其形成的判断或看法，**最后**就这一判断或看法作出回应。这并非我们习以为常的"刺激"与"反应"。关键是要察觉到这两者之间缺失了形成看法的阶段，要理解其非理性是时常存在的，要通过缜密推理来管控之。本章从察觉开始阐述，而后续章节将讨论非理性，并就管控提出建议。察觉这一概念的提出正是斯多葛派不断发展的重要依据。随后本书将会涉及斯多葛派有关"外部的"、欲望、美德和其他很多方面的讨论。但这一切都始于这样一种理念，即我们通过信仰、看法和对世界的思考，也就是我们的判断来构建自己对世界的体验，而它们都取决于我们自己。

对于许多斯多葛哲学学派的学生来说，这第一条原则的学习由迟疑启程，逐渐变得信服，最终抵达接受的终点。或许这个过程会循环往复，因为头脑不断输入本身看似有说服力的假象。对外界的反应通常是下意识的，似乎根本不涉及判断，甚至不曾有任何判断。斯多葛派认为这一切都是幻觉，难以排除，因为头脑无法准确刻画对外界反应的来源。它告诉我们，我们对外界作出反应——对外面的事物作出反应，而不是对头脑本身。头脑也必须学会准确看待和描述其角色。斯多葛派旨在帮助我们更好地思考，因为头脑也需要学习，避免出现鱼游于水而不自知的现象。

斯多葛派主张的真实性最容易在我们对一种严格意义上的精神冒犯作出反应时看到。假设有人侮辱你，除了你对侮辱的理解外，它毫无意义。如果你感到烦恼，那一定是因为你在乎：这就是一种判断。相反，你可以决定不在乎，这将会终止对你的侮辱。所有的烦恼都可以用同样的方式去看待——聒噪的邻居、恶劣的天气以及交通拥堵。如果你被这些事情激怒了，你是被自己对它们的判断而激怒：它们是糟糕的，但是它们是重要的，应该有人为它们而感到生气。这些事件不会强迫你去思考这些，只有你自己会这样思考。这同样适用于更强烈的挫折、欲望、恐惧，以及其他的内心情绪。我们总是觉得自己能够对周遭事物作出反应；可事实上，我们能作出反应的只有自己内心的事物。有时，改变自己比试图改变世界更有效、更明智。

当我们感到肉体上的痛苦或愉悦时，我们很难看到头脑在形成我们当下反应中所起的作用。痛苦和快乐似乎是不可改变的事实，与我们的思想无关。但即便如此，斯多葛派仍坚持认为，我们对这些感受的判断生成了我们对它们的体验。是的，痛苦就是痛苦：一种无论我们如何去想都会存在的感觉。但它造成了多少困扰，我们对它给予了多少关注，它对我们意味着什么——这些都是判断，都由我们自己决定。痛苦和快乐的程度取决于我们向自我谈论它们的方式，或者取决于自己的判断，这些判断隐藏于潜意识而无法表达。我们几乎没有注意到"判断"的存在，因此低估了判断的力量。而斯多葛派注意到了它们。（有关痛苦的详细讨论，请参见第十章第 11 节。）

如果"判断"都被想象成是有意识和理性的，那么"我们的反应取决于我们的判断"的想法就显得十分奇怪。但是，一种判断可以采取许多形式。你认为蜘蛛并不危险，但仍感到害怕，这是否表明你对蜘蛛的恐惧与你对蜘蛛的看法是分离的？不，这只意味着你有相互矛盾的判断——蜘蛛是安全的，但也是危险的。即使你在认为第二种判断是错误的之后，也需要时间才能根除这种判断。换言之，有些判断只是我们的主观想法，这些判断更容易进行修正。另一些判断则是根深蒂固的、难以言明的。斯多葛派有时会把我们面对世界时所带来的一切都纳入"判断"的范围——我们有没有胃口会让一盘食物看起来更好吃或更难以下咽，或者是产生相同效果的终身限制，这些可能不容易改变。这就是为什么斯多葛哲学很难以及为什么没人能做到完美的另一个原因。有些反应可能属于我们，但并不完全由我们决定；抑或是它们在理论上取决于我们，但我们并没有力量去改变它们。

更广泛地说，斯多葛派没有像我们现在能做到的那样，在他们的思维中区分出我们的判断可能采取的所有形式——有意识的观点、无意识的态度、条件反应、化学体质、遗传倾向等等——以及其中一些相较之下更容易发生改变的形式。针对上述内容，他们也给予了一定程度的承认。斯多葛派说，一些反应部分源于我们无法控制的身体基础（见第九章第 1 节）。塞涅卡承认，我们生来就有一些无法改变的性格特征（见第十章第 10 节）。但我们对事物的日常反应——我们在静止状态下的反应——大多被视为是我们通过实践来控制的。任何人都能看出要完全实现这一想法有多么困难；你只要想想自己最强烈的喜恶，想想要改变它们是多么困难，便能体会一二。但幸运且重要的是，斯多葛派并不在乎我们的品位，也不要求我们改变厌恶和欲望，但认为需要与它们保持一定距离。这并不容易，却往往是更可行的。

无论如何，我们可以认为，斯多葛派的目标是意识到我们的判断并尽可能地控制它们。一个人完成这一目标的能力是有限的，我们比前人更了解这一点；精神病人无法仅靠爱比克泰德的帮助便得到很好的治疗。但即使在考虑到这一点之后，斯多葛派也会认为我们通过改变思考进而改变体验的能力比我们通常认为的要大得多。他们力劝我们要注意和重新考虑的许多判断并没有那么根深蒂固。它们只是习惯和惯例。

斯多葛派认为这些主张不会轻易令人信服，并以论证支持自己的观点。有时他们会举一些简单的例子，比如前文已经讨论过的关于侮辱的例子——只有在自己做决定之后，众目所见的事才是大事。然而，对于看起来已然不可避免的反应，斯多葛派经常使用比较的方法证明他们的观点。他们观察人们在不同的环境、时间和地点对同一事件不同的反应方式。有些人害怕（并且无法想象自己**不**害怕），有些人却不害怕；有些人愿意为之牺牲，但对另一些人来说则什么都不是。痛苦或悲伤对我们来说似乎是不可避免的事实，但在其他条件和文化中却有十分不同的体验。显然我们的反应并不是不可避免的。它们在某种程度上一定是我们的所作所为，依赖于我们所持有的判断，并因此可能会发生改变。

1. 总体原则。斯多葛派始于这样一种理念，即我们对世界的体验——我们的反应、恐惧、欲望等等——不是由世界产生的。它是由斯多葛派所说的我们的判断或观点产生的。

> 一切取决于观点。野心、奢侈、贪婪，都回到了观点；我们受苦是因为观点。每个人都像他自己确信的那样悲惨。（Seneca, *Epistles* 78.13）

西塞罗对斯多葛论断的表述如下：

因此，忧虑是对当前某些不幸的最新看法，对此感到沮丧和情绪低落似乎是正确的。快乐是一种对当下美好事物的最新看法，对此，人们似乎应该感到欢欣鼓舞。恐惧是对似乎无法忍受的即将来临的不幸的看法。欲望是一种关于美好未来的观点——倘若它已然存在，那就更好。（Cicero，*Tusculan Disputations* 4.7）

爱比克泰德是这么论述的：

为什么哭泣和哀号？观点。什么是不幸？观点。什么是不和、分歧、责备、指责、不敬、愚蠢？都是观点，无他。（Epictetus，Discourses 3.3.18—19）

使人不安的不是所发生的事情，而是他们对这些事情的看法。例如，死亡并不可怕；因为假使如此，连苏格拉底也会这样认为。相反，认为死亡可怕——**这**才是可怕的事情。因此，当我们受到阻碍、沮丧或委屈时，不要责怪别人，而要责怪自己——这就是我们的观点。（Epictetus，*Enchiridion* 5）

爱比克泰德第二段话中的第一句是蒙田的最爱。他用希腊文把它刻在书房天花板的一根横梁上。

古希腊有句谚语说道，折磨我们的不是事物本身，而是我们对事物的看法。如果这种说法能在任何时候和任何地方都被证明是正确的，那将是对解除人类痛苦境况而言的一场伟大的胜利。因为，如果恶除了通过我们对它们的判断之外，没有任何途径进入我们的内心，那么我们似乎就有能力将它们驱逐或使之向善。[Montaigne, *That the Taste of Good and Evil Things Depends in Large Part on the Opinion We Have of Them*（1580）]

事物本身可能有其重量、尺度和品质；但是一旦我们接受它们，灵魂就会按照她认为合适的方式去形成它们。西塞罗害怕死亡，加图垂涎死亡，苏格拉底却无动于衷。当健康、良心、权威、知识、财富、美丽及其对立面进入我们并且从灵魂那里得到一件染有新色的长袍时，它们将它们自己赤裸裸地展示出来……因此，让我们不要从事物的外部性质中寻找借口；我们如何对待它们取决于我们自己。我们的好坏只取决于我们自己。[Montaigne, *On Democritus and Heraclitusi*（1580）]

舒适和贫困取决于我们对它们的看法；财富、荣耀和健康仅有拥有者赋予它们的美丽和愉悦。我们每个人的境况都和我们所认为的一样好或差。幸福者是那些自以为幸福的人，而不是那些被别人认为幸福的人；只有这样，信仰才能使它正确且真实。[Montaigne, *That the Taste of Good and Evil Things Depends in Large Part on the Opinion We Have of Them* （1580）]

或者，正如蒙田在同一篇文章的其他地方所说："钻石的价值在于我们购买了它；美德的价值在于实现它的困难；奉献的价值在于我们的磨难；医药的价值在于它的苦涩。"比照下面两段话：

哈姆雷特：……世上的事情本来没有善恶，都是各人的思想把它们分别出来的。（Shakespeare, *Hamlet*, 2, 2）

从我们看待事物的角度来看，决定我们快乐与否的，不是客观的事物及其本质，而是事物对我们的意义。[Schopenhauer, *The Wisdom of Life*（1851）]

2. 斯多葛主义的实践。如上所述，第一条学说似乎是一种理解思维运作以及我们的反应从何而来的方法。的确如此。但斯多葛主义不同于其他哲学传统，因为它是一种行动，而不仅仅是一种理论。如果我们以这种方式看待这一章的思想，它指导我们对自己的思想承担起比平常更多的责任——把我们如何与自己对话视为一种选择。如果痛苦是由我们对事物的想法而不是事物本身引起的，我们应该试着放弃那些想法并采用新想法。

这种话可能听起来很简单，或者说知易行难，以至于根本不值得被提出。但这确实是必须表达的，因为将思想和判断视为选择是斯多葛主义实践的核心，但许多人很少如此，还有人从未如此。人们更惯常的做法是把头脑中的任何想法和观点都视为理所当然，不加审视地实践它们，就如同我们对呼吸空气的态度一样。斯多葛派试图与这些心理事件保持足够的距离以控制它们——注意到非理性在驱使我们对自己说得过多，并用更明智的东西取代它。有时这确实知易行难，甚至毫无可能，但有时却恰恰相反，它比听起来容易。你停止正在述说的事，转而说另一件事。随后，你的工作重点是非口头形式上的判断。粉碎有害的传统思维是获得斯多葛式满足感的身心源泉，并且这种能力可以伴随实践得以提高。

回顾上述第一条斯多葛主义学说的一些例证，马可·奥勒留是这样表述的——不只是作为一个有趣的想法去思考，而是作为一种有用的实践来尝试。

> 去除你对它的看法，"我被伤害了"就被去除了。去除"我被伤害了"的想法，伤害也就被去除了。（Marcus Aurelius, *Meditations* 4.7）

> 抹去每一个令人不安或不合时宜的想法，并立刻进入理想的平静，是多么容易的一件事。（Marcus Aurelius, *Meditations* 5.2）

> 我们可以选择对一件事不发表意见，也不为它所困扰；因为事情本身没有能力影响我们的判断。（Marcus Aurelius，*Meditations* 6.52）

下面是来自塞涅卡的一个例子：

> 重要的是什么？要将你的人生提升到高于偶然事件的高度，并牢记这是人的一生——如此，倘若你是幸运的，便就知道这不会持续太久；或者，如果你是不幸的，你认为自己不是的话那便的确不是。（Seneca，*Natural Questions* 3 Pref.15）

有些风险在于，孤立地看待这些段落，可能似乎会助长某种空虚感。然而，斯多葛派的目标不是清空头脑，而是清除头脑中的愚蠢和误判。学会辨别愚蠢和误判将是接下来几章的任务。与此同时，我们可能会记得，两位作者刚刚都没有表明要寻求一个平静或孤僻的存在，或是一个摆脱复杂的思想。在两位作者所处的时代，他们都是世上最有影响力的人。

3. 比较。斯多葛派声称，我们对所有事物的反应都是由我们对它们的想法或更精细的判断产生的。他们试图证明这一点，这首先要求我们更仔细地审视自己。当我们以冷静的心情看待时，我们的一些反应似乎显然是自身敏感的结果。

> 当愉悦使身心堕落时，似乎没有什么是可以忍受的——不是因为痛苦是无情的，而是因为受害者是仁慈的。为什么我们会因为他人的咳嗽或喷嚏、疏于驱赶苍蝇、狗挡路、粗心的仆人掉下钥匙而大发雷霆呢？（Seneca, *On Anger* 2.25.3）

但有时结论并不那么明显，在这种情况下，斯多葛派最喜欢通过使用比较来证明本章的观点。如果一个看似自然的反应遍寻无果，它也许就不那么自然；这或许取决于我们。斯多葛派从比较我们**自己**在不同情况下对类似事情的反应开始，从而证明这些反应在我们身上也不是不可避免的。他们特别喜欢探讨我们对一切讨厌之事的强烈但不同的反应。这种不同表明，这些反应更多地反映了我们自身，而不是我们所咒骂的事情。

> 你的这双眼睛——在家里甚至不能忍受大理石，除非它多种多样并且近期被抛光过……他们不希望地板上有石灰石，除非它比黄金更珍贵——一旦出门，同一双眼睛会平静地看着它们经常遇到的颠簸泥泞的道路和肮脏的人，以及破碎、开裂和弯曲的廉价住房的墙壁。那么，有什么东西在公共场合不会冒犯你的眼睛，但在家里会让你的眼睛不舒服？只有**观点**，它在某个地方是随和宽容的，但在家里却总是挑剔抱怨？（Seneca, *On Anger* 3.35.5）

西塞罗对斯多葛派观点的描述使用了同样的总体方法，比较了相同的人对相同的事物如何作出不同的判断、不同的反应。

> 当人们为了国家而自愿忍受同样的痛苦时，这会比为一些次要的原因时更容易忍受，这一事实表明，痛苦的强度取决于痛苦者的精神状态，而不是痛苦本身。（Cicero，*On the Ends of Good and Evil* 3.13）

蒙田说得更具体：

> 相较于外科医生用手术刀割下的一处伤口，我们对在激斗中被剑砍下的十处伤口更敏感。[Montaigne，*That the Taste of Good and Evil Things Depends in Large Part on the Opinion We Have of Them*（1580）]

其次，斯多葛派建议我们想想那些对某一事件或任何其他刺激产生比我们更强烈的反应的人。从我们的角度来看，其他人看起来很敏感。但我们对自己来说似乎不同——不是过度敏感——只是因为我们把自己的敏感视为理所当然。当每个人共有一个缺点时，它看起来就不再是缺点了。它看起来就像自然状态。

> 那些每个人都不擅长的事情，我们认为是难以忍受的。

我们忘记了，对我们许多人来说，戒酒或被迫在清早起床是多么痛苦的事。这些事情本质上并不难。这就是软弱和松懈的我们。（Seneca，*Epistles* 71.23）

对黄疸患者来说，蜂蜜是苦的；对于狂犬病患者来说，水变得可怕；对小孩子来说，小球是一件奇妙的东西。那么我为什么生气呢？你认为错误的思想对我们的影响，就像胆汁对黄疸患者的影响，或者毒药对被疯狗咬伤的人的影响一样吗？（Marcus Aurelius，*Meditations* 6.57）

就像学习对懒人是一种折磨一样，戒酒对酒鬼是一种折磨，节俭对奢侈的人是一种折磨，锻炼对娇弱和懒惰的人是一种折磨；其他的也一样。事情本身并没有那么困难或痛苦。折磨是我们的软弱和怯懦造成的。[Montaigne，*That the Taste of Good and Evil Things Depends in Large Part on the Opinion We Have of Them*（1580）]

这种思维方式不仅适用于其他人对痛苦和烦恼的敏感，也适用于他们的信念驱使他们做出的行为（尤其是极端行为）——这些信念在我们看来可能很奇怪，但在他们看来并不比我们的更奇怪。

任何观点都可能重要到让人为之而死。希腊人在与米底人的战争中立下并捍卫的美好誓言的第一条就是：人人都宁愿以生换死，也不愿拿自己的法律换波斯的法律。在土耳其人和希腊人之间的战争中，有多少人宁愿接受残酷的死亡，也不愿拒绝割礼的洗礼！〔Montaigne, *That the Taste of Good and Evil Things Depends in Large Part on the Opinion We Have of Them*（1580）〕

或者想想那些对一些事反应**不如**你强烈的人。如果你看到他们忍受了你不能忍受的事情，这会让你的反应看起来更明显是自我为之。这就有了塞涅卡与自己痛苦的对话，他轻视了自己的痛苦，因为他想到了那些忍受同一痛苦甚至毫无怨言的人：

事实上，你只有一种痛苦——一种被痛风病患者所蔑视的痛苦，一种被消化不良的人为他的美食所忍受的痛苦，一种被一位女性在分娩时所勇敢承受的痛苦。（Seneca, *Epistles* 24.14）

在这一部分内容和其他内容中，斯多葛派经常表现出对痛苦或其他外在事物的蔑视。在英语中，"蔑视"（contempt）和"鄙视"（despise）这两个词经常被用来表示各种各样的憎恶。在这本书中，它们不一定有那种负面色彩。这两个词通常指把某一事物视为和我们应当重视之事一样微小；一个人可以拥有这两个词，且不带有辱骂和厌恶的意味。

当你在斯巴达看到孩子们、在奥林匹亚看到年轻人、在古罗马竞技场看到野蛮人受到最严重的伤，并默默地承受着它们——如果一些疼痛碰巧拂过你，你会哭出来吗？……难道你不愿意坚定不移地忍受吗？——他们不会哭着说："真叫人受不了！大自然都不能容忍！"我听到你说：孩子们承受这些，是因为他们被追求荣耀的愿望所引导；有些人承受这些是出于羞愧，而许多人承受这些是出于恐惧——然而，我们是否害怕大自然无法承受这么多人在如此不同的情况下所承受的东西呢？（Cicero, *Tusculan Disputations* 2.20）

我们通过许多仪式来应对分娩的痛苦，医生和上帝都认为这是巨大的痛苦；然而，有些民族对此却视而不见。更别提斯巴达人了。对在我们的步兵中行走的瑞士妇女而言，分娩又有什么不同，除了她们跟在丈夫后面小跑时，背上要背着前一天还在肚子里的婴儿？［Montaigne, *That the Taste of Good and Evil Things Depends in Large Part on the Opinion We Have of Them*（1580）］

众所周知，正如这些例子所表明的，斯多葛派从事偶然的人类学研究——有时非常偶然；读者可能不会被他们对分娩的复杂讨论所打动。但重要的是调查的精神。风俗和习惯对我们的判断有着明显影响。我们习惯于看到的别人做的事情、自己做的事情或自我感受能够让任何事情看起来正常或奇怪、不可避免或可以选择。这些力量往往在无形中发挥作用。一旦我们接受了一种风俗或习惯，它们产生的判断就好像是我们自己的，而不是任何被植入的和可能不同的东西。熟悉的魔咒必须被打破，最好的办法是通过观察人们在不同条件下对相同事物的巨大范围内的反应。

4. 食物。我们不需要从斯巴达或剑术中寻找合适的主题来进行刚才解释过的比较。作为一个案例研究，我们可以考虑将本章的原则应用于食物的一些方式，这是斯多葛派反思的一个常见主题。当我们吃东西时，对食物的反应似乎是不可避免的，它们似乎是由食物而不是由我们自身的任何东西引起的；但这些反应往往既要归功于盘子里的食物，也要归功于我们自己。斯多葛派是产生我们对食物和其他一切反应的食欲的亲密学生。

> 我的面包师没有面包了；但是监工，或管家，或我的租户可以提供一些。"这面包坏掉了！"你说。只要等一等；它会变好的。饥饿甚至会使坏面包尝起来很美味，仿佛它是用最好的面粉做的。出于这个原因，我们不应该吃东西，直到饥饿召唤我们；我会等到得到好面包或者不再挑剔的时候。
> （Seneca，*Epistles* 123.2—3）

> 谁看不出胃口是最好的调料？当逃亡的大流士喝了一些被尸体弄脏的浑水时，他宣称他从来没有喝过比这更好的；

事实是，他以前渴的时候从未喝过这些……［和那些节制的人相比，］你看那些流汗打嗝、吃得像肥牛的人，那么你就会明白，最追求快乐的人得到的快乐最少，而吃饭的快乐在于食欲，而不是食饱。（Cicero，*Tusculan Disputations* 5.97，99—100）

本章的主题是我们自己的判断或意见在产生体验中所起的作用。食欲可以被认为是这种判断的一个例子，如果判断被理解为包括我们内在的所有事物，这些事物塑造了我们对世界上所遇到的事物的反应。从某种角度来看，这是显而易见的。一方面，食物是外在的东西；另一方面，我们很想要它——这是我们自己的判断。尽管如此，将对食物的欲望描述为斯多葛派意义上的"判断"似乎令人惊讶，因为我们把它视为一种物理事实。我们的饥饿或口渴表现为身体的一种感觉，而不是我们可以通过思考来改变的头脑中的东西。但斯多葛主义者会挑战这些印象。

首先，我们的食欲通常取决于我们自己——这是提前决定的。一旦它们存在，我们可能很难改变它们，但对于它们首先是否以及如何产生，我们有很多话要说。斯多葛派不仅意识到我们的食欲如何影响我们的经验，而且意识到我们的选择如何影响我们的食欲。我们允许自己饿或者不饿，我们用或不用比较和其他激发食欲的想法来诱惑自己。对食欲的管理——何时和如何培养它们，何时和如何不培养它们——是斯多葛派实践的一部分。（在塞涅卡上面描述的情况下，学习如何从简单而自然的快乐中获得满足，就需要培养。）所有这些都是斯多葛派建议的重新定位的一个例子：花更少的精力去获得或避免某些东西，更多地去了解我们为什么想要（或不想要）它们，以及我们的思维方式可能会如何影响它们。我们将在后面的章节中讨论这些问题。

其次，尽管如此，斯多葛派不会太快承认：食欲即使存在，也是完全超出头脑范围的物理事实。当然，与其他种类的疼痛和感觉一样，巨大的饥饿**可能**是这种类型的确凿事实。但是在这种环境和其他环境中，我们很容易忘记我们的头脑对外部事物为我们创造的感觉有多强烈的影响。如果你听到一些关于食物制作的恶心的事情，看起来美味的食物也可能变得无法享用，并引起身体上的反感。（你可能会说你没胃口了。）如果头脑在事后才发现，那就不是更好，而是可能更糟。

> 很多时候，当人们兴高采烈地吃了美味的食物后，他们如果发现或事后得知他们吃了不干净或不合法的东西，不仅会感到悲伤和痛苦，而且他们的身体也会对这个观念感到厌恶，会剧烈地呕吐和干呕。[Plutarch, *On Moral Virtue* 4（442f）]

蒙田给出了更生动的说明。

> 我认识一位先生，他在家里招待了一大群客人，几天后，他开玩笑地说（其实没有这回事），他给他们吃了一个

用猫肉做的馅饼。聚会上的一位年轻女士对此惊恐万分，随后发起了烧，得了严重的胃病。救她似乎是不可能的。［Montaigne，*On the Power of the Imagination*（1580）］

食物在另一个方面也引起了斯多葛派的兴趣。它提供了一个有用的类比来源，从胃的工作方式到头脑的工作方式。

就像胃，当它被疾病损害时，它会聚集胆汁，改变它所接受的所有食物，把每一种食物都变成痛苦的来源，所以，在心理反常的情况下，你给它的任何东西都会成为负担，成为灾难和不幸的来源。（Seneca，*On Benefits* 5.12.6）

这样的比较是普鲁塔克反复出现的主题，他在最宏大的问题上不是一个斯多葛主义者，但在这个以及其他更紧迫的问题上与斯多葛主义者并肩而立。

发烧时，我们吃的东西似乎都是苦的、不可口的；但当我们看到别人吃着同样的食物时我们也没有感到不愉快时，我们就不再责怪食物和饮料了。我们责怪自己，责怪自己的疾病。同样地，如果我们看到别人愉快地、毫无冒犯地接受同样的事情，我们就不会再抱怨和不满了。［Plutarch，*On Tranquility of Mind* 8（468f—469a）］

你有没有注意到，病人是如何排斥、拒绝、唾弃最美味、最昂贵的食物的。人们给他们这些食物，几乎是强迫他们咽下去——但在另一个时候，当他们的病情不同时，呼吸变得良好，血液处于健康状态，自然体温也恢复了，他们就会站起来，享用简单的面包、奶酪和卷心菜的美味。这也是理性对思想的影响。[Plutarch, *On Virtue and Vice* 4（101c—d）]

约翰逊博士贯彻了这一观点，但把例证中的事实颠倒了过来。

我们认为自己想要的东西，折磨我们的不是它的真正价值，而是我们在心中对它的评价；在一些疾病中，我们观察到病人渴望食物，他会抓住一切的极端饥饿机会并吞下；但是，尽管他的器官如此堕落，渴望也是不可抗拒的，他也不能休息，直到渴望被顺从所平息。头脑中无规律的食欲也有同样的性质；虽然它们经常为琐事而兴奋，但它们同样为真正的需求而不安：罗马人在他的七鳃鳗死亡时哭泣，感受到了在其他场合眼泪夺眶而出同样程度的悲伤。[Johnson, *The Adventurer* no. 119（1753）]

约翰逊在这里引用了普鲁塔克所说的一则轶事。克拉苏（Crassus）和多米提乌斯（Domitius）是两位罗马将军。克拉苏被多米提乌斯嘲笑，因为他为自己养的一条鱼的死而哭泣；克拉苏回答说，他的眼泪比多米提乌斯为他已故的三个妻子流下的还要多。

这里提供的食物只是斯多葛派如何看待熟悉事物的一个例子。日常生活中的很多东西都可以进行同样的分析。例如，为了避免读者认为普鲁塔克过于专注于食物，他在这里打开了另一个应用领域，上面的许多观点都可以适用于这个领域：

> 另一个例证是我们隐私部位的放逐和退缩。在那些理智和法律都不允许我们接触的漂亮女人和男人面前，它们保持平静，毫不忧虑。这种情况尤其发生在那些坠入爱河，然后听说他们无意中爱上的是自己的姐妹或女儿的人身上。当理性占据上风时，欲望在恐惧中畏缩，身体的各个部分也都恰如其分地符合这一判断。[Plutarch, *On Moral Virtue* 4（442e）]

5. 隐喻和类比。斯多葛派提供了一种关于头脑的构想，以及头脑在将物体和事件转化为自我感受的经验中所扮演的角色。我们没有好的文字语言可以描述这个角色；头脑的机制对我们来说是不可见的，无法进行精确的描述。正如我们刚才看到的，斯多葛派有时会使用形象的比较和类比来让他们的观点更容易被理解。一些例子是：

> 灵魂就像一汪水；灵魂所接受的印象就像光线照在水面

上一样。水被扰乱时，光似乎也被扰乱了；然而，它其实并没有受到干扰。（Epictetus，*Discourses* 3.4.20）

对事情的判断需要伟大的头脑；否则，这些事情就会显得有缺陷，而这些缺陷实际上是属于我们的。同样地，某些完全笔直的物体在沉入水中时，在旁观者看来是弯曲或折断的。重要的不是你看到了什么，而是你怎么看。当涉及感知现实时，我们的头脑就像陷入了一片迷雾。（Seneca，*Epistles* 71.24）

普鲁塔克说：

衣服似乎能为我们保暖，但不是靠自身散热；因为每一件衣服本身都是冷的，所以那些热的或发烧的人常常换衣服。相反，包裹我们的衣服可以留住身体散发出来的热量，不让它散发出去。类似的情况还出现在一种欺骗大众的想法上——这种想法认为如果他们能住在大房子里，聚集足够的奴隶和金钱，他们就会过上幸福的生活。但是幸福愉快的生活并不是凭空而来。相反，一个人给他周围的事物增添快乐和满足，因为他的性情可以说是他感受的源泉。[Plutarch，*On Virtue and Vice* 1（100b—100c）]

6. 影响。本章介绍了斯多葛主义实践中最基本的观点：我们对所有事物的反应都是我们自己造成的，即使它们看起来不是那样；我们也低估了自己摆脱那些对我们不利的事物的能力。我们可以用对这一点的基本性质的一些思考来结束这一章。爱比克泰德说：

> 看看哲学的开端！——感知人们之间的分歧并寻找分歧的根源；拒绝和怀疑观点，并调查其是对是错；以及发现一些判断标准——正如我们发现了天平测试轻重，或者发现了直尺测试曲直。（Epictetus, *Discourses* 2.11.13）

从广义上看，爱比克泰德的描述确实可以被看作是对斯多葛派哲学如何形成的一种描述，也可以被看作是对所有研究它的人如何开始的一种描述。我们看到其他人说话、思考或行动与我们不同，或者与我们想象中他人的做法不同——这就是爱比克泰德提到的分歧。这使我们不那么理所当然地看待我们相左的想法和习俗，并认为它们比我们想象的（对纯粹观点的拒绝和怀疑）更依赖于选择和环境。我们被引导更加努力地审视自己的思维，并为之寻找更真实、更准确的基础——获得天平和直尺。结果可能不是我们以往的观点，也不是让我们吃惊的另一种观点；它可能是一个既二者兼具又能以某种方式提升我们理解的观点。将这个循环运行一千次，你可能会以本章所讨论的原则合理地结束。

我们已经回顾了这种循环的一些具体例子，但这一点超出了所有特定的情况。这并不是说我们对此事例或彼事例的反应是由我们自己的头脑创造的。那是我们对**一切事物**的体验，那比我们通常知道的更大程度上取决于我们自己。哲学的工作是对我们自己的思想负责，这样做是为了把我们从控制我们经验的依附和错误判断中解放出来。

还有两种方法可以总结本章的观点：

> 重视你的印象，不眠不休地守护它们，因为你守护的不是小事：自尊、忠诚和自我保有一颗免于情绪、痛苦、恐惧、干扰的心灵——用一句话说，就是自由。（Epictetus, *Discourses* 4.3.7）

> 在我看来，在这整个关于精神障碍的学说中，有一点可以概括这个问题：它们都在我们的能力范围之内，它们都被当作一个判断的问题，它们都是我们自愿的。那么，这个错误必须被彻底根除，这个观点必须被消去；正如在我们认为不幸的情况下，事情必须变得可以容忍一样，在美好的情况下，那些被认为是伟大和令人愉快的事情应该更冷静地对待。（Cicero, *Tusculan Disputations* 4.31）

我们可以在西塞罗结束自己相关讨论时说的话中找到一个很恰当的结语以结束这项讨论。

> 既然我们已经确定了这些精神障碍的原因——它们都由

基于观点和选择的判断产生——那就让我们以此结束这场讨论。此外，既然善与恶的界限已经在人们能力范围内发现，我们应该意识到，没有什么比我们在过去四天里讨论的更有希望或更有用了。因为除了灌输对死亡的适当轻视以使痛苦可以忍受，我们还增加了对悲伤的平静，这种平静不亚于人类已知的任何罪恶……因为人类有一种治愈悲伤和其他疾病的方法，而且是只有一种。这些都是见仁见智的问题，而且是自愿的，因为这样做似乎是正确的。这个错误，作为一切罪恶的根源，由哲学承诺来彻底根除。因此，让我们致力于它的教化，并服从于被它治愈；只要这些罪恶占据了我们，不仅我们不能快乐，连我们的思想也不正确。（Cicero, *Tusculan Disputations* 4.38）

第二章　外部

　　斯多葛主义中很大一部分可以归结为对外部事物的研究：它们是什么，我们是如何误判它们的，以及它们是怎样使我们经常被奴役的。"外部"可以定义为我们自己之外或我们能力之外的东西。后面几章将讨论具体事例，比如金钱、名利和灾难。然而，在我们讨论这些事例之前，本章考虑了两组关于外部的斯多葛学说。

　　首先，斯多葛派的一个主要目标即不依附地看待外部事物。这首先会对一个人花费精力关注的决策和发展产生影响。如果说斯多葛主义者与他人的区别在于日常生活中的一项方针，那就是前者拒绝去担心超出他们控制范围的事情，而后者对这些事情感到愤怒。超然也意味着不让幸福依赖于获得或避免外部的东西，例如财富或他人的好感。

　　这是一个限定条件：当然，每个人都会对刚才提到的那些外部事物和其他许多外部事物有**偏好**。斯多葛主义者宁愿拥有财富也不愿没有财富，他们宁愿没有逆境。但我们必须区分偏好和依附。通过比较他们不满意时的感受，我们很容易看出他们之间的差异。想象一下，想要一件事物多于另一事物，却没有得到，但结果并不是太沮丧。这种愿望我们可以称之为（纯粹）偏好。拥有你喜欢的东西是令人愉快的，没有它是令人失望的，但它不会威胁到你的平静。当发生了你本不希望发生的事情时，也可以这么说。这只是已成定局之事，斯多葛主义者试图用这种方式来看待所有他们无法控制的事情。依附是不同的，因为它使你的幸福取决于它的对象。它纠缠着你。这一区别将在后面的章节中详细讨论。现在，我们只能说，斯多葛主义者试图在他们的思维和行动的质量的基础上实现一种平衡———一种不依赖于任何超出他们控制范围的东西的平衡。

第二个关于外部的斯多葛一般学说，是我们很难准确地看到它们。外部欺骗了我们，或者说，我们欺骗了自己。斯多葛主义提供了一些克服这些欺骗的方法，比如从字面上看待一个看起来令人兴奋或可怕的外部事物，或者把它分解成人们可以比整体更清楚地看到的部分。斯多葛主义者以这种方式看待事物，也看待人，他们的声誉或财富（或缺乏财富）会影响我们对他们的判断。斯多葛主义者试图看到事物的本来面目。

第一章的学说可以与这一章的学说相联系。第一章是关于由我们决定的事情。本章讲的是不由我们决定的事情。更全面地说：第一章表明，我们受我们对事件的判断的影响，而不是事件本身。因此，我们对自己经历的事情拥有比我们想象得更多的控制权。本章是第一章的另一面。我们将自己依附于我们想象中可以控制但实际上无法控制的外部事物，并经常为此自欺欺人——

这些习惯会让我们不快乐和不自由。因此，实际上，第一章暗示了一种逆转。我们把精力浪费在不属于我们自己的事情上，并且几乎意识不到**属于**我们的事情。斯多葛主义就是要努力扭转这种局面，把重心移到更有用的位置。

1. 不由我们决定之事。斯多葛派中的每个人都有自己的特长。这一章首先属于爱比克泰德，他最常重复的一句话就是迫切地放弃依赖于外部的欲望和恐惧。

> 有些事情取决于我们，有些事情不取决于我们。取决于我们的是我们的观点、欲望、厌恶，简而言之，是我们自己在做的一切事情。不由我们决定的是我们的身体、财产、声誉、职位，或者，简而言之，是不由我们自己做的一切事情。（Epictetus, *Enchiridion* 1）

> 通往幸福的道路只有一条——让这条规则从早到晚随时伴随你：远离那些不由你决定的事情。（Epictetus, *Discourses* 4.4.39）

> 人的困惑都是外部的；他对外部无能为力。我该怎么办？它将如何发生？结果会怎样？不要发生这种事，也不要发生那种事！这些都是人们为自己力不从心的事情而发出的哭嚎。因为有人会说："我怎样才能避免同意虚假的东

西？我怎样才能不偏离真实的东西？"如果有人的天性如此好，以至于他对这些事情感到焦虑，我会提醒他——"你为什么感到痛苦？放心，这取决于你。"（Epictetus，*Discourses* 4.10.1）

我们欣赏什么？外部。我们把精力花在什么上？外部。那么，我们处于恐惧和痛苦之中，这有什么奇怪的吗？如果我们认为即将发生的事件是邪恶的，那怎么还会有别的可能呢？我们不能不害怕，我们不能不难过。然后我们说："神啊，让我不要难过。"笨蛋，你没有手吗？它们不是神为你做的吗？那么，你打算坐下来祈祷你的鼻子不再流鼻涕吗？最好擦擦鼻子，停止祈祷。还有，他没有给你任何帮助吗？他不是给了你耐力吗？他不是给了你高贵的灵魂吗？他不是给了你勇气吗？（Epictetus，*Discourses* 2.16.11—14）

对于那些和我一样对侮辱的词源感兴趣的人来说，还有一句话："moron"（笨蛋）来自希腊语，其希腊语原单词（音译为英语）是"mōros"。这是一个形容词，但爱比克泰德将其用作名词，正如人们在英语中可能会说的那样："好好听着，笨蛋——"我们再通过塞涅卡回到我们的主题：

如果一个人知道什么使他快乐，如果他没有使他的快乐依赖于他力所不能及的事物，那么他就达到了顶峰。只要有什么能激励他前进的希望，他就会感到困扰和不确定，即使这并不难，即使他的希望从未让他失望。(Seneca, *Epistles* 23.2)

马可·奥勒留则说：

想想那些你无法控制自己认为是好是坏的事情。当坏事发生，或好事没有发生时，你不可避免地会责怪众神，憎恨负有责任的人（或被怀疑的人）。我们通过对这些事情的争论而犯下了极大的不公。但是，如果我们只判断我们能力范围内的事物是好是坏，那么就没有理由指责神或对人类采取对抗立场。(Marcus Aurelius, *Meditations* 6.41)

还有一些相关的说法：

不能管理事件，那就管理自己，如果它们不适应我，那我就适应它们。[Montaigne, *Of Presumption*（1580）]

内容的源泉必须在脑海中涌现……如果一个人对人性知之甚少，除了自己的性格之外，他还通过改变任何事情来寻求幸福，那么他将在徒劳的努力中浪费生命，并使他想要消除的悲伤成倍增加。[Johnson, *The Rambler* no.6（1750）]

普通人把他生命的幸福放在他外部的事情上，放在财产、地位、妻子和孩子、朋友、社会等等上，这样，当他失去它们或发现它们令人失望时，他的幸福的基础就被摧毁了。换句话说，他的重心不在他自己身上；它随着每一个愿望和一时冲动，不断地改变它的位置。[Schopenhauer, *The Wisdom of Life*（1851）]

2. 善恶。斯多葛主义对外部的分析意味着对我们所说的善与恶的调整。斯多葛派认为，这些属性只位于我们自己能决定的领域——我们对判断的使用，如第一章所述。那么，事物和事件就不是善也不是恶，而是我们的想法：

> 以我之见，幸福的人是除了承认心有好坏之外，不承认其他东西还有好坏之分的人。（Seneca, *On the Happy Life* 4.2）

> 善在哪里？在我们的选择中。恶在哪里？在我们的选择中。它们两个都不在哪里？在我们没有选择的这些事情上。（Epictetus, *Discourses* 2.16.1）

在本书中，善与恶对斯多葛主义者的意义将变得更加明确。一般来说，斯多葛主义者将善与合理使用理性联系在一起，这反过来又会引导他们走向一种为整体利益而过的生活——也就是为他人而过的生活。更直接地说，它意味着避免贪婪、虚伪和纵欲等恶习。这些错误被视为是由对外部事物的依恋，以及将外部事物本身视为善与恶而导致的。因此，正如我们的作者们刚刚提出的那样，斯多葛主义者认为摆脱这些依附是走向美德重要的第一步。换言之，世界上的事情（正如斯多葛派有时所说的那样）"无关紧要"。我们用我们的选择把它们变成善或恶。

> "健康是好的，疾病是坏的吗?"不，你可以做得更好。"然后呢?"善用健康是好事，贱用健康是坏事。（Epictetus，*Discourses* 3.20.4）

> 我们说的是一个"阳光充足"的房间，而同一个房间在晚上则完全黑暗。白昼使它充满光明；黑夜则带走了一切。我们称之为"无关紧要"或"中庸"的事物，如财富、力量、美貌、声誉、主权，或它们的对立面：死亡、流亡、疾病、痛苦，以及其他我们或多或少感到恐怖的事物。正是邪恶或美德给了他们善或恶的名字。金属块本身既不热也不冷：扔进炉子里，它变热了，放回水中，它变冷了。（Seneca，*Epistles* 82.14）

这一立场让塞涅卡回答了为什么坏事会发生在好人身上这一常见问题：事实并非如此。真正的坏事只发生在头脑中，而好人的头脑是不受它们影响的。

> "但是为什么神有时允许邪恶降临到好人身上?"毫无疑

问没有。他让每一种邪恶远离他们——可耻的行为和罪行，邪恶的谋划和贪婪的阴谋，盲目的欲望和对他人财货的贪婪。好人自己会保护与拯救自己。会有人要求神也看守好人的精神负担吗？不，好人自己解除了神的这种担忧；他鄙视外部。（Seneca, *On Providence* 6.1）

马可·奥勒留改变了这个想法，并将其作为一个测试：如果事情在好人和坏人一样身上容易发生，那么没有什么是好的或坏的。

> 死亡和生命，荣誉和耻辱，痛苦和快乐，财富和贫穷——所有这些事情都平等地发生在好人和坏人身上，既不高尚也不可耻。因此，它们既不是善也不是恶。（Marcus Aurelius, *Meditations* 2.11）

爱比克泰德还更直接地讨论了我们应该将什么认为是好的，并因此认为是快乐的源泉。并且，他劝阻对外部的兴奋；我们应该高兴或者不高兴的，是我们理解的质量，而不是我们无法理解的东西的性质。

> 不要为别人的优越感而高兴。如果那匹马兴高采烈地说"我很漂亮"，人们可以忍受。但是当你兴高采烈地说"我有一匹漂亮的马"时，要知道，你是为这匹马的好而兴高采

烈。那什么是属于你的呢？你处理印象的方式。当你顺其自然地处理它们时，那就是你应该感到高兴的时候。因为到那时，你会为自己的好而欢欣鼓舞。（Epictetus, *Enchiridion* 6）

3. 外部与自由。爱比克泰德之前是个奴隶。他和其他斯多葛主义者经常谈到对外部的依赖本身就是一种奴役。依附于外部的人被控制他们的人奴役；因此，斯多葛哲学是一种解放的方式。爱比克泰德认为意志是一个人真正的自我，是我们唯一自由的部分。

那么，无论谁想要自由，都不要奢求任何东西，也不要逃避任何依赖他人的东西：否则，他一定是一个奴隶。（Epictetus, *Enchiridion* 14）

如果你目不转睛地盯着外部，你的心绪将不可避免地按照主人的意志起伏。谁是你的主人？任何拥有你想要获得或避免的事物的权力的人。（Epictetus, *Discourses* 2.2.25）

人不是人的主人，而死亡、生命、快乐和痛苦是。把不带这些东西的恺撒给我，你就会看到我有多平静。但当他和它们一起来时，在雷电交加中，我害怕它们，除了像一个逃跑的奴隶一样向我的主人致意，我还能做什么呢？只要我只能和这些事情休战，我就像一个逃跑到剧院里的奴隶；我沐浴，我喝酒，我唱歌，我在恐惧和痛苦中做一切。但如果我把自己从这些奴隶主的手中解放出来——也就是说，从那些奴隶主害怕的东西中解放出来——我还有什么麻烦，还有什么可以役使我呢？（Epictetus，*Discourses* 1.29.60）

爱比克泰德课堂风格的一个鲜明特点是，那些担心或抱怨外部事物的人通常会被谴责为奴隶。

没有好人悲伤呻吟，没有人哭泣，没有人脸色苍白发抖，说："他怎么接纳我，怎么聆听我？"奴隶会做**他**认为合适的事。你为什么关心别人的事？（Epictetus，*Discourses* 2.13.17）

简而言之，如果你听到他说："我很不幸，我必须忍受这些事情！"就叫他奴隶。如果你看到他哭泣、抱怨或痛苦，就称他为奴隶——一个穿着紫色饰边的托加长袍的奴隶。（Epictetus，*Discourses* 4.1.57）

紫色饰边的托加长袍是罗马元老院成员的服装。

当你看到有人在另一个人面前卑躬屈膝，或者违背自己的观点奉承他，你可以自信地说他不是自由的。又如他这样做不仅是为了一顿饭，还是为了一个辖区或职位。那些为了琐碎的目的做这些事情的人可以被称为矮奴，而那些为了宏大的目的做这些事情的人可以被称为巨奴，这是他们应得的。（Epictetus, *Discourses* 4.1.55）

塞涅卡以这种方式将我们所有人视为奴隶。

我很高兴地从你们那里听到，你们和奴隶们的生活方式很亲密。这适合像你这样一个有理智、受过良好教育的人。"他们是奴隶。"不，男人们。"他们是奴隶。"不，伙伴们。"他们是奴隶。"不，他们是卑微的朋友。"他们是奴隶。"不，他们更像是我们的奴隶同胞，如果有人想到命运对他们和我们拥有同样的权利的话。（Seneca, *Epistles* 47.1）

告诉我谁不是奴隶。一个是欲望的奴隶，另一个是贪婪的奴隶，另一个是野心的奴隶，所有人都是恐惧的奴隶。我会告诉你一个前执政官是一个小老太婆的奴隶，一个百万富翁是一个女仆的奴隶；我将向你们展示农奴制中出身最高贵的年轻人是哑剧演员的奴隶！没有什么劳役比自我施加的劳役更可耻了。（Seneca, *Epistles* 47.17）

哑剧演员不是无声的哑剧。他们是由歌手和舞者组成的剧团，表演神话传说中的场景。这在罗马是一种流行的娱乐形式，最成功的演员是名人。

如果你想获得真正的自由，你必须成为哲学的奴隶。（Epicurus，转引自 Seneca，*Epistles* 8.7）

与蒙田相比：

真正有效的劳役只是那些愿意服从劳役的人和那些试图从他人的劳动中获得荣誉和财富的人所关心的问题。一个心满意足地坐在壁炉旁的人，一个知道如何管理家庭而不陷入争吵和诉讼的人，就像威尼斯总督一样自由。[Montaigne，*Of the Inequality Amongst Us*（1580）]

4. 不向外部增添内容。到目前为止，这一章主要致力于斯多葛主义的单一目标：放弃对外部事物的依附。相关的一系列学说涉及清楚地观察外部世界的问题。我们很难抗拒外部世界，因为它们看起来很吸引人，很可怕，或者很令人印象深刻；但这似乎是因为我们还没有学会看清其本来面目。塞涅卡认为值得像对待孩子们的反应一样来看待我们的反应。这适用于我们喜欢的外部因素：

我们钦佩的东西是多么可鄙——就像孩子们把每一件玩具都视为有价值的东西，他们喜欢用几便士买的一条项链胜过自己的父母或兄弟。那么，正如亚里士多德所说，我们和他们之间的区别是什么，除了我们这些长辈对绘画和雕塑疯狂，使我们的愚蠢行为更加昂贵之外？（Seneca, *Epistles* 115.8）

希俄斯的亚里士多德是早期希腊斯多葛派的哲学家之一，也是斯多葛派创始人基提翁的芝诺的同仁。上段话也同样适用于我们害怕的外部事物：

因此，首先要记住这一点，去掉事物的无序，看看每一个事物中都有什么：你会学到，它们中没有什么是可怕的，可怕的只有恐惧本身。你看到的发生在男孩身上的事，也发生在我们身上（稍微大一点的男孩）。他们的朋友——那些他们习惯一起玩的人——如果看到他们戴着面具，会感到害怕。面具不仅需要从人身上取下，还需要从事物上取下，以恢复每个人或物的真实面貌。（Seneca, *Epistles* 24.13—14）

为了帮助去除面具，斯多葛派提供了两种普遍到足以在这里讨论的方法（更具体的建议将在后面的章节中给出）。第一种是在外部出现时不进行任何添加的做法。一旦一个事件发生，我们很快就会赋予它一个意义。它被标记为好消息或坏消息，标记为激动或愤怒的理由，等等。或者我们把它放在我们告诉自己的长久以来或新出现的故事中。然后我们对这些标签、叙述和想象作出反应。斯多葛主义认为这一过程是一个陷阱。我们依附于事物的价值或意义的分配通常是半意识的，是从传统中借用的，是虚假的或无用的。然而，它们决定了我们的感受以及我们下一步的想法和行动。因此，斯多葛派认为，我们的思维应该放慢，想象不应该被信任——这里的想象不是创造力，而是约瑟夫·康拉德（Joseph Conrad）曾称之为的"人类的敌人，一切恐怖之父"。简而言之，当面对一份报告、一件事件或一件物品时，斯多葛派试图只看到它的本来面目。所有附加物都是谨慎增添的。

"他的船丢了。"发生了什么？他的船丢了。"他被带进了监狱。"发生了什么？他已被带进监狱。每个人都往自己的想法中加入一种观念：认为自己的处境很糟糕。（Epictetus，*Discourses* 3.8.5）

"我头痛。"不要添加"唉!"。"我耳朵疼。"不要添加"唉!"。我不是说你不能呻吟，但不要在内心呻吟。（Epictetus，*Discourses* 1.19.19）

除了第一印象外，不要多言。假设有人报道某个人正在说关于你的可怕事情。报告了这么多，但没有报道说你受伤了。我看到我的孩子生病了。我看到了很多，但是他处于危险之中，我看不出来。所以总是要保持第一印象，不要向你自己内在添加任何东西——任何发生在你身上的事情。

或者若要添加一些东西，要像一个知晓万事的人一样去做。（Marcus Aurelius, *Meditations* 8.49）

纪尧姆·杜·韦尔在解释事件时指出了一个特别的陷阱：创造虚假的隐喻来描述事件，并进行其他惊人和误导性的比较。

我们的观点比事情本身更折磨我们，这些观点是由我们在惊人之事发生时使用的词语形成的；因为我们把一件事叫作另一件事，然后想象它就像另一件事一样，形象和想法就留在我们的脑海中。[du Vair, *The Moral Philosophy of the Stoics*（1585）]

另一种斯多葛技巧涉及减法。它用于我们已经知道的外部，并且我们很难看清，因为它们已经被传统意义所覆盖。一个人必须去除叠加在事物上的浪漫、恐怖或其他故事，并区分出它和它的名称是什么。这实际上是刚才展示的过程的一个变体：按事物的本来面目看，而不是像我们被告知的那样，或像每个人假装的那样，或像我们告诉自己的那样。但是，与其什么都不加，不如把已经存在的东西去掉。

一种最受欢迎的斯多葛主义方法是以尽可能直白的方式看待一个主题，或者将其分解成几个部分，以消除它可能具有的令人敬畏的外观，无论是可取的还是相反的。

对于那些诱人的、有用的、或者你喜欢的东西，记得也要说**它们是什么类型的**——从最小的东西开始。如果你喜欢一件陶器，就说"这是我喜欢的一个罐子"——当它被打碎时，你不会难过。（Epictetus, *Enchiridion* 3）

我们在吃美食时，可能会想到"这是鱼的尸体，这是鸟或猪的尸体"；或者，"这花哨的酒是一串葡萄滴下来的，这件紫色的袍子是用贝类的血染色的羊毛"；或者，关于交配，"这是一小块内脏的摩擦，伴随着一阵抽搐，是黏液的排泄"。这样的印象渗透到事物本身的核心，让我们看到它们到底是什么。我们应该在生活的各个方面都做同样的事情，而当事物显得过于受重视时，我们就应该把它们暴露在我们的脑海中，察觉它们的廉价，并剥夺它们传统上被赋予的威望。（Marcus Aurelius, *Meditations* 6.13）

你会鄙视可爱的歌舞和武术，如果你将乐句分割成单独的音符，然后问自己关于每一个音符的问题，如果你无法抗拒的话。你不知道怎么回答。你要对每一个动作或姿势都要做同样的舞蹈；即使是武术也一样。总而言之：除了美德和它所产生的东西之外，记住要逐一检查，把它们分开，这样就会看不起它们；使此伴随一生。（Marcus Aurelius, *Meditations* 11.2）

他所说的"武术"是指潘克拉辛（Pankration），这大致就是我们现在所说的终极格斗或混合武术。这是一个古代奥运会项目。

5. 评判他人。刚才所考虑的事和世俗物是最简单和最常见的关于外部的例子。但鉴于斯多葛主义的目的，他人也算是外部；我们很难看清他们，这和我们做其他事情一样。同样，斯多葛派试图剥去他们的伪装。

> 正如某些药物可以使视力锐利和清晰，如果我们愿意将我们的精神视力从障碍中解放出来，我们将能够感知美德，即使美德隐藏在身体内部，即使贫穷是一个障碍，即使在无足轻重和耻辱的地方。我说，我们会看到那种美丽，无论它被多少污秽所掩盖。相反地，我们将能够感知邪恶，以及一个可怜的心灵的迟钝，无论这一观点可能被闪烁的财富阻挡了多少，或者无论虚假的光芒多么强烈——在这里是等级和地位，在那里是强大的力量——以至于击垮旁观者。
> （Seneca, *Epistles* 115.6）

> 那些靠财富和荣誉升到高位的人，没有一个是真正伟大的。为什么他看起来很棒？因为你将之奉若神明。矮人站在山上，但个子不高；巨像站在井中，也能保持其伟岸。这就是我们所犯的错误，我们是如何被欺骗的；我们不以人是什

么来评价他，而是以加上他身上的装饰品。（Seneca, *Epistles* 76.31—32）

底座不是雕像的一部分。不算入其支撑物来测量他；让他放下他的财富和头衔；让他穿上内衫。他的身体健康、活跃，并且能够发挥其功能吗？他有什么样的灵魂？它漂亮、能干吗？幸运的是，它的所有部件都完好无损吗？灵魂是在自己的东西中富有，还是在借来的东西中丰富？运气和它无关吗？它能毫不畏缩地面对剑的抽打吗？呼吸停止死亡和割喉死亡之间有什么区别吗？它是平静的、沉着的、满足的吗？这是我们必须看到的；这就是我们之间巨大差异的判断方式。[Montaigne, *Of the Inequality Amongst Us*（1580）]

同样的分析也可以针对自己。

你看到那个戴着办公室徽章的斯基泰或萨尔马提亚国王了吗？如果你想看看他是什么样的人，想知道他的全部价值，就摘下他的头带；它下面潜伏着许多邪恶。但我为什么要谈论别人呢？如果你想自己衡量，那么就把钱、遗产、荣誉放在一边，审视一下自己。目前，你正在接受别人对你的评价。（Seneca, *Epistles* 80.10）

斯基泰和萨尔马提亚地区位于黑海北部和东部的大草原上。

他们经常与罗马帝国交战，他们的民族被罗马人和希腊人视为野蛮人。

我们在前一部分中看到，斯多葛主义者有时以字面的方式看待世俗的事物；这是一种观察事物本来面目的技巧，没有浪漫或恐惧。同样的总体思路也适用于人。

> 他们在吃、睡、交媾、排便等时是什么样子？当他们专横跋扈、傲慢自大，或者以某种优越的地位愤怒地斥责他人时，他们是什么样子的？不久前，他们还是奴隶，做着所有这些已经命名的事情；很快他们又会如此。（Marcus Aurelius, *Meditations* 10.19）

6. 了解差异。对于任何明显的问题或前景，斯多葛派通常会问的第一个问题是：这是否取决于他们自身。如果没有，他们也不会为此感到痛苦，因为即使他们这样做了，那也是没有帮助的。因此，斯多葛主义者非常关注其控制范围内和控制范围外事物之间的差异。

> 那么，从一开始，就要练习对每一个不堪的外表说："你只是一个外表，而根本不是你的外表。"然后审视它，用你所拥有的那些规则来检验它——特别是用这第一条，它是与由我们决定的事情有关，还是与不由我们决定的事情有关。如果它与不由我们决定的事情有关，让我们想想"这对

我来说不算什么"。（Epictetus, *Enchiridion* 1.5）

当然，也有混合的情况：我们可以控制问题的某些方面，但不能控制其他方面，或者有能力控制它，但可能没有权利或责任。这些案例可能需要进行艰难的分析，而斯多葛派并没有像人们本可能希望的那样在这些事例上花费那么多时间。但基本方法是由爱比克泰德提出的。

> 我们很难将这些东西结合在一起——专注于物质事物的人的谨慎，以及对物质事物漠不关心的人的稳定——但这并非不可能；否则幸福是不可能的。这就像计划一次海上航行。我能做什么？我可以选择船长、水手、日子、合适的时刻。然后一场暴风雨降临在我们身上。在这一点上，我有什么要担心？我的角色完成了。这个问题属于另一个人——船长。（Epictetus, *Discourses* 2.5.9）

不应将脱离外部世界与退出世界混为一谈。正如第十一章的最后一部分将说明的那样，斯多葛主义呼吁参与公共生活，而不是逃避公共生活。但在任何情况下，我们都可以在由我们决定和不由我们决定之间划清界限。

> 物质是无关紧要的；我们如何使用它们并不重要。那么，一个人怎样才能既保持稳定和平静，又保持谨慎、不鲁

莽、不疏忽的心态呢？他可以表现得像玩棋盘游戏的人。棋子既不好也不坏，骰子也既不好也不坏。我怎么知道下一次掷骰子的点数是什么？但要小心熟练地使用投掷，这是属于我的。那么，在生活中，最主要的任务也是：区分和划分事物，并说："外部的东西在我的能力之外：我的选择在我的能力之内。我应该在哪里寻找好的和坏的？在内在，在属于我自己的东西里。"但是，在依赖他人的事情上，不要称任何事情为好或坏、利或害，或任何其他类似的事情。"那又怎样？这是不是意味着我们不应该在意如何使用它们？"绝对不是。这将是对我们选择能力的错误使用，因此与自然背道而驰。外部事物应该小心使用，因为它们的使用可以是好的也可以是坏的。但与此同时，你应该保持沉着冷静，因为事情本身既不好也不坏。（Epictetus, *Discourses* 2.5.1—7）

在柏拉图的《理想国》第 10 卷（604c）中，哲学家预先考虑了与骰子进行比较的问题。亚当·斯密详细阐述了斯多葛主义与游戏的比较，他的叙述为结束这场讨论提供了一个很好的注释。

斯多葛派似乎认为人类生活是一场技巧高超的游戏；然而，在其中，有一个混合的机会，或被通俗地理解为机会的事物……如果我们把我们的幸福放在赢得赌注上，我们就把它放在依赖于超越我们力量、偏离我们方向的事物上。我们必然会使自己永远处于恐惧和不安之中，并经常遭受痛苦和令人屈辱的失望。如果我们把幸福放在玩得好，玩得公平，玩得明智和熟练上；简而言之，就是放在我们自己的行为是否得体上；通过适当的纪律、教育和关注，置于我们自己的力量和方向之下，我们的幸福就是绝对安全的，是财富无法企及的。[Smith，*The Theory of Moral Sentiments*（1759）]

第三章　视角

马可·奥勒留认为斯多葛主义的两个原则尤为重要：

> 这两个想法你应该放在脑海的首要位置来思考。第一，是世界上的事物不会触动你的精神，而是静静地站在它的外面；困扰我们的只有我们内心的想法。第二，你看到的一切都会在瞬间改变，很快就会消失。永远记住你已经看到了多少变化。世界是不断变化的；你的生活取决于你的观点。（Marcus Aurelius，*Meditations* 4.3.4）

其中一点——我们对世界的体验取决于我们对世界的判断或观点，而不是外部世界本身——是前两章的主题。他的另一个原则是这一章的主题。该原则可以被称为死亡或易朽性，但为了我们的目的，最好将其作为一个更大主题的一部分：视角。

一般来说，斯多葛派可以说是使用两种策略来消除幻觉。一种是分析性的：用理性来分解外部事物并展示其真实本质。另一种是直观的：从一个可以自动改变我们看待世界方式的角度来看世界。从某个视角看问题、对手或自己——从远处看问题，或从更大的角度看问题——有时可以使我们摆脱欲望或恐惧，而无需进行分析。

斯多葛派在本书中使用了这两种方法。大部分章节都将分析作为主要的修正方式。外部被一个接一个地处理和分析。例如，时间和空间可以这样处理，并在本章中接受一些斯多葛式的剖析。对我们自己来说，我们似乎非常重要，我们生活的时间和地点让人感觉非常重要。斯多葛主义者认为这些印象是错误的。它们之所以出现，是因为我们对世界的一般视角，即我们默认使用的观点，具有误导性。我们从内心向外看，从我们自己的角度来看事情；我们忘记或没有意识到我们的配额是多么地少和简短。斯多葛派通过指出关于我们存在的规模和死亡的事实来纠正这一点。

但本章中的观点也特别旨在提出斯多葛主义的直觉方面。斯多葛主义者通过看到我们的事情在更大的事物中看起来是多么渺小，来诱导一种感觉到的谦逊感和对美德的吸引力。该方法可以称为直观的，因为它不是一个论证。这更像是一个展示和指出的问题，并期望从一个新的角度直接进行感知和调整。诚然，由于不使用论证，斯多葛派有时会接受分析批评。选择从一个角度而不是另一个角度来看问题似乎是武断的。但在这方面，正如在许多其他方面一样，晚期斯多葛主义者可以被归类为实用主义者。如果一种视角能让我们摆脱不良的心理习惯，他们会毫不犹豫地推荐它。

视角的改变有时会导致观者得出不止一个结论。斯多葛派对于哪些启示是正确的有着明确的想法。例如，仅仅着眼于我们生活和关注的小范围，可能看起来会有些沉闷和虚无主义，但斯多葛主义者却有相反的反应。长远视角有利于士气。如果这是对自我的侮辱，那么它也是对虚荣、野心和贪婪的解毒剂。我们的无足轻重使我们有理由活在当下，因为没有其他目的存在。这也体现了看待作为整体一部分的个体的价值。如果你想说服蚂蚁一起工作，而不是痴迷于个人荣耀，你可以先向他们展示他们对我们的看法。

长远的眼光也不应导致被动。我们已经说过，我们的两位斯多葛主义导师是古罗马最重要的政治家之一，但马可·奥勒留的例子值得我们特别思考一下。正如本章将要展示的那样，他是最坚定的斯多葛主义者，研究让我们的事情看起来微不足道的视角。然而，就我们的历史而言，这些都没有让他变得不那么活跃或缺乏同情心。恰恰相反的是：

> 必须记住的是，马可·奥勒留是一个斯多葛主义者；一般来说，他作为一个理论哲学家被谈及，更作为一个斯多葛主义哲学家，他可能被认为无法从这些空泛的理论高度沉降到人性的真正需要、弱点和能力。奇怪的是，在所有的贤君中，他是最有人性和最务实的。[de Quincey, *The Cæsars*（1851）]

一个正确理解斯多葛主义的人应该觉得这种观察不奇怪。

1. 时间。我们用我们所拥有的时间的多少来衡量时间。正常寿命似乎是一种长期的增长，因为这是所有人第一手知道的最多的。斯多葛主义者寻求从外到内看待时间，这一观点创造了一种不同的尺度感。

> 你可以摆脱很多烦恼，因为它们完全在你自己的脑海里。要为自己清理出充足的空间，你将通过理解你心中宇宙的规模，通过观察无限的时间，通过仔细研究每件事物每一部分的快速变化——从出生到消亡的时间很短，在这之前的时间是深渊，之后的时间则无穷尽。（Marcus Aurelius, *Meditations* 9.32）

> 想象浩瀚的时间深渊，想想整个宇宙；然后，将我们所说的人的一生与那浩瀚的宇宙相比较，你会发现我们希望并试图延长的事物是多么渺小。（Seneca, *Epistles* 99.10）

> 我们活了一瞬间，甚至不到一瞬间。然而大自然给这一微不足道的时间给予嘲弄，使其看起来更为漫长——一个是婴儿期，一个是童年期，一个是青年期，一个是从青年到老年的转向过程（可以这么说），最后一个部分是老年期本身。如此短的攀登路程竟要走这么多步！（Seneca, *Epistles*, 49.3）

你可以说出长寿的人、传奇的老年人；每一位你都可以算到 110 年；但是，当你把注意力转向整个时间时，最短和最长的生命之间的差异将是微不足道的——如果在检查了时间间隔之后，你将每个人都活过的时间与他没有活过的时间进行比较。（Seneca, *Consolation to Marcia* 21.3）

2. 空间。对我们来说，我们所处的位置的重要性同样取决于我们在经过它时所经过的规模：我们能看到什么，我们能去哪里。斯多葛主义者从观察者之外的视角看待空间（有时一起看待时间和空间）。

亚洲和欧洲是宇宙的角落；整个大海是宇宙中的一小滴；阿索斯山（Athos）是宇宙中的一小块泥土；所有的此刻都是永恒中的时刻。一切都很微不足道，很容易改变，甚至消失。（Marcus Aurelius, *Meditations* 6.36）

拥有短暂生命的人既是赞美者也是被赞美者，既是回忆者又是被回忆者。而这一切都发生在这片大陆的一个角落里——然而即使在这里，我们彼此不协调，也不和自己协调；整个地球也是一粒微尘。（Marcus Aurelius, *Meditations* 8.21）

这个地球，连同它的城市和人民，它的河流和环绕的大海，如果用宇宙来衡量的话，我们可以认为它只是一个点。

如果与所有时间相比，我们的生命所占的比例比一个点还小，因为永恒的尺度比世界的尺度更大；世界在时间的范围内一次又一次地自我创造。（Seneca，*Consolation to Marcia* 21.2）

3. 易朽性。时间和空间的尺度使所有人类行为看起来都很渺小。对此，斯多葛派补充道，这样的行为也是高度易朽的：所有人类的行为，以及就此而言的所有大自然的行为，很快就会改变并消失。这一观点有助于第二章所主张的与外部的分离。马可·奥勒留说：

> 想想看，就像堆在一起的沙子掩盖了以前的沙子一样，生活中发生过的事情很快就会被新发生的事情掩盖。（Marcus Aurelius，*Meditations* 7.34）

> 经常想想，存在的一切，以及正在形成的一切，被带走和消失的速度有多快。因为物质就像一条不停流动的河流：行动在不断变化，其原因在无尽的变化中运作；几乎没有什么是固定的。在我们身边是一个无边的深渊，过去的和将要发生的，所有的东西都遗失了。他被这些事情激怒了，忘乎所以地抱怨，好像它们是持久的和麻烦的，那么，他怎么不是一个傻瓜呢？（Marcus Aurelius，*Meditations* 5.23）

> 不久地球将覆盖我们所有人。于是地球本身就会改变；

接下来发生的一切都将继续被无休止地改变；然后这些事情再次发生，直到无限。一个人思考这些接连涌现的变化和转变，以及它们的速度，就会轻视一切俗世事物。（Marcus Aurelius, *Meditations* 9.28）

塞涅卡说：

智者会说马尔库斯·加图会说的话，他对过去人生的思考："整个人类，无论是现在的还是将来的，都注定要死亡。至于曾经统治世界的城市——以及那些曾经是帝国的辉煌装饰物而非自己的城市——总有一天人们会问它们在哪里……那么，我如果只是提早经历所有事物的共同命运，为什么要生气或感到悲伤呢？"（Seneca, *Epistles* 71.15）

这段话提到了小加图，一位斯多葛主义者，在塞涅卡出生前大约四十年去世。小加图是一位以谨慎著称的政治家，也是尤利乌斯·恺撒的反对者。当恺撒在罗马内战中战胜庞培及其部队时，加图以剑自刎，而不是投降。他成为了斯多葛派英雄名册中的一员，有时被引为理想智者的榜样。我们将在本书后文中看到对他的进一步介绍。

塞涅卡对人类造物的逝去提出了一些更具体的预言：

大自然正在受到攻击，因此我们应该承受城市平衡的破坏。他们站着却要摔倒！一个共同的厄运在等待着他们——无论是一些内力的爆炸，还是只要他们的出口被堵住就会掀起的强力气流……还是没有什么安全可言的年龄是否会一点一点地把他们拖垮；或者严重的气候是否会把他们的人民赶走，而忽视会摧毁他们已经放弃的东西。他们的命运可能到来的所有方式都是乏味的。但有一件事我知道：所有凡人的事物都注定要死亡。我们生活在那些注定要死的事物之中。

世界上的七大奇迹，以及远比那些（如果有的话）未来几年的雄心壮志所带来的奇迹更奇妙的事情，总有一天会被视为夷为平地。事实就是这样：没有什么是永恒的，很少有东西是长存的；不同的事物会以不同的方式消亡，它们的结局可能会不同，但所有开始都会停止……让他走吧，他会一个接一个地哀悼逝去的灵魂，他会为迦太基、努曼西亚和科林斯的灰烬哭泣——以及任何已经陨落的更崇高的地方——即使这个没有陨落之处的宇宙也将灭亡；让他也走吧，他会抱怨命运，命运有一天竟敢犯下这么大的罪行，没有放过他！（Seneca, *Consolation to Polybius* 1.1—2）

世界七大奇迹是古代书籍中的特色景点，告诉希腊旅行者去哪里参观和看什么，例如罗德岛的巨像和巴比伦的空中花园。从塞涅卡脑海中的这个列表中，现在只有吉萨大金字塔幸存了下来。迦太基（现突尼斯）、努曼西亚（现西班牙）和科林斯（现希腊）是罗马在公元前二世纪的冲突中摧毁的城市。

塞涅卡还指出，消解的速度通常比创造快得多。

> 如果所有的东西都能像它们诞生时一样缓慢地消亡，那将是对我们自己和我们工作的软弱的一些安慰；但事实是，增长是缓慢的，但迈向毁灭是迅速的。（Seneca, *Epistles* 91.6）

我们总主题的变体来自蒙田：

> 这个伟大的世界，有人会说它只是一个属中的一个物种，它也是一面镜子，我们必须在其中从正确的角度看待自己……如此多的革命，如此多的国家命运兴衰，教会我们自己在看待命运时没有理由感到惊讶。如此多的名字，如此多的胜利和征服被遗忘，让我们希望通过抓捕一群士兵和一些鸡笼来让我们的名字永生是荒谬的，只有被摧毁，才能被记住。[Montaigne, *Of the Education of Children*（1580）]

为了让人们认识到人类生活和作品的易朽性，马可·奥勒留经常会回顾那些之前出现并流传下来的例证。如果他引用的例证对我们来说不再生动，他的说法则更为有力，当然，如果有人需要，我们可以很容易地想出现代例证。

> 以前熟悉的表达现在需要解释。同样，曾经是英雄的人

的名字现在也需要一些解释——卡米卢斯、恺索、沃勒苏斯、莱昂纳图斯、稍晚的西庇阿和加图，还有奥古斯都，还有哈德良和安敦宁。因为一切都会褪色，变成纯粹的故事，很快就会被完全遗忘。我指的是那些以某种方式闪耀着光辉的人。至于剩下的，当他们最后一口气的时候，他们已经走了，被遗忘了。毕竟，什么是永恒的记忆？完全空白。

（Marcus Aurelius, *Meditations* 4.28）

在你的脑海中，想象一下韦斯巴芗时期。你会看到所有这些事情：人们结婚，抚养孩子，生病，死亡，制造战争，庆祝节日，做商人，做农民，奉承别人，傲慢，多疑，密谋，希望一些人死，抱怨现在，爱，放下财富，把他们的心放在执政官和王国上。这些人的生活根本就不存在了。现在转到图拉真时代。一切都是一样的，而生活也已经消失了。以同样的方式仔细观察其他时代和其他国家，看看有多少人经过艰苦的努力，很快就倒下了，分解成了一个个元素。

（Marcus Aurelius, *Meditations* 4.32）

公元69年至79年，约在马可·奥勒留之前一个世纪，韦斯巴芗是时任罗马皇帝。

4. 应用到死亡。斯多葛派鼓励的视角是对抗许多欺骗、恶习和误判的对策，包括对死亡的恐惧。这一主题将在下一章中得到充分论述，但这里可以简要概括地介绍如何利用我们目前的想法来解决这一问题，即运用远见来减少对死亡的恐惧。

> 提醒那些执著于生命的人，这是一个简单但仍然有用的对藐视死亡的帮助。除了那些早逝的人，他们还有什么收获？不管怎样，他们最终都被埋在某个地方——卡迪西安、费比乌斯、朱利安努斯、莱比杜斯，诸如此类的人。他们抬出许多人埋葬，然后把自己抬了出来。（Marcus Aurelius, *Meditations* 4.50）

> 如果有一个神告诉你，你明天就会死，或者最迟后天就会死，你不会认为这两天的选择很重要，除非你的心胸很狭隘；因为这有多大的区别？同样，在高龄死去和明天死去之间的区别，你应该认为没有什么大不了的。（Marcus Aurelius, *Meditations* 4.47）

相较之下：

> "你认为一个习惯于宏大思想和对所有时间、所有存在的沉思的头脑可以认为人的这一生是一件值得关注的事情吗？""不可能。"他说。"所以这样的人不会认为死亡是可怕的？""最不会。"[Plato, *Republic* Book Ⅵ（486a—b）]

亚里士多德告诉我们，叙帕尼司河上的小生物只能活一天。早上八点死的是英年早逝；晚上五点去世的是寿终正寝。看到如此短暂的生命被视为幸福或不幸，谁会不笑呢？当我们把自己的生命比作永恒，甚至比作山脉、河流、星星、树木和某些其他动物时，把自己的生命称为漫长或短暂似乎同样荒谬。[Montaigne，*That to Study Philosophy is to Learn to Die*（1580）]

蒙田引用的是亚里士多德的《动物史》（Aristotle，*History of Animals* 5.17.14）。

5. 还原。我们转向另一种斯多葛式的视角——也许可以说是显微镜，而不是望远镜。第二章介绍了一些斯多葛主义的方法来揭开外部的神秘面纱：从字面上看，或者把它们还原成更小的元素，从而使人们更容易对它们掉以轻心。马可·奥勒留不仅将这种方法应用于特定的外部，而且将其应用于人类生活和整个世界。

当你想到洗澡时，你会发现它是一种东西——油、汗水、脏水、油腻的水，一切令人厌恶的东西——这就是生活的每一部分，以及生活背后的每一方面。（Marcus Aurelius，*Meditations* 8.24）

总而言之：不要忽视所有凡人的生命是多么短暂，多么微不足道——昨天是一小滴黏液，明天是木乃伊或灰烬。（Marcus Aurelius, *Meditations* 4.48）

这一切都是袋子里的臭味和鲜血。（Marcus Aurelius, *Meditations* 8.37）

一切事物背后的腐朽！水、灰尘、骨头、恶臭——或者说，大理石只是地球上的一块石头，金银只是沉积物，衣服只是毛发，紫色染料只是血液，其他一切都是如此。我们体内的生命气息是另一个相似的东西，并从这个变化到那个。（Marcus Aurelius, *Meditations* 9.36）

6. 重复。另一种斯多葛主义的视角策略观察事物间的相似性，这些事物看起来很新奇，因此耗尽了它们激发依附的力量。

去剧院或其他类似的地方，一遍又一遍地看同样的东西，真是令人厌倦；这让观看他们变得乏味。这在整个生活中都是一样的。因为上面和下面的一切都是相同的，都来自同一些源头。那要多久？（Marcus Aurelius, *Meditations* 6.46）

因此，对于发生的一切，请记住：这是你以前见过很多次的事情。简而言之，上下翻看，你会发现历史中充满了同样的东西——古代史，中间年份的历史，我们这个时代的历史——充斥着今天的城市和房屋。没有什么是新的；一切既熟悉又短暂。（Marcus Aurelius, *Meditations* 7.1）

仔细想想过去——政治体制的无数变化。你也可以提前看到未来的事件；它们将是完全相同的类型，因为不可能偏离现在正在发生的事情的模式。因此，观察人类生活四十年与观察一万年是一样的。你还会看到什么？（Marcus Aurelius, *Meditations* 7.49）

为了不让这些观点显得过于悲观：

当一个人坚定地知道一天和一个时代之间没有区别，无论发生什么，他都可以从高处眺望，笑着思考时代的更替。（Seneca, *Epistles* 101.9）

7. 俯视。 迄今为止所考虑的一些视角可以通过一个想象练习快速习得：从一个足够高的角度来看待人类，以便能俯瞰它。其目的是帮助我们自然而然地得出一些熟悉的斯多葛派的结论，如人类生活的重复性和易朽性。

心灵要越过柱廊、闪耀着象牙的镶板天花板、修剪过的灌木和通往豪宅的溪流，必须要等到它绕着整个宇宙飞行，从上面俯瞰地球（地球受到限制，大部分被海洋所覆盖，而海洋之外的部分甚至是肮脏、干燥和冻结的）时。那时，它才会对自己说："这就是这么多国家之间被剑和火分割的小点吗？"（Seneca, *Natural Questions* I Pref.8）

马可·奥勒留经常思考这个问题：

柏拉图的一句名言说，一个要讨论人类事务的人应该像俯瞰一样审视尘世的事物：一群人、军队、耕耘的田地、婚姻、离婚、出生、死亡、法庭的喧嚣、沙漠、外国人民的拼凑、节日、哀悼、市场、所有的混合和对立的有序安排。（Marcus Aurelius, *Meditations* 7.48）

俯瞰之下，无数的集会和无数的仪式，暴风雨和平静中的每一次航行，以及正在出生、生活和死亡着的人们之间的争论。再想想别人很久以前过的、在你死后还会过的、现在在别的国家正在过的生活；想想看，有多少人根本不知道你的名字，有多少人很快就会忘记它，有多少人——也许现在还在称赞你——很快就会找你的茬。要意识到，被人记住没有任何价值，你的名声也没有任何价值，其他任何东西都没有价值。（Marcus Aurelius, *Meditations* 9.30）

如果你突然被举到半空中，你应该从上面审视人类事务和它们的多样性，你会看不起它们……无论你被举起的频率有多高，你都会看到同样的东西，同样的种类，它们持续的时间很短。这些事情多么渺小啊！（Marcus Aurelius，*Meditations* 12.24）

西塞罗的《西庇阿之梦》也有类似的主题：

虽然对这些事情感到惊讶，但我还是时不时地把目光转向地球。然后西庇阿说："我可以告诉你，你现在正在考虑人类的居所和住所。如果它对你来说像它真的那么小，那么你要一直仰望这些神圣的东西，而俯视那些人类的东西。因为你能在人类的口中获得什么名声，什么名声值得追求？"（Cicero，*On the Republic* 6.19—20）

8. 影响。我们得出塞涅卡的结论：

我们相信我们的这些事情是伟大的，因为我们渺小。（Seneca，*Natural Questions* Ⅲ，1 Pref.15）

关于人类卑微的影响，马可·奥勒留——最专注于这一主题的斯多葛主义者——有着明确的观点。他们谦逊而仁慈：我们应该以幽默好好对待彼此，因为那些让我们偏离简单目标的事情并不值得担心。

生活中高度重视的东西是空虚、腐朽和琐碎的；我们是互咬的小狗，又笑又哭的吵架的孩子……在这样的世界里，名誉毫无意义。然后呢？你们优雅地等待死亡——等待灭绝，或者等待进入另一个国家。在那之前，什么是足够的？除了崇敬和赞美众神，善待他人，宽容和克制地对待他们之外，还有什么别的呢；至于在你的身体和呼吸范围内的是什么，要记住，它既不是你的，也不是由你决定的。（Marcus Aurelius, *Meditations* 5.33）

空虚地追求仪式，在舞台上表演，男人带着羊群，或是成群结队，或是拿着长矛打仗；一块骨头丢给小狗，一块面包屑丢进鱼塘；负重蚂蚁的艰苦劳动，惊慌失措老鼠的匆忙，被绳子移动的小木偶。在所有这些事情中，你必须以良好的幽默感和谦逊的态度找到自己的位置——然而，要理解，每个人的价值都与他所关心的事情一样。（Marcus Aurelius, *Meditations* 7.3）

斯多葛主义的进步，或者说斯多葛主义的气质倾向，在一定程度上可以通过一个人阅读本章中观点的能力来衡量，并且能够以更好的幽默感而不是更差的幽默感，以更大的目的而不是更小的目的来衡量。有些人会认为马可·奥勒留是一个非常糟糕的励志演说家。对于斯多葛主义者来说，他是唯一一类可以忍受的人之一。

第四章　死亡

死亡对斯多葛派来说有两种意义。首先，它可以被视作外部。这不受我们控制；我们可以加速死亡，有时也可以推迟死亡，但死亡的最终来临并不取决于我们。这也是头脑面临的最可怕的可能性。令人恐惧的外部成为斯多葛式分析的天然主题，所以死亡最终引起了他们的注意。斯多葛派认为死亡很难被准确地看待，他们发现对死亡的通常态度是不合理的；任何人都不知道死亡是什么样子，但它似乎是一种无痛的状态，不会让我们比出生前更糟糕。他们还将死亡视为类似于所有人都熟悉的其他变化，并将其视为一个连续的过程，而不是突然的过程：随着地球上的时间在我们身后流逝，我们每天都在死亡。他们还提出了各种其他论点来消除死亡带来的恐惧。斯多葛派认为，克服对死亡的恐惧是所有哲学成就中最重要的一项，也是获得重要的自由。

但斯多葛主义认为死亡不仅仅是一种需要暴露的外部现象。它也是观点和灵感的来源——一种宝贵的帮助，而不仅仅是我们反应过度的东西。死亡是我们存在的决定性特征；斯多葛派希望它的迫在眉睫能够影响他们的日常生活。我们其实很快就会离开，这可能会引发与前一章中考虑的观点相同的心态变化。因此，斯多葛派使用冥想死亡来激发谦逊、无畏、节制和其他美德。

1. 对死亡的恐惧。 在着手治疗恐惧或欲望之前，斯多葛派通常会分析人们对恐惧或欲望的一般态度。他们特别热衷于分析对死亡的恐惧。

> 没有人怀疑死亡中有某种东西会激发恐惧，甚至会震撼我们的灵魂，大自然正是塑造了我们的灵魂，以至于我们热爱自己的存在；否则，我们就没有必要作好准备，磨砺我们的勇气，以一种自愿的本能面对我们应该面对的问题，正如所有人都倾向于保持他们的存在一样。（Seneca, *Epistles* 36.8）

> 死亡属于那些事实上不算邪恶的东西，但仍然拥有邪恶的外表；这是因为对自我的爱根植于我们心中，这是我们对存在、生存的渴望以及对瓦解的恐惧。死亡似乎剥夺了我们许多美好的事物，使我们远离我们已知的一切。还有一个因素使我们与死亡疏远：我们已经熟悉了现在，但对未来一无所知，我们对未知感到畏缩……即使死亡是一件无关紧要的事情，但它仍然是一件不可忽视的事情。（Seneca, *Epistles* 82.15—16）

显而易见，死亡在斯多葛主义中有着深刻的重要性，而我们所担心的其他情况却没有这种重要性。但有时，斯多葛派将死亡简单地分析为一种外部的东西——一种从思维的装扮中获得意义的东西。我们必须克服的不是死亡，而是我们思考死亡的方式。

> 死亡和痛苦都不可怕，但对痛苦或死亡的恐惧却……因此，信心应该是我们对待死亡的态度，谨慎应该是我们对恐惧死亡的态度。但现在我们有了相反的选择：对于死亡，逃避它；对于我们对它的看法，粗心大意、漠不关心和忽视它。（Epictetus, *Discourses* 2.1.13—14）

> 什么是死亡？吓唬孩子的面具。翻开它并检查它。看，它不咬人。无论是现在还是将来，可怜的身体都必须像以前一样与灵魂分离。如果是现在，你为什么要烦恼？如果不是现在，那就是以后。（Epictetus, *Discourses* 2.1.17）

> 事情本身是微不足道的；而我们担心这是严重的。与其说它总是有威胁性，不如说它只发生一次……因此，卢基里乌斯，尽可能地告诫自己不要**害怕**死亡。这就是使我们卑鄙的东西；这就是它所拯救的生命本身的扰乱者和毁灭者；这就是赞颂地震和闪电这些东西的原因。（Seneca, *Natural Questions* 6.32.8—9）

2. 对死亡的无畏。斯多葛派将免于死亡的恐惧视为哲学工作的核心目标之一，许多其他自由和收获都是从其中获得的。一个认为死亡无需恐惧的人在生活中更轻松，也没有许多其他恐惧；因为死亡是他们最主要的恐惧。塞涅卡说：

> "那他应该学什么？"有助于对抗所有武器，对抗各种敌人的东西——对死亡的蔑视。（Seneca, *Epistles* 36.8）

> 认识到死亡的人忘却了奴役。这样的人凌驾于一切权力之上，当然也超越了死亡。对他来说，牢狱、监禁和酒吧里还有什么恐怖的东西？（Seneca, *Epistles* 26.10）

> 那么，抛开一切顾虑，就能使生活总体上适合你自己。没有什么好东西能使拥有它的人快乐，除非他的头脑为它的损失作好准备；没有什么比那些一旦失去就无法惦念的东西更容易放手。（Seneca, Epistles 4.5—6）

> 我们必须先为死亡作好准备，然后再为生命作好准备。（Seneca, *Epistles* 61.4）

其他人则说：

哲学家的一生……都在为死亡作准备。(Cicero, *Tusculan Disputations* 1.30)

正确认识到死亡对我们来说无关紧要,这会使生命的死亡变得愉快,不是通过给生命增加无限的时间,而是通过消除对不朽的渴望。因为生命对那些完全了解停止生活并不可怕的人来说是并不可怕的。(Epicurus, *Letter to Menoeceus*)

腓力强行进入伯罗奔尼撒半岛后,有人告诉达明达斯,如果斯巴达人不重新受到腓力的青睐,他们将遭受巨大的痛苦。"胆小鬼,"他回答,"不惧怕死亡的人能忍受什么?"阿吉斯同样被问及人们如何能在自由中生活;对此,他回答说:"藐视死亡。"[Montaigne, *A Custom of the Isle of Cea* (1580)]

蒙田从普鲁塔克的《斯巴达格言》中摘取了这些片段。这段文字讲述了马其顿的腓力二世在公元前346年(或近年)向斯巴达进军,以及斯巴达人对与他和解缺乏兴趣。腓力选择不寻求征服斯巴达。阿吉斯是斯巴达的众多同名国王之一。

3. 纠正恐惧。斯多葛派对待死亡恐惧的方法与对待其他外部事物的方法是一样的:用理性来清晰地看待事物,剥去其可怕的特征。

a. 未知的死亡体验。

被不公正的流言蜚语诽谤对好人有什么害处吗？那么，在我们的判断中，我们也不应该让同样的事情对死亡造成损害；因为死亡也有一个坏名声，但那些诽谤死亡的人都没有尝试过。（Seneca, *Epistles* 91.20）

我们也能看到：

先生们，怕死只不过是认为一个人聪明，但其实并不聪明；因为它是一种思想，想一个人知道自己不知道的事情。因为没有人知道死亡是否是人类得到的所有祝福中最伟大的，但他们害怕死亡，就好像他们知道死亡是最大的恶一样。（Plato, *Apology* 29a）

临终前，在这个我们必须完成的最大任务前，实践毫无帮助。我们可以利用习惯和经验来增强自己以对抗痛苦、贫穷、羞耻和其他不幸，但对于死亡，我们只能尝试一次；我们都是这方面的学徒。在古代，有些人对时间的使用非常细致，他们甚至试图品尝和品味他们死亡的时刻；他们绞尽脑汁去发现要跨越的是什么。但他们再也没有回来讲自己的故事。[Montaigne, *Use Makes Perfect*（1580）]

b. 死亡的无痛。濒死可能是痛苦的。就我们所知，死亡本身并非如此。

想想看，死后没有什么病痛可言，那些让地下社会令我们惧怕的报道只是传说，没有黑暗威胁着死者，没有监狱，没有熊熊烈火，没有遗忘河，没有审判席，没有被告，在如此完整的自由中，没有暴君可以再次相见。所有这些都是诗人们的游戏，他们用空虚的恐惧来煽动我们。（Seneca, *Consolation to Marcia* 19.4）

死亡正向你走来；如果它能留下来，那将是一件可怕的事情。但它要么不来，要么来了又走了。（Seneca, *Epistles* 4.3）

害怕死亡的人要么害怕失去知觉，要么害怕另一种感觉。但是如果你将要失去知觉，你并不会感觉不好；如果你有一种不同的感觉，那么你将是一种不同类型的生命，并且不会停止生活。（Marcus Aurelius, *Meditations* 8.58）

伊壁鸠鲁有类似观点：

让自己习惯于认为死亡对我们来说无关紧要，因为一切善恶都在于感知，而死亡是对感知的剥夺……当它存在时，不会引起麻烦，当它只是被期望时，它会毫无目的地造成痛苦。因此死亡这种最可怕的邪恶，对我们来说什么都不是——因为只要我们存在，死亡就不存在，而当死亡存在时，我们就不存在。（Epicurus, *Letter to Menœceus*）

至于死亡本身，通常不会花费很长时间。

我们准备的不是死亡；那太短暂了。一刻钟的痛苦，没有后遗症，没有损伤，不需要特别指导。事实上，我们已经作好了面对死亡的准备。[Montaigne, *Of Physiognomy*（1580）]

c. 死亡是一种转化。斯多葛派认为死亡的到来是一种过渡，与我们所知道的其他转变没有太大区别。

不要轻视死亡，而要满足于它，因为这也是大自然的意愿之一。何谓年轻和衰老，成长和成熟，拥有牙齿、胡须和白发，养育孩子，怀孕和生育，为了你的人生四季带来的所有其他自然操作——瓦解也是如此。因此，这是一个反思的人的方式：对死亡既不粗心，又不急躁，也不傲慢，而是把它作为大自然的一种运作等待。（Marcus Aurelius, *Meditations* 9.3）

斯多葛派更具体地将死亡视为物质向其他形式的自然转化。

死亡的东西不会从宇宙中消失。如果它停留在这里，它也在这里改变，并被分解成它的适当部分，即宇宙和你自己的元素。这些也会改变，它们不会抱怨。（Marcus Aurelius，*Meditations* 8.18）

那么我就不存在了？不，你不会的——但其他东西会的，这是宇宙现在所需要的。因为你不是在你选择的时候出现的，而是在世界需要你的时候。（Epictetus，*Discourses* 3.24.94）

从宇宙的本质来看，就像蜡一样，大自然现在塑造了一匹小马；当它把这些材料分解后，它用这些材料做一棵小树，然后做一个小人，然后做其他的东西；这些东西都只存在很短的时间。但是，拆开一个盒子并不困难，就像把盒子固定在一起时没有困难一样。（Marcus Aurelius，*Meditations* 7.23）

d. 与出生前时间的比较。斯多葛派对死亡的经典反应是思考死亡与我们出生前处境的相似性，我们没有理由认为这是困难的。

"什么？"我对自己说，"死亡经常考验我吗？就让它来吧；我自己也曾长期考验过死亡。""什么时候？"你问。在我出生之前……除非我弄错了，亲爱的卢基里乌斯，否则我们会误入歧途，认为死亡会随之而来，而死亡在之前已经存在，也将随后到来。无论我们出生之前存在什么情况，都是死亡。因为当两种情况下的结果都是不存在时，你是否根本没有开始，是否结束，这有什么关系？（Seneca, *Epistles* 54.4—5）

"也许我还没有表达我的意思，因为我看到的正是这种情况：不在已存在之后存在，这非常悲惨。"什么，比根本没存在过更悲惨呢？因此，那些尚未出生的人之所以悲惨，是因为他们没有出生；如果我们要在死后痛苦，我们自己在出生前也是痛苦的：但我不记得我在出生前是痛苦的；我应该很高兴地知道，如果你的记忆力更好，万一你能回忆起你自己的情况呢。（Cicero, *Tusculan Disputations* 1.4）

那些死去的人会回到他们出生前的状态。正如在我们出生之前，没有什么对我们有好坏一样，在我们出生之后，也不会有什么好坏。正如在我们之前的事物对我们来说毫无意义一样，在我们之后的事物也不会对我们有任何意义。〔Plutarch, *Consolation to Apollonius* 15（109e—109f）〕

担心自己会从所有的烦恼中解脱出来是多么可笑！正如我们的出生带来万物的诞生一样，我们的死亡也将是万物的死亡。因此，为一百年后我们将无法生存而感到遗憾，就像为一百年前我们还没有活着而感到遗憾一样愚蠢。[Montaigne, *That to Study Philosophy is to Learn to Die*（1580）]

e. 与非理性生物的比较。斯多葛派反复出现的观点指向理解力较弱的生物——儿童、傻瓜或动物——他们避免了死亡恐惧和其他阻碍哲学类型的恐惧。从这些无畏的例子中可以得到一种启示：更大的理性天赋不应使哲学家的境况比拥有更少理性的人或猪更糟糕。这些例子中有些涉及死亡以外的问题，但都适用于死亡。

> 婴儿、孩童和疯子都不怕死。如果理性不能给我们带来他们因简单而得到的同样的心灵安宁，那将是非常可耻的。（Seneca, *Epistles* 36.12）

> "很难，"你说，"让心灵达到可以蔑视生活的程度。"但你难道看不到人们有时会因为琐碎的原因蔑视生活吗？一个人在情妇的门前上吊；另一个从屋顶上跳下来，这样他就不用再忍受脾气暴躁的主人的嘲弄；第三名逃走后被逮捕的男子将一把剑刺入他的命脉。你不认为美德会像压倒一切的恐惧一样有效吗？（Seneca, *Epistles* 4.4）

> 同样的不幸降临到另一个人身上，可能是因为他没有看到这些不幸的发生，或者是由于他会表现出骄傲，他是坚定

的，并且没有受到伤害。那么，令人遗憾的是，无知和想给人留下深刻印象的欲望应该比智慧更强烈。（Marcus Aurelius，*Meditations* 5.18）

哲学家皮浪曾在一场大风暴中登上一艘船。对于他身边那些最害怕的人，他指了指一只猪，那只猪在那里，一点也不担心，并试图通过它的例子来鼓励他们。我们敢说，理性的天赋，我们对它评价如此之高，我们认为它使我们成为其他造物的主人和国王，它是作为一种折磨的来源而被赋予我们的吗？如果知识使我们失去了内心的安宁和我们在没有它时所能享受的平静，并使我们处于比皮浪的猪更糟糕的境地，那么知识又有什么好处呢？[Montaigne, *That the Taste of Good and Evil Things Depends in Large Part on the Opinion We Have of Them*（1580）]

皮浪是公元前 4 世纪出生的希腊哲学家。他被认为是怀疑派的创始人。

f. 解脱；死亡的价值。马可·奥勒留的人性观给了他一个不惧怕死亡的理由：从准确的角度来看，人并不是那种他人不忍抛弃的伙伴。

如果你想要一种触动心灵的庸俗舒适，首先，要通过观察那些将会把你移除出去的东西，以及那些你的灵魂将不再需要产生联系的人的道德，让自己与死亡和解。不要对他们生气——你有责任关心他们，温和地忍受他们——但要记住，你会离开那些与你观点不同的人。这是一个考虑因素，它会把我们拉向另一个方向，让我们与生活联系在一起——如果我们能与那些赞同我们观点的人生活在一起的话。但当你看到他们生活在一起的不和谐带来了多大的麻烦时，你就会说："死亡啊，快来吧，免得我也忘了自己。"（Marcus Aurelius, *Meditations* 9.3.2）

下面的一段话也是类似的；它与死亡没有直接联系，但出于同样的原因，它促使人们脱离生活。

说到与你一起生活的人的习惯。他们是我们几乎无法忍受的，即使是最有成就的人；我不敢说，但一个人连自己都受不了。在如此黑暗和肮脏的环境中——在如此不断变化的物质流、时间流、运动流和物体运动流中——我无法想象有什么值得高度珍视或认真追求的东西。（Marcus Aurelius, *Meditations* 5.10.1）

塞涅卡反思了生命带来的痛苦，我们最终的衰老，以及人们为了延长生命所做的可耻的事情，最后他得出了这样的结论：死亡是一份礼物。

如果可以的话，现在就否认大自然慷慨地让死亡不可避免。（Seneca, *Epistles* 101.14）

蒙田以"为自然说话"的名义阐述：

想象一下，对于人类来说，一个不朽的生命会比我给你的生命更难忍受，更痛苦。如果你没有死亡，你会因为我剥夺了你的死亡而永远诅咒我。事实上，我故意将死亡与一点痛苦混为一谈，以防止死亡的好处导致你太快或太轻率地拥抱它。为了让你保持我所希望的温和状态，而不是逃避生命或死亡，我用快乐和痛苦来调和每种状态。[Montaigne, *That to Study Philosophy is to Learn to Die*（1580）]

4. 死亡的进步性。斯多葛派试图通过消除对死亡的幻想来与死亡成为朋友。一是死亡是遥远的不测。斯多葛派以多种方式攻击这种印象。首先，他们认为死亡是一个持续的过程，而不是一个事件。我们都在走向死亡；每过一天，死亡都在增加。

你能告诉我谁重视他们的时间，谁知道每一天的价值，谁知道他们每天都在逐渐死去？因为当我们看到前方的死亡时，我们错了；大部分的事情已经发生了。我们身后的一切都掌握在死亡的手中。（Seneca, *Epistles* 1.2）

我们不会突然坠入死亡之境，而是以轻微的程度向死亡挺进。我们每天都会死去，因为每一天我们的生命都会被夺走一点点；即使我们在成长，我们的生命也在衰退。我们失去了童年，然后是少年时代，然后是青春。直到昨天，所有过去的时间都是失去的时间；我们现在度过的这一天是我们和死亡共同度过的。倒空水钟的不是最后一滴，而是所有已经流出的水。（Seneca, *Epistles* 24.19）

为什么要害怕你的最后一天？它不会比其他任何一天更能让你走向死亡。最后一步不会让你感到疲劳；它显示了你的疲劳。每一天都是走向死亡的一步。最后一步会到达那里。［Montaigne, *That to Study Philosophy is to Learn to Die*（1580）］

相比之下：

每一天都是一个小小的生命：每一次醒来和起床都是一次小小的出生，每一个清新的早晨都是一段小小的青春，每一次休息和睡眠都是一场小小的死亡。［Schopenhauer, *Our Relation to Ourselves*（1851）］

5. 死亡的可得性。斯多葛派认为死亡是一种选择，而不是一种恐怖。这一选择反过来成为生活中勇气的源泉。因此，结束自己生命的能力是一种重要的自由。如果生活无法忍受，正如爱比克泰德所说，"出去的大门是敞开的"。

> 什么是疼痛？可怕的面具。把它翻过来检查一下。可怜的肉体有时会被粗暴对待，有时会被平和对待。如果这对你没有好处，那出去大门是敞开的；如果有好处，那就忍受吧。（Epictetus，*Discourses* 2.1.19）

塞涅卡说：

> 永恒法则所规定的最好的东西是生命只有一个入口，但有许多出口。当我可以在折磨中离开，摆脱烦恼时，我必须等待疾病或人类的残酷吗？这就是我们不能抱怨生活的一个原因；它使我们中的谁都不能违背自己的意愿。人类的处境很好，除了自己的过错，没有人不快乐。活吧，如果它适合你；如果不，你便可以回到故乡。（Seneca，*Epistles* 70.14—15）

然而：

> 我们需要在两个方面得到警醒并强化——不要过度热爱或憎恨生活。即使理性建议我们结束它，冲动也不能不经思考或以轻率的速度被采纳。勇敢和聪明的人不应该逃避生活，而应该脱离生活。（Seneca，*Epistles* 24.22，24—25）

蒙田说：

　　最自愿的死亡是最好的。我们的生取决于他人的意愿；我们的死取决于我们自己。在其他任何事情上，我们都不应该像在这件事上那样顺从自己的感受。其他人的想法与这无关；连考虑这一点都是疯狂的。如果没有死亡的自由，活着就是奴隶。[Montaigne, *A Custom of the Isle of Cea*（1580）]

　　关于这个问题，这里有一条定律般的说法：如果偶然发生了一些你无法补救的巨大不幸，避风港就在附近。你可以像在漏水的船上一样，从身体上游开。只有傻瓜才会因为对死亡的恐惧而依附于自己的身体，而不是出于对生命的热爱。[Montaigne, *An Apology for Raymond Sebond*（1580）]

6. 持续时间与质量。死亡在彼岸的印象会让人产生一种欲望，想把它留在那里，或者尽可能地远离——把生命的长度视为生命中最重要的事情。相反，斯多葛派更关心的是生活质量，而不是生活的持续时间。美德和荣誉是无法用时间衡量的物品；拥有它们的人已经活得够久了。

　　人不在乎自己活得有多高贵，只在乎活得有多长，虽然每个人都能活得高尚，但没有人能活得长久。（Seneca, *Epistles* 22.17）

重要的不是你活了多久，而是你活得多好；活得好通常意味着你活不长。（Seneca, *Epistles* 101.15）

如果在中途或目的地这边的任何地方停下来，旅程将不完整；但是，如果生活是光荣的，它就不是不完整的。无论你走到哪里，只要你走得高尚，你的生活就是一个整体。诚然，人们常常必须勇敢地离开，不一定是因为重大的原因；它们都不是把我们困在这里的重要原因。（Seneca, *Epistles* 77.4）

漫游宇宙的人永远不会厌倦真理；虚假的东西会引起厌恶。另一方面，如果死亡伴随着它的召唤而来，即使它来得不合时宜，即使它在你年富力强的时候切断了你的生命，你将享受到最长生命所能给予的一切。宇宙在很大程度上是你所知道的。你会明白，值得尊敬的事物并不取决于时间的增长，而对于那些以空虚、并因此而无限的快乐来衡量生命长度的人来说，每一个生命都是短暂的。（Seneca, *Epistles* 78.26—27）

你会问什么是最好的寿命？活着直到你获得智慧。到达那里的人已经到达一个目标，不是最远的目标，而是最重要的目标。事实上，这个人可能会大胆地祝贺自己，感谢诸神——以及他自己——并在他对宇宙的看法中考虑到他曾经生活过的事实。他的人生价值将会很高：他归还了一个比他得到的更好的生活。（Seneca, *Epistles* 93.8）

虽然在斯多葛派的目标清单上，称赞并不重要，但普鲁塔克的这一评论与刚刚考虑的那些目标具有相同的精神：

不是最长的生命才是最好的，生活得最好才是最好的。因为被称赞的不是弹琴最多、演讲最多、驾驶船只最多的人，而是把这些事情做得很好的人。[Plutarch, *Letter to Apollonius* 17（111a—b）]

把这一观点反过来说：琐碎的生活实际上是短暂的。

你没有理由仅仅是因为人有白发或皱纹就认为他活得久。他活得不长；他存在很久了。假设你想象一个人有一次伟大的航行，但事实上，他一离开港口就遭遇了一场猛烈的风暴，被来自不同方向的强风吹来吹去，沿着同一条路径兜圈子。他没有进行一次伟大的航行。他被颠来簸去。（Seneca, *On the Shortness of Life* 7.10）

"他没有活得像他本可能活得那么长。"有些书的行数不多，但在短小的篇幅以外，却令人敬佩且有用。还有塔努西乌斯的《编年史》——你知道这本书有多冗长，人们对它的看法如何。某类人的长寿就是这样——就像塔努西乌斯的《编年史》!（Seneca, *Epistles* 93.11）

塞涅卡似乎指的是公元前 1 世纪的历史学家塔努西乌斯·杰米努斯（Tanusius Geminus），他显然是一位长篇大论的历史学家，但无论是好是坏，这类历史学家如今都寥寥无几。卡图卢斯（Catullus）是来自同一时代的罗马诗人，他以取笑当时的历史学家而闻名，他将塔努西乌斯的作品称为 *cacata carta*（礼貌地翻译为卫生纸）。一个学术流派认为，卡图卢斯是在含蓄地提及塔努西乌斯《编年史》，而塞涅卡语焉不详地提及关于该书的"人们对它的看法"，指的就是这里。

最后一段引文中讨论的死者是梅特罗纳克斯（Metronax），他是塞涅卡的朋友，将再次出现在第七章第 8 节。

7. 死亡方式。对死亡的无畏被斯多葛派视为一项伟大的成就。一个人面对死亡的方式被认为是对这种成就和性格的考验——也许是真正的考验。

这就是我的意思：你的辩论和博学的演讲，你从智者的教导中收集的格言，你有教养的谈话——所有这些都不能证明你灵魂的真正力量。胆小的人也可能发表大胆的言论。你所取得的成就只有在你最后一口气时才会显现出来。我接受

这些话；我对判决毫不退缩。(Seneca, *Epistles* 26.6)

生活就像戏剧：重要的不是它有多长，而是它有多好。你停在什么地方没有区别。离开你选择的地方；一定要给它一个好的结局。(Seneca, *Epistles* 77.20)

（我可以向你展示）不仅是那些视灵魂最后一次呼吸的时刻微不足道的勇敢的人，还有一些在其他方面不出众的人，在这一点上与最勇敢者的精神不相上下。想想庞培的岳父西庇阿，当时他正被逆风赶回非洲，看到他的船被敌人劫持，他用剑刺穿了自己。人们问："指挥官在哪里？"他回答说："指挥官一切都好！"这一说法使他与他的祖先平起平坐，也不允许征服非洲的西庇阿的荣耀被命运注定地打断。征服迦太基是一件伟大的事，但征服死亡是一件更伟大的事。"指挥官一切都好！"(Seneca, *Epistles* 24.9)

塞涅卡所指的西庇阿——有时也被称为梅特卢斯·西庇阿（Metellus Scipio）——是一位指挥官，他与小加图一样，在罗马内战中站在恺撒一边，并与加图一样在战争结束时自杀。塞涅卡心目中梅特卢斯·西庇阿最著名的祖先包括大约 150 年前在第二次布匿战争中击败迦太基的汉尼拔的罗马将军征服非洲者大西庇阿（Scipio Africanus）。梅特卢斯并没有被视为西庇阿家族中最令人印象深刻的人之一——恰恰相反——人们认为他死得很好。

再通过蒙田回到我们的主题：

> 当被问到卡布里阿斯、伊菲克拉特斯和自己三个人中哪
> 一个最受尊敬时，伊巴密浓达回答说："你必须先看到我们
> 死去，然后再决定。"［Montaigne, *That Men Are Not to Judge
> of Our Happiness Till After Death*（1580）］

故事中的人物是公元前 4 世纪为雅典或底比斯与斯巴达作战
的希腊将军。

8. 死亡是一种普遍而平等的力量。斯多葛派认为死亡是每
个人的共同命运，从中可以找到安慰。

> 因此，当我们想到，降临在我们身上的一切都是过去的
> 人所遭受的，未来的人也将遭受的时候，我们会找到最大
> 的安慰；在我看来，大自然使她最难忍受的事情变得普遍，
> 所以我们命运的平等可能会因其残酷而使我们得到安慰。
>（Seneca, *Consolation to Polybius* 1.4）

> 有多少注定要死的人会跟随你，有多少人会陪伴你！
> 我想，如果成千上万的人和你一起死去，你会更勇敢；然
> 而，有成千上万的生命，包括人类和动物，在这个时刻，在

你对死亡犹豫不决时，正以各种方式呼吸着最后一口气息。
（Seneca, *Epistles* 77.13）

死亡使所有人平等，这可能会鼓励生活中的豁达。

马其顿的亚历山大和他的骡夫死后，他们得到了同样的结果：要么被吸收回产生它们的同一本原中，要么被分散在原子中。（Marcus Aurelius, *Meditations* 6.24）

你为什么对你的奴隶、你的主人、你的赞助人、你的客户生气？等一等。看哪，死亡来了，这将使你们平等。（Seneca, *On Anger* 3.43.1）

以不同的速度走向死亡，推动着现在在广场上争吵、看戏剧、在寺庙里祈祷的整个人群；无论是你所爱所敬的人，还是你所鄙视的人，一堆灰烬都是平等的。（Seneca, *Consolation to Marcia* 11.2）

我们生而不平等；但我们死而平等。我说的话同时适用于城市和城市居民：阿尔代亚被攻占了，罗马也沦陷了。人类法的创始人没有根据血统或显赫的出身来区分我们——除非我们活着。（Seneca, *Epistles* 91.16）

阿尔代亚（Ardea）是罗马南部的一座古镇，曾被萨莫奈人（一群来自意大利南部的部落）洗劫。在塞涅卡时代，这里人口稀少，以疟疾气候和附近饲养的帝王象而闻名。

9. 亲近死亡。一旦对死亡的恐惧被抑制，斯多葛派将死亡视为一种资源——一种骄傲的补救措施和智慧的导师。因此，他们追求与死亡的亲近，而不是与死亡的距离。斯多葛派观察到死亡的可能性比我们通常想象的要近，这一点不是为了引起焦虑，而是为了消除焦虑；与其说死亡是一件在我们面前的可怕的事情，倒不如说死亡一直在我们身边。我们最好把它作为在剩下的时间里好好生活的理由。

> 公牛肥胖的身体因一个小小的伤口而倒地，强大的动物被人类的手一下子击倒……没有深藏灵魂的退路；你根本不需要刀来根除它，也不需要深深的伤口来找到重要的部位。死亡就在眼前。（Seneca, *On Providence* 6.8—9）

> 思考一下，强盗或敌人可能会用刀刺你的喉咙；虽然奴隶不是你的主人，但他们中的每一个都有权决定你的生死。所以我告诉你们：凡藐视自己生命的人，就是你们的主人。（Seneca, *Epistles* 4.8—9）

> 如果你认为只有在远洋航行中，生命和死亡之间的距离

才很小，那你就错了。不，两者之间的距离在任何地方都一样小。死亡并不是在任何地方都看上去离我们如此之近；然而，无论何处，他都近在咫尺。（Seneca, *Epistles* 49.11）

事实上，危险和风险几乎没有或根本没有让我们接近死亡。如果我们想到数百万威胁笼罩着我们，除了现在看来对我们威胁最大的威胁之外，我们会意识到死亡同样就在我们身边，无论我们是健康还是发烧，无论是在海上还是在家里，无论是战斗还是休息。[Montaigne, *That to Study Philosophy is to Learn to Die*（1580）]

梅尔维尔是塞涅卡和蒙田的读者。

所有的人都生活在鲸线中。所有人出生时脖子上都系着笼头；但是，只有当人类陷入快速、突然的死亡时，才会意识到生命中无声、微妙、永远存在的危险。如果你是一位哲学家，即使坐在捕鲸船上，你的内心也不会比坐在你身边，拿着一把火钳，而不是鱼叉，坐在你的篝火前更感到恐惧。[Melville, *Moby-Dick*（1851）]

塞涅卡提出了一个相关的想法：恐惧的原因无处不在；奇怪的是，这可以让我们从对其中任何一个或所有人的恐惧中解脱出来。任何事情都可能随时置你于死地，所以你不妨继续前进、不必担心。

> 我要说的是，任何能够毁灭和导致毁灭的东西都不会有持久的和平。但我把这一事实归入慰藉的范畴，实际上是一种非常强大的慰藉，因为没有补救的恐惧是愚蠢的人所拥有的……如果你什么都不想害怕，那就认为一切都值得害怕。（Seneca, *Natural Questions* 6.2.1）

10. 与死亡的亲密关系。作为一种生理问题，死亡的临近与斯多葛派在头脑中保留死亡的努力相匹配。斯多葛派建议经常思考死亡，因为他们发现死亡有助于实现美德，并且无需争论。

> 没有什么比经常想到生命短暂、我们拥有的一点点是不确定的更能帮助你走向节制。无论你在做什么，都要注意死亡。（Seneca, *Epistles* 114.27）

> 让死亡、流放和其他一切看起来可怕的事情每天都出现在你眼前，但最重要的是死亡；你永远不会怀有任何卑鄙的想法，也不会对任何东西有奢侈的欲望。（Epictetus, *Enchiridion* 21）

> 任何只要他想长命百岁想得太多，或者认为经历过许多任执政官是一件大好事的人，都不可能过上平静的生活。每

天默诵这个想法，这样你就可以平静地放弃这个生活，而许多人紧紧抓住它，就像那些被急流卷走的人紧紧抓住荆棘和尖锐的岩石一样。（Seneca，*Epistles* 4.4—5）

蒙田则说：

让我们剥去死亡的奇异；让我们花时间和它在一起，让我们习惯它，让我们更经常地什么都不想。让我们时刻想象死亡的各个方面。当一匹马被绊倒，当一块瓦片掉下来，当一根大头针只是轻微地刺穿我们时，让我们立即改变这个想法："如果那是死亡本身呢？"[Montaigne，*That to Study Philosophy is to Learn to Die*（1580）]

约翰逊说：

在这个世界上，扰乱我们幸福的是我们的欲望、悲伤和恐惧，对于所有这些，经常考虑死亡是一种确定的、适当的补救办法。[Johnson，*The Rambler* no. 17（1750）]

伊壁鸠鲁在这个问题上言简意赅：

想想死亡。（Epicurus，见 Seneca，*Epistles* 26.8）

11. 死亡是灵感。正如我们所看到的，斯多葛派将对死亡的反思视为减少对死亡的恐惧的一种方式，同时也是生活中的紧迫感和灵感的源泉。马可·奥勒留对后一主题的进一步评论：

> 品德的完美之处在于：把每一天当作最后一天来度过，既不激动，又不麻木，也不假装。（Marcus Aurelius, *Meditations* 7.69）

> 想象自己已然死亡，并且已经完成了你迄今为止的生活。除此之外，你可能做到的那部分，就只有遵循自然生活。（Marcus Aurelius, *Meditations* 7.56）

> 你随时面临死亡，但你仍然不简单、不直率，头脑也不平静，也仍会怀疑自己会受到外部事物的伤害，你对每个人都不友善，你也看不到智慧只在于公正。（Marcus Aurelius, *Meditations* 4.37）

塞涅卡则说：

> 我们必须把已经活得够长作为我们的目标。（Seneca, *Epistles* 23.10）

> 让我们像自己已经走到了尽头那样整理我们的思想。

我们什么都不要耽搁。让我们每天使生活平衡。(Seneca,
Epistles 101.7—8)

　　财富给你多少，你就拿多少，记住，它是没有保证的。
接受你的孩子带来的快乐，并让你的孩子反过来在你身上
找到快乐；纵情享受当下欢愉；今晚没有任何承诺——不，
我已经同意延期太久了！——这一小时也不行。我们必须
快点，敌人就在我们后面！(Seneca, *Consolation to Marcia*
10.4)

第五章　欲望

　　我们在第一章看到了斯多葛派的基本观点，即我们不是对事物作出反应，而是对我们对事物的判断作出反应。然而，这并不意味着这些判断就是错误的。事实上，一个人可能会对斯多葛派的主张作出反应，主动作出让步，但没有效果：如果我们渴望或害怕某样东西，而这种渴望或害怕来自我们对它的想法，也许这些想法是对的。我们如何得知呢？

　　第二章为这个问题提供了一个一般性的答案：依附外在是一个陷阱。我们已经在第三章和第四章看到了具体答案的开始，这两章表明斯多葛派认为我们错误地判断了时间、空间和死亡。但是这一章开始了一系列更深入的探究，探究我们对世界作出的一些更具体的判断。对他们来说，斯多葛派的"一切都是观点"的概念成为了更仔细地、一个部分接一个部分地检查我们通常的思维的理由，看看它是否符合理性和我们对人性的了解。简单来说，斯多葛主义认为我们的大多数痛苦都是由我们对未来的渴望和恐惧，以及对现在的快乐和痛苦所驱动的。本章从思考欲望开始——它是如何工作的，以及我们如何更理性地处理它。

我们注意到，斯多葛派的教师都有某些特长——爱比克泰德，外部；马可·奥勒留，视角。在本章中提到的心理学问题上，斯多葛派的专家是年轻时的塞涅卡。塞涅卡和我们将看到的其他人一起，很早就认识到了许多心灵的倾向，这些倾向往往被每一代人和大多数人重新学习，而且是艰难地学习：我们最渴望我们没有或不能拥有的东西；追求一件东西比拥有它更令人高兴；拥有一件物品和熟悉它往往会产生冷漠或厌恶；我们通过与我们的期望或他人的拥有物相比较，错误地衡量我们拥有或没有的东西的价值。总而言之，我们以不断误导的方式与自己谈论我们的欲望。斯多葛派试图给我们提供更准确的说法，以及一些关于如何避免或战胜我们的非理性的建议。

1. 欲望的贪得无厌。 斯多葛派对欲望的第一个观察是，得到我们想要的事物往往不会产生我们想象的满足。它让我们想要更多。当其他欲望被消耗时，新的欲望就会出现；我们的头脑似乎对欲望本身有一种欲望，并对实现它将把我们带到终点的幻觉有一种渴望。结局永远不会到来。

> 在获得自己所祈求的成就之后，有谁会对眼前的事物感到满意呢？（Seneca, *Epistles* 118.6）

> 为什么要等到没有什么东西可以让你渴求？那一刻永远不会到来。我们说，命运是由一连串的原因组成的。同样也

有一系列的欲望：一个源于另一个的末端。（Seneca, *Epistles* 19.6）

你会从经验中学到真相：一旦人们拥有了自己高度重视并努力获得的东西，它们对他们便没有好处。那些没有它们的人想象，一旦他们拥有了，一切美好的事物都将属于他们；然后他们得到了它们，他们的欲望的热度是一样的，他们的焦虑也是一样的，对他们所拥有的东西的厌恶也是一样，对他们没有的东西的渴望也是一样的。（Epictetus, *Discourses* 4.1.174）

无序的身体欲望是解释其他欲望的一个常见类比来源。

最后，带着所有这些不可靠的东西，希望时总比获得时好！它们如果有什么实质性的东西，那么最终都会带来满足。事实上，它们是一种让你更渴的饮料。（Seneca, *Epistles* 15.11）

你不知道发烧的人口渴是怎么回事吗？这与健康人的口渴完全不同。健康人喝了，就不再渴了。病人只是一时高兴，然后就恶心；他把饮料变成胆汁，呕吐，胃痛，然后更渴。渴望财富和拥有财富，渴望权力和拥有权力，渴望一个美丽的女人和她一起睡觉，就是这样。（Epictetus, *Discourses* 4.9.4—5）

积攒黄金，积攒白银，建造有盖的小道，把你的房子填满奴隶，让城里充满债主，除非你让灵魂的激情安息，抑制你贪得无厌的欲望，消除恐惧和焦虑，否则你只不过是在为一个发烧的人倒酒，给一个脾气暴躁的人蜂蜜，为患痢疾的人安排了一场盛大的宴会，他们既不能保留食物，也不能从中得到任何好处，反而会变得更糟。［Plutarch, *On Virtue and Vice* 4（101c）］

斯多葛派的这一主题——欲望实现的假象将使我们进入某种渴望已久的精神状态（这种状态从未完全实现）——已经被他们的许多堂兄弟和后代所接受。

一个拥有过多，但又渴望得到更多的人，在黄金、白银、马、羊和牛身上找不到任何补救办法，只能把祸患的源头赶走，得到净化。因为他的病不是贫穷，而是贪得无厌，因为他有一种虚假的、不加思考的判断；除非有人像绦虫一样从他的头脑中去除这些，否则他永远不会停止需要多余的东西——也就是说，想要他不需要的东西。［Plutarch, *On Love of Wealth* 3（524c—d）］

无论我们拥有什么，知识都不能带来满足；我们对未知的事物和未来的事物感到气喘吁吁，因为现在的事物永远不够。在我看来，这并不是因为它们缺乏那些满足我们需要的东西，而是因为我们对它们采取了不健康和过度的控制。[Montaigne, *Of a Saying of Cæsar*（1580）]

还有一个思考金字塔的新思路：

我认为［金字塔］是人类在享受上的缺憾的纪念碑。一个国王，他的权力是无限的，他的财富超越了所有真实和想象的需求，却要被迫通过建立一座金字塔来安慰统治的满足感和无味的快乐，并通过看到数以千计、无止境的劳动和一块石头毫无目的地被放在另一块石头上以提供乏味生活的消遣。不管你是谁，只要你不满足于一般的条件，想象着皇家的辉煌幸福，梦想着命令或财富能永久地满足新奇的欲望，那么审视一下金字塔，承认你的愚蠢。[Johnson, *Rasselas*（1759）]

叔本华提供了一些有趣的方法来解释斯多葛派的观察。

当好运气降临到我们身上时，我们的要求就越来越高，因为没有任何东西可以控制它们；它的乐趣正是在这种扩张的感受中。但它持续的时间不会比过程本身更长，当扩张完成时，快乐就停止了；我们已经习惯了要求的增加，因此对满足这些要求的财富数量漠不关心。[Schopenhauer, *The*

Wisdom of Life（1851）〕

没有绝对或确定的财富数量能满足一个人。数量总是相对的，也就是说，数量仅仅是维持他想要的和他得到的之间的比例；因为，仅仅根据一个人得到了什么，而不是再根据他期望得到什么来衡量他的幸福，就像试图表达一个只有分子、没有分母的分数一样，是徒劳的。一个人从来不会感觉到他从未想过要的东西的损失；没有它们，他也一样快乐；而另一个人，可能拥有一百倍的财富，却因为没有得到他想要的东西而感到痛苦。〔Schopenhauer，*The Wisdom of Life*（1851）〕

2. 自然与非自然的欲望。斯多葛派有时会用欲望的非自然特征来解释无底的欲望。我们有两种欲望。有些是天生的，比如饥饿。这些是有限的，可以完全满足。当然，它们会再次出现；这种满足感不是永久的。但衡量它们的标准是明确的。我们一直吃到不饿为止，昨天得到满足的东西今天也能满足。至于其他欲望，比如对地位的渴望，是由社会生活产生的，或者是通过刺激对我们不需要的东西的欲望而产生的。这种人为的欲望永远不会得到满足；它们的实现并不像我们想象的那样令人愉快，我们必须始终寻求它们的更新和更大的目标。因为它们与特定的需求无关，所以它们没有自然的休止点。

不是源于任何需要，而是源于恶习的每一种欲望，都具有相同的特征；无论你为它堆积了多少，它都不会结束，而是促进欲望。把自己限制在自然范围内的人不会感到贫穷；超过他们的人，即使在最富有的人中间，也会被贫穷追逐。（Seneca, *Consolation to Helvia* 11.4）

衡量什么是必要的，就是衡量什么是有用的。但什么标准能限制多余的东西呢？正是因此，人们在快乐中沉沦，当他们一旦习惯了这些快乐之后，就不能没有它们；也正是因此，他们才最可悲——他们已经走到了这样一个关口，曾经对他们来说是多余的东西已经变得不可或缺。（Seneca, *Epistles* 39.5—6）

让许多富人的财产为你堆积起来吧！假设财富带给你的不仅仅是个人收入：它给你披上黄金，给你穿上紫色华服，把你带到奢侈和富有的阶段，你可以把土地藏在大理石地板下，这样你不仅能拥有财富，还能在上面行走。添加雕像和绘画，以及任何为奢侈品服务的艺术设计。你将从这些东西中学到更多。自然欲望是有限的；那些出自错误观点的人没有止步的余地。错误是没有终点的。当你在路上旅行时，必须有一个终点；但是流浪是没有限制的。（Seneca, *Epistles* 16.8—9）

一些后人给出了不错的再表述：

> 自然法则告诉我们的正当需要是什么。智者告诉我们，根据自然，没有人是穷人；只有根据观点，每个人才都很穷。然后，他们巧妙地区分来自自然的欲望和来自我们混乱想象的欲望。有限制的欲望来自大自然。那些从我们身边逃走的，永远没有尽头的欲望，是我们自己的。物质上的贫困很容易治愈；灵魂的贫乏，则不可能。[Montaigne，*Of Managing the Will*（1580）]

> 人的欲望随着他的获得而增加；他前进的每一步都会带来一些他以前没有看到的东西，而他一看到这些东西就开始想要。在需求结束的地方，好奇心就会开始；我们一得到大自然所能提供的一切，就会坐下来创造人工的欲望。[Johnson，*The Idler* no. 30（1758）]

第六章第 8 节进一步探讨了这一主题。

3. 追求与拥有。斯多葛派揭示的另一个骗局是：我们在朝着一个目标努力时，会想象它的实现将带来的幸福；但事实证明，追求本身比得到被追求的东西更令人愉快。

> 哲学家阿塔罗斯曾经说过："交朋友比拥有朋友更愉快，

正如画家创作比拥有画作更愉快。"当一个人忙于工作，全神贯注于工作时，这种专注会带来极大的快乐；但当一个人从完成的杰作中抽出手来时，快乐就不那么强烈了。现在，他喜欢的是他的艺术成果；他在绘画时喜欢的是艺术本身。（Seneca, *Epistles* 9.7）

阿塔罗斯是一位斯多葛派哲学家，也是塞涅卡的早期老师之一。塞涅卡形容自己"实际上包围了他的教室，第一个到达，最后一个离开"（*Epistles* 108.3）。塞涅卡的父亲形容阿塔罗斯是他那个时代最敏锐、最能言善辩的哲学家。

葛莱西安诺：世上的东西，全都是追求的时候比受用的时候更有劲。（Shakespeare, *The Merchant of Venice*, 2, 6）

期待享受的乐趣往往大于获得享受的乐趣，几乎每一个愿望的实现都被认为是一种失败。[Johnson, *The Rambler* no. 71（1750）]

4. 厌恶占有。一个相关但不同的斯多葛主义欲望法则是：拥有一件东西往往会导致对它的漠视或蔑视。有时，这是因为最终拥有想要的东西会让它的不重要性暴露出来。

你认为你所追求的目标是崇高的，因为你远离它们。对于那些接触到它们的人来说，它们是小而卑鄙的。如果他不想爬得更高，我就大错特错了；你所认为的顶端只是梯子上的一个横档。现在每个人都因无知而痛苦；他们被别人所说的话所欺骗，他们寻求这些目标，好像它们是好的，然后，在遭受了很多痛苦并赢得了他们的愿望之后，他们发现它们是邪恶的，或者是空洞的，或者不如他们预期的重要。（Seneca, *Epistles* 118.6—7）

相比之下：

获得我们想要的东西，就是发现它毫无价值；我们总是生活在对美好事物的期待中，同时，我们常常后悔并渴望属于过去的事物。[Schopenhauer, *On the Vanity of Existence*（1851）]

但斯多葛派认为困难更加深刻。任何东西一旦被占有，就失去了满足我们的能力，这不仅仅因为我们更现实地看待它，还因为占有本身改变了我们对它的感觉。获得和刺激都不会给我们留下相同的长期印象。

你不知道所有的东西都会因为熟悉而失去力量吗？（Seneca, *Natural Questions* Ⅳ B, 13.11）

我们最珍视的是自己正在寻求的利益，最不珍视的是自己已经获得的利益。（Seneca, *Epistles* 81.28）

但愿那些渴望财富的人能与那些拥有财富的人交换观点！希望那些寻求政治职位的人能够与那些获得最高荣誉的雄心勃勃的人交流！然后他们肯定会改变他们的欲望，因为看到这些大人物总是张大嘴巴追求新的收益，并蔑视他们以前追求的东西。因为世界上没有一个人对自己的成功感到满意，即使这种成功是持续的。人们抱怨他们的计划，抱怨自己得到了他们所计划的东西。他们总是喜欢他们没能赢到的东西。（Seneca, *Epistles* 115.17）

社会层面而非个人层面上的例子，来自塞涅卡对大西庇阿住宅的参观：

在西庇阿的浴室里，有一些小裂缝——你不能称之为窗户——从石墙上延伸下来，这样既可以采光，又不会削弱防御工事。然而，如今，人们认为浴场适合飞蛾，除非浴场的布置能让它们整天从最宽的开口接受阳光，除非你能同时洗澡和晒黑，除非从浴缸里可以看到陆地和海洋。事情是这样的；一旦奢侈品找到了超越自己的新方法，那些在开业时吸引了大批人群和赞赏的建筑就会被避开，并被认为是过时的。（Seneca, *Epistles* 86.8）

蒙田是亲密和过度对我们感情的腐蚀作用的密切观察者。

> 我为我灵魂中的缺陷而烦恼，我不喜欢它的不公正，更不喜欢它带来的麻烦。我试图纠正它，但无法从根本上解决它。这是因为我太轻视我拥有的东西，只是因为我拥有它们，而高估了外来的东西、不存在的东西和不属于我的东西……拥有会滋生对我们拥有和控制的东西的蔑视。
> ［Montaigne，*Of Presumption*（1580）］

> 没有什么富足更令人厌恶和郁结的了。如果看到大特克（Grand Turk）在他的官殿里任意摆布三百个女人，谁的欲望不会被击退呢？而他的一位祖先自己保持了哪种所谓的狩猎欲望，他从来没有和少于七千名猎手一起下过田？
> ［Montaigne，*Of the Inequality Amongst Us*（1580）］

约翰逊也就这一主题发表了评论：

> 众所周知，身体感觉如此依赖新奇，以至于习惯剥夺了许多事物带来快乐或痛苦的能力。因此，一件新衣服在穿上后就变得随意了，味觉逐渐适应了起初令它厌恶的菜肴……相似或类似的东西，可以在头脑中立即产生的效果中观察到；没有什么能强烈地打击或影响我们，除了那些罕见

的或突然的。最重要的事件，等到变得熟悉时，就不再被好奇或关注地考虑，而那些最初占据我们全部注意力，没有留下任何其他思考空间的事件，很快就会被推到某个遥远的思想宝库中，并躺在记忆的其他部分中，被人们视若无睹。［Johnson，*The Rambler* no. 78（1750）］

　　这就是人类快乐的空虚：我们总是对当下不耐烦。成就之后是忽视，占有之后是厌恶；希腊讽刺诗人对婚姻的恶毒评论可以适用于其他每一个生命过程，即幸福的两天是第一天和最后一天。［Johnson，*The Rambler* no. 207（1752）］

　　约翰逊可能是在对公元前 6 世纪希腊诗人希波纳克斯（Hipponax）的一句丑陋的谚语进行更优雅的解释："女人有两天是快乐的：结婚的那一天，和自己的尸体被抬出来的那一天。"

　　我们这一节的主题可以被认为是今天心理学家有时称之为适应的一个方面——我们习惯于事物、并停止注意它们的倾向，以及由此产生的一切倾向。斯多葛派热衷于研究适应及其运作，其中一些对我们有所帮助，一些则让我们变得更糟。例如，适应与第一章有关，因为习惯一种情况会使我们认为它是自然的和不可避免的，而事实并非如此。当我们开始讨论逆境时，适应将再次变得重要，因为适应有助于管理逆境。适应也是许多欲望的根源，因为它削弱了我们在已有事物中寻找快乐的能力，从而驱使我们追求新的欲望。斯密很好地将这一现象与一个更广泛的斯多葛主义主张联系起来。

> 所有人迟早都会适应自己的长期处境，不管他们的永久处境是什么样子，这一永远成立的确定性也许会促使我们认为，斯多葛派至少在这一方面几近正确；即在一种长期处境和另一种长期处境之间，就真正的幸福而言，并没有什么本质上的区别；或者说，即使存在什么区别，也只不过足以把某些处境变成简单的选择或偏好的对象，而不足以把它们变成任何真正或强烈的欲望对象，只足以把另一些处境变成简单的抛弃的对象，宜于把它们放在一边或加以回避，但并不足以把它们变成任何真正或强烈的厌恶对象。[Smith，*The Theory of Moral Sentiments*（1759）]

5. 嫉妒。我们的欲望无法得到满足，部分原因是我们通过与他人所拥有的东西进行比较来衡量自己对所拥有的东西的满意程度。我们总是有可能找到一些似乎比我们领先或拥有更多的人，而这些往往是我们唯一关心的。

> 看到一个更快乐的人会使人痛苦，这样他永远不会快乐。（Seneca，*On Anger* 3.30.3）

> 没有人在看到别人的命运时会满足于自己的命运。这就是为什么我们甚至对神也会感到愤怒，因为有人在我们前

面，忘记了我们后面有多少人，而在一个嫉妒少数人的人背后，又有多么庞大的嫉妒。然而，人的放肆在于，尽管他们可能得到了很多，但他们认为这是一种伤害，因为他们可能会得到更多。（Seneca, *On Anger* 3.31.1）

假设你认为财富是好事。贫穷将使你痛苦，最糟糕的是，它将是一种想象中的贫穷。不管你拥有多少，只是因为某人拥有更多，你就会觉得你没有达到他领先的程度。假设你认为公职很好，那么这个人被任命为执政官会让你烦恼，或者那个人被重新任命，每当你看到别人的名字频繁出现在官员名单上时，你都会嫉妒。这是一种疯狂的雄心壮志，如果有人在你前面，你会觉得自己排在最后。（Seneca, *Epistles* 104.9）

为什么一个人要嫉妒另一个人？为什么人要对富人或有权势的人感到敬畏，尤其是那些强壮且容易发怒的人？他们会对我们做什么？他们能做什么，我们不在乎；我们在乎的是，他们做不到什么。（Epictetus, *Discourses* 1.9.20）

每个人都会嫉妒某人——如果不是嫉妒一个获得更多的人，那就是嫉妒一个正在获得其他事物的人。

不仅有人嫉妒同为工匠的人和与自己生活相同的人，还有富人嫉妒有学问的人、有名望的人、富人，拥护智者，而且，天哪，自由民和贵族们也对剧场中的成功的喜剧演员、国王宫廷中的舞蹈家和仆人怀有令人惊奇的钦佩和嫉妒；他们这样做给自己带来了不小的烦恼和困扰。［Plutarch, *On Tranquility of Mind* 13（473b）］

嫉妒不只是让我们不满意；它让我们渴望得到我们本来根本不想要的东西。

仅仅因为我们的邻居获得了这些东西，或者因为大多数人拥有这些东西，我们就会那么想要它们！（Seneca, *Epistles* 123.6）

嫉妒，就像本章中的其他话题一样，引起了斯多葛派后人们的大量讨论。约翰逊是这个问题的敏锐的分析家。他把塞涅卡的最后一个想法延伸了一些。

我们的许多痛苦仅仅是比较性的：我们常常不快乐，不是因为存在什么真正的恶，而是因为缺乏一些虚构的善；这类东西并不是自然的任何真正需要所需要的，它本身没有任何满足的力量，如果我们没有看到其他人拥有它，那么无论是理性还是幻想都不会促使我们希望得到它。［Johnson, *The Adventurer* no. 111（1753）］

他还以其特有的风格观察到了一般问题的普遍性：我们对他人的想象。

> 也许，每一位对生活留下观察的作家都曾说过，没有人对自己的现状感到满意；霍勒斯说，这一现状无论是偶然发现的，还是经过深思熟虑选择的，它们都不是令人满意的；我们总是厌恶我们的处境中的某些情况，并想象其他人的处境更为幸福，或更少遭受灾难。[Johnson, *The Rambler* no. 63（1750）]

约翰逊最后指出，尽管拥有别人所做的事情可能会让我们更快乐，也可能不会让我们更开心，但我们肯定会因为嫉妒而感到不开心。

> 每一个年龄、每一种性别、每一个境况都是这样的：所有人都有自己的忧虑，无论是出于天性还是出于愚蠢。因此，任何发现自己有嫉妒他人的倾向的人，都应该记住，他不知道自己想要获得的真正条件，但可以肯定的是，通过沉溺于一种邪恶的激情，他必须减少他认为已经过于吝啬的幸福。[Johnson, *The Rambler* no. 128（1751）]

叔本华补充说，嫉妒是一种罕见的恶习，会让我们当场不开心。

　　［嫉妒］既是一种罪恶，又是痛苦的根源。我们应该把它当作幸福的敌人，把它当作一种邪恶的思想加以扼杀。这是塞涅卡的建议；正如他所说的那样，如果我们避免将自己的命运与其他更幸福的命运进行比较来自我折磨，我们将对我们所拥有的感到满意。［Schopenhauer, *Our Relation to Ourselves*（1851）］

嫉妒可以被延伸为一个更大问题的例子：无用的比较。斯密对此再次给出了很好的观点。

　　人类生活中痛苦和混乱的根源似乎来自对一种永久性状况和另一种状况间差异的高估。贪婪高估了贫穷和财富的区别，野心高估了私人和公共地位的区别：虚荣高估了默默无闻和名声的区别。一个人在任何一种过度激情的影响下，不仅在他的实际情况下是悲惨的，而且往往倾向于扰乱社会的安宁，以达到他如此愚蠢地崇拜的目的。然而，最轻微的观察也可能会使他满意，即在人类生活的所有普通情况下，一个心地善良的人可能同样平静、同样快乐、同样满足。［Smith, *The Theory of Moral Sentiments*（1759）］

6. 愿望和观点。我们从对欲望的斯多葛式诊断转向了解决方法。在这里和大多数情况下，最直接的解决方法是本书前两章介绍的。一个人可以努力准确地观察欲望的对象，从而寻求与之分离；对外部的依恋通常是嫉妒和其他恶习的温床。或者，你可以将一种欲望视为另一种误判，而如果这样做的天赋已经被开发出来了，就简单地忽略它。重申一点：第一章的原则认为思想及其观点对我们想要的东西负责；因此，任何愿望都可以通过两种方式得到满足——或至少是处理。一个人可以追求欲望的对象，或者可以着手解决问题的另一半：产生欲望的观点。以这种方式（从右边开始，而不是像我们可能认为的那样从左边开始）来解方程是标准的斯多葛式过程。

　　自由不是通过满足欲望，而是通过消除欲望来实现的。（Epictetus，*Discourses* 4.1.175）

　　没有人能得到他想要的任何东西。他所能做的不是想要他没有的，并愉快地享受他所拥有的。（Seneca，*Epistles* 123.3）

　　一个男人祈祷："帮我和那个女人上床睡觉。"你祈祷："帮我在和她上床后不要有性欲。"另一个男人祈祷说："帮我从这件事中解脱！"你祈祷："帮助我不要解脱。"另一个人祈祷："我怎么才能不失去我的小儿子?"你祈祷："我怎样才能不害怕失去他?"把你的祈祷反转过来，看看会发生

什么。（Marcus Aurelius, *Meditations* 9.40）

难道没有人会承认，与其努力工作去占有别人的妻子，不如努力工作去抑制自己的欲望吗；与其为钱而苦恼，不如训练自己不想要什么；与其为了成名而工作，不如不为名望而工作；与其想办法伤害你嫉妒的人，不如想办法不嫉妒任何人；与其像阿谀奉承者那样充当虚假朋友的奴隶，不如为了找到真正的朋友而吃苦。（Musonius Rufus, *That One Should Disdain Hardships*）

伊壁鸠鲁对这一点发表了看法，塞涅卡对此表示赞同。

如果你想让匹索克勒斯变得富有，不要增加他的财富，而要从他的欲望中减去。（Epicurus，引自 Seneca, *Epistles* 21.7）

塞涅卡非常喜欢它，他认为这一逻辑可以延伸下去。

如果你想让匹索克勒斯与众不同，不要增加他的区别，而是减少他的欲望。如果你想让匹索克勒斯拥有无尽的快乐，不要增加他的快乐，而是减少他的欲望。如果你想让匹索克勒斯成为一个老人，过上充实的生活，不要增加他的年龄，而是减少他的欲望。（Seneca, *Epistles* 21.8）

7. 与他人进行有益的比较。正如刚才所示，通过放弃欲望来处理欲望是斯多葛派的第一条反应，也许从纯粹主义者的角度来看，这就是所需要的。但晚期斯多葛派知道，这种直接的方法可能非常困难，因此他们也提供了其他心理方法来管理欲望。正如我们所看到的，斯多葛派批评导致不满的比较。但是他们推荐有相反效果的比较。有人可能会认为，所有与他人的比较都应该是完全不相关的——通过观察更不快乐的人来减少不快乐，并不比通过观察更快乐的人来减少快乐更有意义。但这是晚期斯多葛派，尤其是塞涅卡式的实用主义的另一个例子。他们根据结果来判断一个视角。之所以推荐比较，只是因为它有助于我们从已经被判断为不需要的思维倾向中解脱出来。

斯多葛派提出的一些有益的比较，是与过去的人和环境进行比较。

> 每当我回顾以前的例子时，我都羞于为贫穷寻求任何慰藉——我们这个时代的奢侈已经达到了流亡者的旅行费用比过去王子的遗产还要多的地步。（Seneca，*On Tranquility of Mind* 12.4）

与其他同舟共济的人进行比较同样可以奏效。

观察到名人从未遭受过与你一样的罪恶，这也将极大地有助于心灵的平静。例如，没有孩子会让你烦恼吗？想想罗马的国王，他们中没有一个能把王国传给儿子。你为目前的贫困而苦恼吗？好吧，你更愿意成为什么样的不是伊巴密浓达的彼俄尼亚人，什么样的不是法比里修的罗马人？〔Plutarch，*On Tranquility of Mind* 6（467e）〕

伊巴密浓达是公元前 4 世纪一位受人尊敬的希腊政治家和将军，以其朴素的生活方式而闻名。法比里修斯是早期罗马的执政官。他也以节俭著称。

我们还可以与现在比自己更穷的人进行有益的比较。我们总是倾向于朝另一个方向看——向上而不是向下。

在公共生活中，没有人会想到他所超越的许多人；他更喜欢想那些超越他的人。这些人发现，看到他们身后的人比看到前面的人更让人厌烦。这就是各种野心的麻烦所在；它不会回头看。（Seneca，*Epistles* 73.3）

斯多葛派建议改变我们寻找比较的方向，以决定我们要做什么。事实上，嫉妒可以逆转。

是否有许多人超过你？想想有多少人在你后面，而不是前面。你问我你最大的错误是什么？你的账簿是错误的。对于所付出的，你看得很重；对于你所收获的，你看得很轻。
（Seneca, *On Anger* 3.31.3）

普鲁塔克也很好地说明了这一点：我们可以选择与自己相比较的人。这让我们可以操纵比赛。无论这是不是好的哲学，它都是有益的心理学。

在奥林匹克运动会上，你不能通过选择竞争者而获胜。但在生活中，环境允许你为自己比许多人优越而感到自豪，并让你受人嫉妒而不是嫉妒别人——当然，除非你把布里阿洛斯或赫拉克勒斯作为你的对手……当你像一个当地人曾经做过的那样，惊叹于薛西斯穿越赫勒斯滂的伟大时，也看看那些在鞭笞下挖掘阿索斯山的人，还有那些因为桥被水流冲断而耳朵和鼻子残缺不全的人。同时想想，他们也在思考你的生活和财富有多幸福。[Plutarch, *On Tranquility of Mind* 10（470e）]

波斯的薛西斯一世曾在公元前 480 年试图入侵希腊。他的路线需要他的军队在希腊的阿索斯山附近挖一条运河，并在将亚洲与欧洲分隔开来的海峡——赫勒斯滂（今达达尼尔海峡）上建造一座 4000 英尺长的浮桥。这座桥的第一个版本倒塌了，之后，薛西斯下令对那些他认为负有责任的人进行可怕的惩罚，同时他的士兵对附近水域进行报复性的鞭打。当看到薛西斯最后穿越海峡时，据说当地人将他比作宙斯（如 Herodotus，*Histories* 7.56 所述）。至于百手巨人布里亚柔斯，他是希腊神话中的角色，有五十个脑袋和一百只手臂。

还有一个不需要太多解释的例子：

> 这位以勇敢、智慧和正义而闻名的庇塔库斯在招待一些客人时，他的妻子怒气冲冲地走进来打翻了桌子；他的客人很沮丧，但庇塔库斯说："人各有各的烦恼。只有此种烦恼而无其他烦恼的人的确是幸福的。"［Plutarch，*On Tranquility of Mind* 11（471b）］

庇塔库斯是希腊七贤之一，他们是公元前 6 世纪的政治家和哲学家，在古典时代以其智慧而闻名。这些想法的一些最新延续是：

> 在任何情况下，我们都会将自己与高于我们的东西进行比较，并关注那些更富裕的人。让我们用低于我们的东西来衡量自己。没有人会痛苦到找不到一千个例子来提供安慰。［Montaigne，*On Vanity*（1580）］

> 我提到哲学家给我们的建议，即当我们感到痛苦或尴尬时，通过思考那些处境比我们更糟糕的人来安慰自己。我观察到，这并不适用于所有人，因为一定有一些人没有比他们

更糟糕的人。约翰逊。"是的，先生，确实有，但他们不知道。没有一个人那么穷，又那么可鄙，以至于他不认为还有人更穷、更可鄙。"[Boswell, *Life of Johnson*（1791）]

事实是，如果真正的灾难降临到我们身上，最有效的安慰——尽管它和嫉妒同源——只是想到比我们更大的不幸；其次是想想那些和我们一样幸运的人——我们悲伤的伙伴的社会。[Schopenhauer, *Our Relation to Ourselves*（1851）]

一个变体是：

当任何灾难发生时，首先要记住的是有多少灾难被我们逃脱了。[Johnson, *Letter to Hester Thrale*（1770）]

我们目前的学说可以通过想象一个痛苦的市场并自问是否愿意在那里进行交易来进一步说明。如果这个概念似乎与欲望的问题没有直接关系，那就把它看作是另一种增加满足感的手段。

如果我们都把自己的不幸带到同一家商店里，让每个人都能在分配中得到平等的份额，大多数人都会很高兴地拿起自己的东西离开。[Plutarch, *Letter to Apollonius* 9（106b）]

希罗多德提出了类似的观点：

　　然而，我非常清楚这一点——如果所有人都把自己的私人烦恼带到市场上与邻居进行物物交换，那么在调查了其他人的烦恼后，没有一个人会不愿意把他带来的东西带回家。（Herodotus, *Histories* 7.152）

　　8. 与损失进行有益的比较。另一个有价值的比较是考虑如果我们所拥有的事物不存在，它们会显得多么令人向往。我们在前面看到了适应在创造永不停息的欲望方面所起的作用。习惯于我们拥有的东西会使我们失去对它的欣赏。斯多葛派的反应是去尝试新鲜地看待旧事物，而不是改变他们的所有物。他们试图改变他们看待旧事物的方式。

　　不要想象拥有你没有的东西。相反，从你拥有的东西中挑选最好的，想想如果你没有它们，你会多么想要它们。（Marcus Aurelius, *Meditations* 7.27）

　　不要因为渴望不在这里的东西而破坏了这里的东西，但要意识到前者也是值得祈求的。（Epicurus, Vatican Sayings 35）

　　我们有时应该试着用失去财产时的样子来看待我们的财产。［Schopenhauer, *Our Relation to Ourselves*（1851）］

相比之下：

> 对你来说，你拥有的一切都显得那么渺小；而我所有的东西看起来都很美妙。（Epictetus, *Discourses* 3.9.21）

同样的想法可以应用于条件而不是事物。这是一种建立感激之情的方式，不仅仅是对自己拥有的东西，还是对自己的环境和处境。

> 我们不应该忽视甚至是普通和平凡的事物，而应该对它们有所考虑，并为我们能够活着，能够看到太阳而感到感激……如果我们想象这些东西不存在，并经常提醒自己，健康对于病人来说是多么令人向往，和平对于战争中的人来说是多么令人向往，获得名誉和朋友对于一个在这么大的城市中的陌生人来说是多么令人向往，而被剥夺我们曾经拥有的东西时是多么令人痛苦，现在拥有的东西就会给予我们心灵的宁静。因为到那时，我们就不会发现这些东西中的每一样只有在失去时才是重要和有价值的，而在被牢牢抓住时却一文不值。[Plutarch, *On Tranquility of Mind* 9（469e—f）]

第六章　财富和快乐

　　第五章谈到了欲望的一些一般性质——它们的永无止境，它们通过比较得到满足；它们如何欺骗我们，如何可以被驯服。本章考虑了斯多葛派关于两种诱惑的更具体的教导：财富和快乐。每一个这样的诱惑都伴随着它自己的起源、陷阱和幻想，也伴随着能否或如何以一种与心灵平静和其他斯多葛主义愿望一致的方式享受它的问题。上一章中的一些想法将在这里重新讨论，并应用于更具体的问题。

　　在斯多葛派看来，金钱和我们对它的迷恋——贪婪——往往会使我们变得荒唐，给自己和他人带来许多痛苦。斯多葛派认为，对财富的依恋有可预见的后果。一旦我们有了钱，我们就会担心如何保有它，就会渴望得到更多的钱，并在失去它时感到痛苦。我们会渴望得到更多我们所拥有的东西，并逐渐把各种东西看得比它们的价值更高。这些观点可以更普遍地适用于快乐：我们高估了快乐，低估了试图获得快乐的代价。快乐和痛苦是同一个循环的组成部分；它们一起发生，必须一起解决。

　　在考虑了这些观点之后，本章将从关于财富和快乐的告诫转向关于使用和管理它们的观点。斯多葛主义首先建议我们重新思考我们想要什么，想要多少，为什么。斯多葛派重视节制，他们不认为这是对快乐的妥协。相反，他们认为节制可以增强快乐——事实上，节制可以让真正健康的快乐成为可能。斯多葛派的第二个资源是超脱。一个人可以学会享受财富和快乐，而不必去抓住它们，不必在拥有它们时紧紧抓住它们，不必在它们消失时被压垮。第三，继续上一章的主题，获得真正财富的最简单方法是学会用更少——用足够的事物来达到的快乐。就满足感而言，拥有某样东西和不在乎你是否拥有它之间没有区别。第二条路线通常更容易。

本章的最后几节考虑了斯多葛派信奉的快乐——他们认为这是自然的，是我们在满足与生俱来的欲望时体验到的。塞涅卡认为娱乐和游戏是其中之一（他认为一个喝酒的地方也是其中之一）。然而，最重要的是，斯多葛派被心灵的快乐所吸引。斯多葛派认为智慧和理解能产生一种不受环境干扰的快乐。

1. 金钱的危害。斯多葛派一般认为，金钱是个人和社会生活的巨大腐败。金钱很难被看清楚，也很难被理解；它使我们误判事物的价值，并驱使那些崇拜它的人做出低等的行为。

> 占据了那么多政务官和裁判官，同时也**造就**了政务官和裁判官的东西——钱！——自从它开始被视为荣誉，它已经导致真正的荣誉陷入毁灭。我们轮流成为商人和商品，不去

问一件东西到底是什么，而是问它的价格。（Seneca, *Epistles* 115.10）

　　大部分的抗议都是关于金钱的。正是金钱让法庭感到厌倦，让父子反目，酿制毒药，给军团带来刀剑，让他们割喉……正因为它，夜晚充斥着丈夫和妻子的争吵，人群涌向政务官的法庭，国王愤怒和掠夺，推翻了几个世纪以来长期劳动建立的国家，以便他们在城市的灰烬中寻找金银。（Seneca, *On Anger* 3.33.1）

塞涅卡驳斥了财富本身并不比刀剑更有害的说法：

　　波希多尼认为，财富是邪恶的根源，不是因为它们自己作恶，而是因为它们煽动人们作恶……财富使人精神膨胀，并产生骄傲。它们会引起嫉妒，使人心神不安，以至于有钱的名声使我们高兴，即使这种名声会伤害我们。（Seneca, *Epistles* 87.31）

波希多尼是古代斯多葛派"中"期（公元前 2 世纪）的该学派哲学家。

约翰逊博士强调了金钱本身的无价值：

健康本身毫无用处，只有当它离开我们时才有用；它的价值只有在它可以购买的东西中才能找到，如果我们假设它被拥有它的人最好地利用，那么它似乎不值得聪明人的渴望或嫉妒。[Johnson, *The Rambler* no. 58（1750）]

2. 财富对其持有人的影响。 上一章讨论了获得如何无法满足需求。同样的道理也适用于金钱，斯多葛派认为金钱并没有让人更快乐的特殊倾向。

想想穷人比富人多多少；然而，你会发现，穷人并不比富人更不快乐，也不比富人更焦虑。（Seneca, *Consolation to Helvia* 12.1）

我要借用伊壁鸠鲁的话："对许多人来说，获得财富不是麻烦的结束，而是麻烦的改变。"我并不奇怪。因为错误不在于财富，而在于思想本身。使贫穷成为我们负担的东西也使财富成为负担。不管你是把病人放在木头床上还是放在金床上，这都无关紧要；无论他走到哪里，他都会带着他的疾病。因此，一个病态的心灵是富裕还是贫穷也无关紧要。疾病随人而来。（Seneca, *Epistles* 17.11—12）

当一些人称赞一个身材高大、臂展很长的人具备优秀拳击手的素质时，训练师希波马科斯说："是的，如果皇冠是挂起来的，可以伸手去拿。"因此，我们也可以对那些被漂亮的地产、大房子、大笔钱迷住、并将其视为最大的幸福的人说："是的，如果幸福是可出售的，可以通过购买获得。"［Plutarch, *On Love of Wealth* 1（523d）］

希波马科斯是拳击手和摔跤手的训练师；他显然也有哲学天赋。他将再次出现在第七章第 3 节中。

斯多葛派对金钱的怀疑远不止于此。他们认为，财富不仅不能满足人们的需求，而且往往会统治那些拥有财富的人，并带来其自身形式的不幸福。

需要财富的人为财富感到恐惧。但没有人会享受一种带来焦虑的祝福，他总是试图再多加一点。他在为增加财富而烦恼时，同时也忘记了如何使用它。（Seneca, *Epistles* 14.18）

贪婪榨取了多少泪水和辛劳！它在欲望中是多么可怜，它所获得的又是多么可怜！除此之外，每天的烦恼也在折磨着我们，与我们的财富成正比。拥有金钱比努力获得金钱带来更多的焦虑。我们对我们的损失感到多么悲痛，这些损失可能很大，而且似乎更大！然后，即使财富没有从我们身上带走任何东西，我们也认为我们得不到的东西是更大的损失。（Seneca, *Epistles* 115.16）

塞涅卡认为贪婪的最终结果是某种病态的判断。

我们可以这样定义这种疾病：为那些只值得想要一点点或根本不值得的东西而努力奋斗，或者对那些只应该略微重视或根本不应该被重视的东西高度重视。（Seneca，*Epistles* 75.11）

3. 快乐的危险。对财富的斯多葛主义态度可以被概括为快乐。斯多葛派认为快乐的代价比表面上看起来要高——持续时间不长，总是要付出代价，而且总是伴随着某种损失或痛苦。

一个人在盛宴和自我放纵中寻找快乐；另一个人在选举和拥护者的人群中寻找快乐；另一个人在他的情妇中寻找快乐；另一个人在文化的空洞展示和没有治愈能力的文学中寻找快乐。所有这些人都被欺骗性和短暂的快乐带入歧途——例如醉酒，它以长期的疾病来偿还一小时的热闹疯狂；或者像掌声，像热情的欢迎和认可，这些都是以巨大的精神不安为代价获得和弥补的。（Seneca，*Epistles* 59.15）

在一个人受快乐制约的那一天，他也将成为痛苦的主体。当快乐和痛苦——那些最反复无常、最残暴的主人——反过来俘虏一个人时，你会看到他是多么悲惨和可恨的奴隶。（Seneca，*On the Happy Life* 4.4）

智者很好地教导我们要提防欲望的背叛，并将真正的、完整的快乐与那些与更多痛苦混合交织的快乐区分开来。他们说，大多数快乐抚摸和拥抱我们，只是为了扼杀我们，就像埃及人称之为非利士人的小偷一样。如果我们在喝醉之前感到头痛，我们就会小心翼翼地不要喝得太多。但是，快乐为了欺骗我们，走在前面，隐藏着它的踪迹。[Montaigne, *Of Solitude*（1580）]

安逸压垮了我们。这就是一句古希腊诗句的含义，它说众神把他们给我们的每一个好处都卖给了我们；也就是说，他们给我们的东西没有一个是纯粹和完美的，没有一个是我们不以某种邪恶为代价买来的。[Montaigne, *That We Taste Nothing Pure*（1580）]

蒙田提到的希腊诗句来自希腊诗人埃庇卡摩斯（约前540—前450）。在古典时代，他被誉为戏剧和喜剧的大师，但他留下的遗产很少。这里讨论的这句诗保存在色诺芬的《苏格拉底大事记》（Xenophon, *Memorabilia of Socrates* 2.1.20）中。

马可·奥勒留以不同的方式表达了节制的价值，以及他对快乐的怀疑。他观察到，我们不欣赏那些对快乐设定高价值的人；他们既可能是好人，也可能是坏人。他认为，当我们对自己的快乐设定了较低的价值之后，我们从不后悔。

强盗、弑父者、暴君享受了多少乐趣。(Marcus Aurelius, *Meditations* 6.34)

善良而可敬的人不会后悔错过了一次消遣。(Marcus Aurelius, *Meditations* 8.10)

相比之下：

正如西莫尼德斯过去常说的那样，他从不为保持沉默而感到遗憾，但很多时候是因为说话而遗憾，所以我们从不为把美味放在一边而感到遗憾，也从不为喝了水而不是酒而感到遗憾。[Plutarch, *Advice About Keeping Well* 7 (125d)]

西莫尼德斯（约前 556—前 468）是希腊诗人。

4. 不需要的东西。按照我们熟悉的模式，我们从斯多葛派对财富和快乐的分析转向斯多葛派关于如何管理它们的观点。第五章介绍的斯多葛派观点是，欲望通常可以通过满足或减少来管理，后一种方法被忽视，但在产生满足感方面更有效。在这里，我们考虑这个想法在财富上的更具体的应用。斯多葛派认为财富不是一种绝对的状态，而是一个人所拥有的和所想要的之间的有利关系。大多数人致力于扩大前者，而他们本可以更好地减少后者。这是经典的斯多葛式倒置。

任何人都有能力藐视一切，但没有人能拥有一切。致富的捷径是鄙视财富。(Seneca, *Epistles* 62.3)

我要教你的是尽快致富的能力。听到这个消息你多兴奋啊！这是正确的；我会带你走一条通往最大财富的捷径……我亲爱的卢基里乌斯，不想要什么东西和拥有一样好。无论哪种方式，最重要的都是一样的——免受担忧。(Seneca, *Epistles* 119：1—2)

因此，一个人**不想要或不需要**的东西可以算作财富的一种形式。塞涅卡进一步评论：

你认为这些不算财富，仅仅是因为没有人因为它们被判处死刑吗？因为没有谁的儿子或妻子为了它们而毒死他？因为在战时它们没有被劫走？因为它们在和平中无所事事？因为拥有它们并不危险，或者处理它们很麻烦？(Seneca, *Epistles* 119：6)

约翰逊对这一观点的阐述是：

每个人都可以通过收缩自己的愿望而变得富有，并且通过默许他被赋予的东西来弥补更多的缺憾。[Johnson, *The*

Adventurer no. 119（1753）]

反之亦然：欲望是贫穷的一种形式。

贫穷的人不是一个拥有很少的人，而是一个渴望更多的人。如果你觊觎邻居的财产，如果你不在乎你有什么，而在乎你还能得到什么，那么你在保险箱或仓库里存了多少钱，你的羊群或投资有多大，又能成什么问题呢？（Seneca，*Epistles* 2.6）

每个人是富有还是贫穷，取决于他的欲望和快乐之间的比例；因此，任何愿望的扩大都会随着拥有的减少而对幸福造成同样的破坏；教导他人渴望永远得不到的东西的人，与其说抢走了自己的一部分遗产，不如说他是他自己的敌人。[Johnson，*The Rambler* no. 163（1751）]

5. 接受。一个相关的、但应用范围更广的观念是：接受一个人的命运和拥有的东西的价值。同样，斯多葛派经常通过比较来说明这一点。

当我们被邀请参加宴会时，我们接受摆在我们面前的东西。如果有人命令主人给他吃鱼或糕点，他会显得古怪。但在外面的世界中，我们向神索取他们没有给我们的东西——

尽管他们**已经**给了我们很多东西。［Epictetus，*Fragment*（Stobæus 3.4.91）］

请记住，无论制作者选择哪种类型的戏剧，你都是一名演员。如果是短的，则为短剧演员；如果是长的，则为长剧演员。如果他想让你扮演乞丐，你就要自然地扮演这个角色；或者演一个跛子、一个统治者，或者一位普通公民。您的任务是为您被分配的部分提供良好的性能。选择属于其他人的部分。［Epictetus，*Enchiridion* 17］

这个想法适用于寿命：

你不会因为你只有这么多磅而不是三百磅而感到沮丧；但你会感到很遗憾的是，你只有这么多年的生命，而不是更多？正如你对分配给你的物质感到满意一样，你也要对时间感到满意。（Marcus Aurelius，*Meditations* 6.49）

还有更多的书面论述：

我知道这些附带的舒适是多么短暂，即使在充分享受它们的同时，我也从不忽视向上帝的最高祈祷，他让我满足于自己和来自我内心的东西。［Montaigne，*Of Solitude*（1580）］

回顾历史，回忆在你自己的经历范围内发生了什么，注

· 意考虑几乎所有非常不幸的人的行为，无论是在私人生活中还是在公共生活中，你可能读到过、听说过或记得他们；你会发现，到目前为止，他们中的大部分人的不幸都是由于他们不知道什么时候身体好，什么时候应该安静地坐着，什么时候应该心满意足。一个曾试图通过服药来改善尚可忍受的体质的人的墓志铭是："我曾经很好，我希望变得更好；于是我到了这里。"这通常可以非常公正地应用于失望的贪婪、野心带来的痛苦。[Smith, *The Theory of Moral Sentiments*（1759）]

通往接受的一个途径是想象我们希望在一个愿望实现后所处的位置，并询问是否可以更直接地达到所希望的状态。斯密在这一点上也有一段精心挑选的轶事，这改编自普鲁塔克的文字。

伊庇鲁斯国王的宠臣最喜欢对他的主人说的话，可以适用于人类生活中所有普通情况下的人。当国王按照适当的顺序向他叙述了他打算进行的所有征战，并将这些征战进行到最后，宠臣问："之后陛下打算做什么呢？""那么，我提议，"国王说，"和我的朋友们玩得开心，并努力成为一个好酒友。""是什么阻碍了陛下这么做？"宠臣问道。[Smith, *The Theory of Moral Sentiments*（1759）]

伊庇鲁斯（希腊城邦）的国王是皮洛士，他在公元前 300 年左右在位统治。他的"宠臣"是一位名叫齐纳斯的顾问，他曾是著名演说家德摩斯梯尼的学生。对皮拉斯来说，我们有"得不偿失的胜利"这一说法——这是一场不值得赢得的胜利，因为它付出了太大的代价。皮洛士在与罗马人的战争中遭受了惨重的伤亡，这场战争发生在上述轶事发生后。

作为结语：

> 什么时候我们会轻视命运，不管是好是坏？什么时候我们会克服并控制住所有的情绪，说出"我已经征服了"这句话？征服了谁？你问。不是波斯人，也不是遥远的米底人，也没有达赫以外的任何好战民族（如果有的话），而是贪婪、野心和对死亡的恐惧——一个征服了世界征服者的敌人。(Seneca, *Epistles* 71.37)

塞涅卡提到的三个群体——波斯人、米底人（Medes）和达赫人（Dahæ）——都是我们知道的今伊朗或土库曼斯坦地区的居民。达赫人（或斯基泰人，达赫人是其中的一个部落）是超越文明边界的民族的标准经典参考。

6. 超脱。 关于财富和快乐，斯多葛派除"学会不要它们"之外有更多的话要说，因为他们认识到每个人都宁愿拥有这些东西。所以本章的下半部分是关于何时以及如何以健康的方式获得、使用财富和快乐。

首先，也是最一般地，斯多葛派认为财富和其他类似的外在事物"无关紧要"，它们本身并没有好坏之分。但斯多葛主义允许我们可能会合理地想要其中一些东西——换句话说，其中一些是所谓的偏好的无关紧要。这种观念有时被认为是麻烦的，因为"偏好的无关紧要"听起来像是一种自相矛盾的说法，而且它似乎是一种敷衍的回避：不能放弃对物质财富的贪婪的坏斯多葛主义者，会把它们视为偏好的无关紧要者而不予理睬。但这种思想在斯多葛主义中起着重要作用。从世界上人们想要的东西中寻求超脱是合理的，尽管并不容易。消除他们的所有偏好是不现实的。斯多葛派理解了这一点。

> 只有当你所有的快乐都源于理性，当你看到每个人都在抓着、祈祷着、注视着的东西后，你发现——我没有说你什么都不**喜欢**——但当你什么都不需要的时候，你才会认为自己快乐。（Seneca, *Epistles* 124.24）

因此，斯多葛派认为，有一些外部的东西总比没有好，人们可以通过合理的努力来获得。斯多葛主义者也可能合理地希望避免一些不利因素：不受偏好的无关紧要，如不健康或贫困。对身体健康的支持属于"被偏好"类别。

> 聪明人不会轻视自己，不管他有多矮，但他还是希望自

己高大……如果他的健康不好，他会忍受，但他还是会希望健康。某些事情，即使与整体相比是微不足道的，可以在不破坏基本良善的情况下撤回，但却为来自美德的永恒快乐增添了一些东西。（Seneca, *On the Happy Life* 22.2—3）

财富是另一个例子：

智者也不认为自己不配得到任何财富。他不爱财富，但也偏好财富；他不把它们放在心里，而是放在家里；他并不拒绝他拥有的财富，而是保留这些财富以提供更丰富的物质来实现他的美德。（Seneca, *On the Happy Life* 21.4）

正如顺风吹拂使水手欢欣鼓舞，正如寒冷冬日中的晴天和阳光给人带来喜悦，财富也会对智者产生影响，给他带来欢乐。此外，智者中有谁——我指的是我们学派的那些人，他们把美德视为唯一的善——会否认即使我们称之为"无关紧要"的东西也有一些内在价值，有些东西比其他东西更值得拥有？我们给它们中的一些东西一点荣誉，给其他东西很多荣誉。因此，别搞错了——财富是最受欢迎的。（Seneca, *On the Happy Life* 22.3—4）

偏好的无关紧要与斯多葛派认为危险的欲望之间有什么区别？超脱。这一区别在第一章开始时介绍过。对外部事物的依附使人的幸福和平衡依赖于它。斯多葛派试图在任何情况下都避免这种立场。但是，如果没有依附的话，钱是无可非议的——因为钱不是关键。关键是心灵的健康。

"超脱"一词有可能造成错误的印象，因为它可能意味着对它的主体缺乏真正的兴趣。这不是我的想法。超脱更多地指的是某种事物被持有的方式，以及思维是否被过度地交给它。因此，斯多葛派的超脱可以被视为一种节制——也就是对一个人与外界关系间的节制。测试这种关系，并知道你是否对某件事有依恋或只是有偏好的一个好方法，是考虑你会如何处理它的损失。

> 除了蔑视财富的人，没有人配得上神。我并不禁止你拥有它们，但我想带你到你毫无恐惧地拥有它们的地步。只有一种方法可以做到这一点：说服自己，没有它们，你可以快乐地生活，并把它们视为永远要离开。（Seneca, *Epistles* 18.13）

> "为什么一位哲学家说财富应该被轻视，但他也拥有它呢？……为什么这位哲学家宣称生命的长短没有区别，然后还——如果没有什么阻碍的话——延长他的寿命，并健康地安享晚年？"他说，这些东西应该被轻视，不是为了让自己没有它们，而是为了让自己不担心保留它们。（Seneca, *On the Happy Life* 21.1—2）

在脑海中预演一件事的损失是斯多葛派试图与之保持正确距

离的一种方式。这种超然感使其主体更安全，也更容易欣赏。

财富、名誉、权力和公职最让那些最不惧怕它们之间对立的人高兴。因为对每一种事物的强烈欲望都植入了一种最强烈的恐惧，即它们可能不会继续存在，这使它们的快乐变得脆弱和不稳定，就像一团扑腾的火焰。[Plutarch, *On Tranquility of Mind* 16（474c—d）]

爱比克泰德提供了一些类似的富有想象力的步骤来实现对快乐的超脱。

当你被某种表面上的快乐所诱惑时，要像对待其他印象一样，警惕自己，以免被它带走。让事情等着你，给自己一些时间。然后想想接下来的两次：一次是你享受快乐的时候，另一次是在享受之后，你会后悔并责备自己。将此与如果你不这样做的情形作比较：你会多么高兴，你会如何祝贺自己。尽管如此，如果现在似乎是做这件事的时候了，那就要注意它的魅力、乐趣和吸引力不会让你失望；比较一下，知道你已经赢得了对它的胜利是多么美好。（Epictetus, *Enchiridion* 34）

7. 节制。我们刚刚看到，斯多葛派的超然可以被视为一种节制的形式。这使得节制本身成为接下来要考虑的最自然的话题，因为斯多葛派普遍重视它。斯多葛派认为节制不仅是一种令人钦佩的美德，还是一种有益的技巧。它不代表"更少的愉悦感"；它意味着实际、持久的快乐的可能性——一种享受事物而不破坏它的方式，也没有过度带来的代价和遗憾。爱比克泰德喜欢通过比较来展示节制的价值。

孩子们把手伸进一个窄颈的陶罐里，拿出无花果和坚果，会发生的情况是：如果他们在手里装满了果子，他们就不能把手拿出来，然后就哭了。扔下几颗果子，你就能把手拿出去。（Epictetus, *Discourses* 3.9.21）

对于斯多葛主义者来说，节制不仅仅是一个不采取太多或做太多事情的问题。这是一种克制的态度。

记住，在生活中，你应该像在宴会上那样行事。假设有东西从你身边经过，位于你的对面。伸出你的手，礼貌地拿一些。它从你身边经过：不要退缩。它还没有来到你面前：不要伸手去触碰它，要等到它来到你面前。对孩子、对妻子、对财富都要这样做，你们最终会成为众神宴会上值得尊敬的伙伴。但如果你不接受摆在你面前的东西，甚至藐视它们，那么你将不仅是与神同席的人，也是同一位统治者。（Epictetus, *Enchiridion* 15）

自我控制会抑制我们的欲望。它痛恨并摆脱了一些，并努力将另一些恢复到健康水平；它也从不为自己的利益而寻求满足欲望。自我控制知道，衡量食欲的最好标准不是你想吃多少，而是你应该吃多少。（Seneca, *Epistles* 88.29）

缺乏节制是快乐的瘟疫。节制不是快乐的祸害，而是快乐的调味品。[Montaigne, *Of Experience*（1580）]

塞涅卡更广泛地鼓励斯多葛生活方式的节制。

正如追求美食是奢侈的标志一样，回避那些习惯性的、可以以不高的价格买到东西也是疯狂的。哲学要求朴素的生活，但不要求忏悔；我们很可能会同时保持朴素和整洁。这是我赞成的平均；我们的生活应该在智者的方式和整个世界的方式之间保持一种愉快的平衡。所有人都应该钦佩它，但也应该理解它。（Seneca, *Epistles* 5.4—5）

8. 自然欲望（续）。恢复上一章的主题，我们转向斯多葛派关于哪些快乐适合享受的观点。斯多葛派首先提倡遵循自然生活。这一指示的意义一直是一个争论不休的问题。古代的斯多葛派认为自然是有目的、有智慧的，现在很少有人会接受这种观点，因此，在这种意义上，遵循自然的命令生活对大多数人来说不再是一个有用的想法。但"遵循自然"也有进一步的含义，其中一些含义更为合理。它意味着理性的生活，因为斯多葛派认为理性是大自然给人类的独特礼物；这种生活方式将吸引许多人，无论其基本原理如何。

与我们眼前的目标更相关的是，遵循自然生活也意味着从自然在我们身上创造的欲望的实现中获得满足，斯多葛派会说这并不难实现。我们在第五章第 2 节中看到了这样一种观点，即来自自然的欲望是有限的，而非自然的欲望则是无限的。这一点在这里有具体的应用。为了纠正对金钱和金钱所能买到的东西的过度渴望，斯多葛主义区分了自然需求和超越自然需求的奢侈品。

> 大自然并没有使人类天生的需求变得难以获得。但他渴望紫色的衣服，浸染着丰富的染料，用金色刺绣，并用各种颜色和图案装饰：他贫穷不是大自然的错，而是他自己的错。（Seneca, *Consolation to Helvia* 11.1—2）

> 这是我们为之流汗的多余的东西。正是这些东西让我们穿上破烂的长袍，迫使我们在军营里变老，让我们在异国他乡漂泊。足够的东西就在眼前。（Seneca, *Epistles* 4.11）

斯多葛派认为，自然产生的快乐是理所当然的。这只是应该适度地进行。但我们的大部分精力都花在了追逐我们创造或鼓吹的短暂快乐上。斯多葛派试图使他们的快乐感与他们实际需求的满足相一致。

大自然把快乐与必要的东西混合在一起——不是为了让我们寻求快乐，而是为了让那些对存在必不可少的东西能吸引我们的眼球。如果快乐拥有自己的权利，那就是奢侈。（Seneca, *Epistles* 116.3）

我不建议你否认大自然的任何东西——因为大自然是持续的，是无法克服的；它要求得到应有的回报。但要知道，超出这些要求的东西都是额外的，而不是必需的……我很渴：无论我喝的是来自最近池塘的水还是在雪地里冷藏的水，大自然都不在乎。（Seneca, *Epistles* 119.2—3）

你不急着去做你的天性所要求的吗？"但休息也是必要的。"我也是这么说的。大自然也允许适当的休息，就像它允许吃和喝一样。但是，你仍然超越了这些衡量标准，超越了足够的标准——除非是在完成任务时，除非你没有达到可能的程度。（Marcus Aurelius, *Meditations* 5.1）

蒙田借用了伊壁鸠鲁类似于斯多葛派分析的分类法，得出了相同的结论。

欲望要么是自然的和必要的，比如吃和喝，要么是自然和不必要的，例如与女性交配——要么既不自然也不必要。我们的大部分欲望属于最后一类，它们都是多余的和人为的……错误的判断和对良善的无知已经在我们身上灌输了太多外来的欲望，已经赶走了大多数自然的欲望。[Montaigne, *That Our Affections Carry Themselves Beyond Us*（1580）]

哲学并不反对自然的快乐，只要它们是可测量的；它鼓吹节制，而不是回避。它的抵抗力是用来对抗那些生来就不自然的快乐。哲学认为身体的食欲不应该由头脑增加，并巧妙地警告我们不要通过过度进食而引发饥饿；不是填满肚子，而是充实肚子；要避免所有使我们陷入困境的欢乐，避免所有带来饥饿的肉类和带来口渴的饮料。[Montaigne, *Upon Some Verses of Virgil*（1580）]

我认为，拒绝自然的快乐就像过于热爱它们一样是错误的。薛西斯是个傻瓜，当他已经被人类所知的一切快乐所包围时，他会给那些为他找到新快乐的人提供奖励；但是，将自己与大自然为你带来的快乐隔绝也同样愚蠢。我们既不应追赶他们，也不应逃离他们；我们应该接受它们。[Montaigne, *Of Experience*（1580）]

9. 快乐的使用。斯多葛派常说轻视享乐。他们的意思是，快乐应该被视为微不足道的事情，而不是生活的意义。他们还认为，应该谨慎看待快乐，因为它们最终往往会给我们带来麻烦。但这并不是说应该**痛恨**快乐。正如塞涅卡所理解的，有时我们需要它们。

正如我所说，一些伟人过去每个月的某些日子都给自己一天时间休息，而另一些人则把每天分为工作和休闲……有些人会在中午继续做一些不需要太多努力的事情，他们本可以把这些事情推迟到下午……我们必须放松思想，并定期给予它作为食物和力量的休闲。（Seneca, *On Tranquility of Mind* 17.7—8）

塞涅卡认可了比人们有时欣赏的更广泛的乐趣。

思想不能总是处于同样的紧张状态，而必须转向娱乐。苏格拉底不会羞于与小孩子玩耍，加图会在厌倦了国家的忧虑时用酒来放松自己，而西庇阿则会随着音乐声来激励他凯旋的军人。（Seneca, *On Tranquility of Mind* 17.4）

塞涅卡认为运动和玩耍也是自然的乐趣，可以像其他人一样适度享受它们。他特别推荐给具有某类性情的人，这些快乐对他们有着重要的意义。斯多葛派应该很高兴。他们中的有些人需要放松一下。

游戏也将是有益的；因为适度的快乐可以放松心灵，使之保持平衡。越潮湿、越干燥的人，以及寒冷的人，都不会有愤怒的危险，但他们必须小心一些更迟钝的缺点——恐惧、忧郁、沮丧和怀疑。因此，这样的天性需要鼓励和宽容，需要快乐的召唤。既然某些补救办法可以用来对付愤怒，另一些可以用来对付闷闷不乐，而这两种错误不仅要用不同的方法，而且要用相反的方法来治愈，那么我们就要永远攻击那些变得更强大的错误。（Seneca, *On Anger* 2.20.4）

塞涅卡也承认酒的价值，甚至承认自己会偶尔醉酒——也许是适度中的适度——因为它给头脑带来了自由，也让头脑能够洞察事物。他的理由是：

> 无论我们是否同意希腊诗人觉得"有时有点疯狂也很有趣"，或柏拉图这位"拥有自己的人徒劳地敲着诗歌的大门"，或亚里士多德觉得"没有一点疯狂就没有伟大的天才"，都不可能有超越平凡的崇高话语，除非心灵兴奋。（Seneca, *On Tranquility of Mind* 17.10）

这些观点可能没有得到塞涅卡所有斯多葛派同僚的赞同，也可能与他自己在其他地方的一些立场完全一致（如本章第 3 节）。但他们提出了斯多葛派可能持有的一系列声誉良好的观点。

10. 心灵的愉悦。 斯多葛派对与理解和智慧相关的快乐给予了最高的认可，这种快乐甚至可以无节制地享受，而不必担心退缩。斯多葛派认为心灵是真正幸福的场所和源泉。

那些将快乐视为最高理想的人认为善是由感官发现的；但我们斯多葛派坚持认为，它是由理解发现的，并由我们分配给头脑。（Seneca, *Epistles* 124.2）

是头脑使我们富有。它与我们一起流亡；在最未驯服的荒野中，当它找到了身体所需的一切，它享受着自己的许多东西。（Seneca, *Consolation to Helvia* 11.5）

它显示出将大量时间花在身体活动上的自然天赋的缺乏，这些活动如过度运动、过度饮食、过度排便和过度交配。这些事情应该顺带做，我们的注意力应该集中在思想上。（Epictetus, *Enchiridion* 41）

爱比克泰德提到的倒数第二个活动与过度的危险联系在一起似乎很奇怪。但罗马人经常在公共厕所中如厕，这些厕所是公共的，没有分区，并且在他们进行如厕的同时也得到了社会化。也许有人忘乎所以，忘记了时间。

无论如何，斯多葛派心目中的真正幸福来自以正确的方式和仁慈的态度看待世界。后一点之前已经出现，并将在第 11 章中进一步阐述，但马可·奥勒留在下段话中提出了这一点。

至于我，如果我心中的统治力量是健全的，如果我不背离任何人，也不背离任何发生在人身上的事情，而是能够以慈祥的眼光看待一切，并根据一切的真正价值来评价一切，我会感到高兴。（Marcus Aurelius, *Meditations* 8.41）

如果这些陈述似乎缺乏关于理解的乐趣可能涉及的形式和复杂性等细节，请考虑叔本华最近的一个阐述：

一个人所生活的世界主要是通过他看待世界的方式来塑造自己的，因此对不同的人来说，世界是不同的；对一个人来说，它是贫瘠、沉闷和肤浅的；而对另一个人来说，它是丰富、有趣、充满意义的。在听到一个人经历中发生的有趣事件时，许多人会希望他们的生活中也发生过类似的事情，完全忘记了他们应该嫉妒的是他在描述这些事件时赋予这些事件意义的心智能力……因为一个人身上所存在或发生的一切都只存在于他的意识中，而且只发生在他的意识中，所以对于一个人来说，最本质的事情是这种意识的构成，这在大多数情况下远比形成其内容的环境更重要。与塞万提斯在悲惨的监狱里写《堂吉诃德》时的想象相比，傻瓜的迟钝意识映射出的世界上所有的骄傲和快乐都是可怜的。［Schopenhauer, *The Wisdom of Life*（1851）］

现在还不清楚《堂吉诃德》有多少是在监狱里写的，但当一段话的观点很好的时候，人们不应该吹毛求疵。

第七章　他人的想法

　　本章考虑了斯多葛派看待认可和批评——即他人的想法的方式。这里的认可可能是我们称之为赞扬的直接认可，也可能是我们称之为名声的集体认可；批评可能是侮辱或耻辱。这一章也可以被认为是对虚荣和骄傲的斯多葛式检验，因为这些都是同一系列的外在表现。它们涉及社会生活：对社会地位的渴望和对他人好感的渴望。大多数人追求这些东西就像他们追逐金钱或快乐一样专注，并努力避免失去它们。

　　斯多葛派学说的第一条规则是蔑视从众，蔑视多数人的观点，蔑视在思考自己喜欢什么以及如何行动时向他人寻求帮助的习惯。这个问题很严重。大多数人所说、所想和所做中的绝大部分都是传统的产物。它的力量难以抗拒，因为与他人的期望一致会让他们对我们产生好感。偏离这一点的人往往会很快受到其他人的惩罚，这些人更愿意说、做和执行预期中的事情。斯多葛主义的大部分内容是努力看到真相并采取行动，并学会对随之而来的后果采取崇高的蔑视。

　　说到细节，斯多葛派认为对赞美的渴望是从众和人类行为的主要源泉之一。他们开始驯服它。他们首先问我们为什么关心别人对我们的看法，特别是当别人是我们可能不太尊重的人时。斯多葛派发展出对大众判断的不信任，以及对具有大众吸引力的人和事物的怀疑。斯多葛主义试图取代对自己观点的更大尊重，并根据事物的本质而不是其他人对它们的看法来评价事物。

我们话题的另一面是批评和侮辱。当然，斯多葛派主张对这些事情漠不关心。它们是我们无法控制的外部因素。但斯多葛派也提供了思考攻击和应对攻击的具体方法。第一种方法是以轻蔑的眼光看待他人的轻视（或以轻蔑的眼光看待他人本身），或者在因做正确的事情而得到轻视的时候欢迎这种轻视。任何这些反应都比害怕别人的观点要好；因为一旦一个人走上那条路，它就没有尽头。

另一系列反应包括谦逊和宽恕。斯多葛派通常能够以良好的幽默接受侮辱，因为他们认为任何这样的批评都可能低估了他们的真正错误；他们对自己造成的嘲笑感到足够自在，而对别人的嘲笑毫不在意。第二种方法是对批评进行评估。如果我们受到公正的批评，我们应该接受并改变（或接受并完成）。如果我们受到不公正的批评，批评者便是错误的，有权获得同情。他们的心意是好的，或者至少说了对他们有限的能力来说似乎是正确和最好的话。无论如何，我们都会很快离开。

1. 从众；普遍观点。 斯多葛派认为，遵从社会期望是我们许多行为和许多愚蠢的根源。我们以模仿他人为生，因此，我们以没有任何理由推荐的生活方式生存。显然，从斯多葛派的观点来看，惯例不仅仅是无关紧要的。它是错误的储存库和误判的引擎，也是人们必须学会抵制的压力来源。塞涅卡说：

我们的许多麻烦可能是因为我们按照一种模式生活，不是按照理性来安排我们的生活，而是被习俗引入歧途。（Seneca, *Epistles* 123.6）

在大多数旅行中，一些可辨认的道路和当地人的询问可以防止你误入歧途；但在这条路上，最破旧、最常用的道路也是最具欺骗性的。因此，最需要强调的是，我们不应该像羊一样跟随我们前面的羊群——不是去我们应该去的地方，而是去它去的地方。（Seneca, *On the Happy Life* 1.2—3）

谁不知道在智者看来，任何被认为是好的或坏的东西都和其他人一样？他不在乎别人认为可耻或可悲的事；他不随大流；正如行星逆着天堂的旋转前进一样，他违背了世界的看法。（Seneca, *On the Constancy of the Wise Man* 14.3—4）

马可·奥勒留说：

他避免了多少麻烦，如果他不去看他的邻居做了什么或想了什么——而只去看他自己做了什么。这可能是公正和纯洁的。好人的一部分不是窥探别人的性格，而是直奔底线，不看任何一方或另一方。（Marcus Aurelius, *Meditations* 4.18）

关于以他人的观点生活的危险性的相似观察：

我从来没有想过要满足人群；据我所知，他们不赞成；至于他们赞成什么，我不知道。[Epicurus，转引自 Seneca, *Epistles* 29.10]

无论是什么，是艺术还是自然，把这种参照他人的生活方式铭刻在我们身上，它给我们带来的伤害远大于好处。我们欺骗自己，使自己失去对我们实际有用的东西，以使外表符合公众的看法。我们关心的不是我们内心真实的自我，而是我们如何为公众所知。[Montaigne, *On Vanity*（1580）]

我们是微不足道的，因为我们看到别人是微不足道的；以同样的方式，我们从例子中捕捉到欲望的传染；我们看到我们周围的人都忙于追求想象中的善，并开始在同一场追逐中忙碌起来，唯恐更大的活动会战胜我们。[Johnson, *The Adventurer no.* 119（1753）]

2. 对表扬的渴望。与从众问题一样有害的，也是从众问题的一个驱动因素，是对他人立即或长期表扬的渴望。我们做着会赢得赞扬的事情；但我们应该实践不需要它的艺术。

> 当演说家知道他写了一篇好的演讲稿，他把它记在了记忆里，并且他会把它讲得很好时，为什么他仍然紧张？因为他对此并不满意。他还想要什么？他想得到观众的赞扬。关于演讲术，他接受了指导；关于表扬和责备，他却没有得到指示。因为什么时候有人告诉他这些事情的意义，它们真正涉及什么，什么表扬值得寻求，什么指责值得避免？他是什么时候实践这些原则的？（Epictetus, *Discourses* 2.16.5）

范围更大的观点是：

> 那么，什么才是值得重视的呢？鼓掌？不，我们也不应该重视鼓掌，因为那是大众的赞扬。（Marcus Aurelius, *Meditations* 6.16.2）

蒙田认为：

> 谁会不愿意用健康、安宁和生命本身来换取声誉和荣誉——在我们中间流通的最无用、最无价值和最虚假的硬币？［Montaigne, *Of Solitude*（1580）］

约翰逊指出，对赞美的欲望并不局限于那些试图成名的人。

每个人都想得到他们所划出的圈子或观众的好评。

> 赞美是如此令人愉悦，以至于它几乎是我们所有行为的原始动机。对表扬的渴望和对其他事物的渴望一样，确实因脾气、能力和知识的无数差异而有所不同；有些人没有比俱乐部的掌声更高的愿望；有些人期待一个县的县民的喝彩；有些人希望用他们的名字填满属于所有年龄和民族的人的嘴巴。每个人都渴望自己心目中的最高荣誉；无论多么卑鄙，没有一个人会不抱着被其他人所尊敬的希望，也很少有人能以宽宏大量或虔诚的态度超越这一希望，完全不顾指责或观点行事。[Johnson, *The Rambler* no. 193（1752）]

> 在我们所做的一切中，我们几乎首先想到的是人们会说什么。生活中几乎有一半的烦恼可以追溯到我们在这方面的焦虑；正是这种焦虑，是所有这类自尊心的根源，这种自尊感常常因其病态的敏感而感到羞愧。[Schopenhauer, *The Wisdom of Life*（1851）]

3. 蔑视他人的判断。 正如我们刚刚看到的，爱比克泰德提出，紧张的演说家被教如何演讲，而不是如何控制对赞美的欲望。关于这一主题的教育始于对那些我们想要的好观点的提出者的清醒看法。这是所有斯多葛派教师都强调的一点。

一个人离开演讲厅，被无知者的掌声所满足，一定是多么愚蠢！为什么你会从那些你自己都不会赞美的人那里得到赞美呢？（Seneca, *Epistles* 52.11）

你寻求谁的仰慕？他们不是你常说的疯子吗？那么，这就是你想要的——被疯子崇拜吗？（Epictetus, *Discourses* 1.21.4）

始终记住这些人是谁，你寻求的是谁的钦佩，他们有什么指导原则。这样，当他们不小心冒犯你时，你就不会责备他们；一旦你调查了他们动机和观点的来源，你就不会再想得到他们的认可了。（Marcus Aurelius, *Meditations* 7.62）

在别人的意识中发生的事情，对我们来说是一件无关紧要的事情；随着时间的推移，当我们看到大多数人的思想是多么肤浅和徒劳，他们的想法是多么狭隘，他们的感情是多么卑鄙，他们的观点是多么反常，他们中的大多数人都有多么错误时，我们真的会对此漠不关心。[Schopenhauer, *The Wisdom of Life*（1851）]

同样的推理也可以适用于成名的愿望，或是死后被记住的愿望。

先你一步出发侦察的第欧根尼给了我们一份不同的报

告。他说死亡不是罪恶，因为它并不可耻；他说名声才是疯子的噪音。（Epictetus, *Discourses* 1.24.6）

锡诺普的第欧根尼（也被称为犬儒提奥奇尼）是一位生活在公元前 4 世纪的希腊哲学家。爱比克泰德带着对犬儒主义和第欧根尼的崇敬，有时将他描述为一种理想化的斯多葛主义者。在其他方面，如上所述，他将第欧根尼描绘成一个神圣的侦察员和信使，他检查了人类的生命，并能够作出像刚才所示的那样的报告。我们将在第 8 章第 4 节再次与第欧根尼会面。

西塞罗对我们当前的主题有着尖锐的看法，认为名声是那些观点一文不值的人积累起来的观点。

我忽略了由骗子和傻瓜的共识所建立的名人和大众名望。（Cicero, *Tusculan Disputations* 5.16）

相比于假设你所鄙视的那些无知的普通人，一个一个地被检视要比放在一起检视更厉害，还有什么事情更荒谬呢？（Cicero, *Tusculan Disputations* 5.36）

真正的、哲学意义上的伟大精神把大自然最向往的美德视为行动，而不是名望，并宁愿在现实中而不是在名义上成为第一。事实上，依赖于无知群氓的反复无常的人是不可能成为伟大人物的。（Cicero, *On Duties* 1.65）

因此，斯多葛派认为，对某些事物的普遍认可是一个坏兆头。

> 人类的事务并不是井井有条到许多人都喜欢更好的事物；最糟糕的选择就是人群。(Seneca, *On the Happy Life* 2.1)

> 普通人的判断很少中肯。在我自己的时代，如果最糟糕的作品不是那些赢得最多公众认可的作品，我就大错特错了。[Montaigne, *On Vanity* (1580)]

人们也是如此。大众流行意味着获得它的任何人都缺乏品质或诚信。

> 要想赢得公众的认可，需要耍花招。你必须让自己像他们一样……如果我看到你受到民众的高度赞扬，如果你的出场受到欢呼和掌声的欢迎（就像我们看到演员时一样），如果整个国家，甚至妇女和儿童，都在赞美你——我怎么能不同情你呢？因为我知道一个人要获得这样的人气必须走哪条路。(Seneca, *Epistles* 29.11—12)

我们一定希望下面的故事是真的：

他们说，当一名正在训练的运动员参加摔跤比赛，在场的每个人都鼓掌时，教练希波马科斯用他的教鞭打了那个学生。"你做得很糟糕，不是你本该做的，"他说，"你应该做得更好。如果你做得巧妙，他们不会为你鼓掌。"（Aelian, *Various Histories* 2.6）

4. 徒劳。斯多葛主义也将理性的酸浴应用于名声本身，认为它是无用的，无论如何也不会持续很久。马可·奥勒留经常回到这个观点。重复两千年前写的这些主张有一定的讽刺意味，但斯多葛派可能会说这还为时过早。尽管这本书的读者表现出了良好的品味，但现在很少有人熟悉其中的作者。

很快你就会忘记一切；很快一切都会忘记你。（Marcus Aurelius, *Meditations* 7.21）

为死后名望而兴奋的人，不会认为任何记得他的人，还有继承了名望的人会很快死去，直到所有的回忆都被一连串愚蠢地崇拜和毁灭的人抹去。（Marcus Aurelius, *Meditations* 4.19）

还是说这个叫声誉的东西让你担心？看看一切被遗忘的速度，我们两边的无限时间的巨大鸿沟，掌声的空洞，那些似乎在赞美的人的多变、不加区别的本性，这一切发生的狭

小空间。（Marcus Aurelius, *Meditations* 4.3）

约翰逊博士还评论说，即使是那些在我们看来是名声在外的东西，其规模也很小。

> 没有人能令人尊敬或敬畏，除了对他的一小部分同胞。[Johnson, *The Rambler* no. 118（1751）]

> 我们早就相信，每个人在人类集体中所占的比例很小；或者早就了解很少有人会对任何一个人的财富感兴趣，世界上留给任何新的关注对象的空缺是多么少，最耀眼的功绩之火在商业和愚蠢的迷雾中能传播到多小的范围，以及它多快就被其他新奇事物的介入所笼罩。[Johnson, *The Rambler* no. 146（1751）]

马可·奥勒留除了认为对持久名声的渴望是徒劳的以外，还认为这是毫无意义的。为什么有人会在意他们死后人们对他们的评价？

> 人们的所作所为是多么奇怪！他们不愿意赞美与他们同时代生活的人；然而，他们认为，被后代赞扬很重要——被那些他们从未见过、也永远不会看到的人赞扬。这几乎是受委屈，因为那些生活在过去的人对你没有好感。（Marcus

Aurelius，*Meditations* 6.18）

那些试图获得比他们更长久的名声的人没有意识到，未来的人将和他们现在无法忍受的人一样，都是凡人。如果未来的人对你说这样或那样的话，或者对你持有这样或那样看法，那对你有什么意义呢？（Marcus Aurelius，*Meditations* 8.44）

5. 重视自己的判断。我们已经看到，斯多葛派对赞扬和名声的反应有消极的一面：剖析这些东西以显示它们是多么不值。但是斯多葛派不仅仅学会蔑视公众舆论。他们会更尊重自己的观点来取而代之。马可·奥勒留提出了一个问题：为什么我们更担心别人的想法而不是**我们**自己的想法？

我常常想知道，尽管每个人最爱自己，但相比于别人的看法，他对自己的看法更不重视。如果一位神或智慧的老师出现，命令一个人不要有任何他没有立即大声宣布的想法或计划，他连一天都忍不下来。显然，我们更尊重邻居对我们的看法，而不是我们自己的看法。（Marcus Aurelius，*Meditations* 12.4）

其他人的想法不仅仅是一个糟糕的指导来源。它分散了我们自己的思想和我们应该做的所有其他事情。

不要浪费你剩下的时间去思考别人，除非它有什么好的和有用的目的，因为它会让你远离其他工作。想想某某在做什么，为什么，别人在说什么，另一个人在想什么或计划什么，诸如此类的事情，会让你偏离自己的管理原则。（Marcus Aurelius, *Meditations* 3.4）

认真对待自己的看法不仅仅是一种比倾听别人或担心他们可能会想什么还要更好的习惯。这是斯多葛派实践的一个重要部分，它首先在于对自己说实话，而不是重复别人说的话。

请对最爱你的人充耳不闻；他们怀着良好的意愿祈求坏事。如果你想快乐，就向神祈祷说，让他们对你的任何美好愿望都不会实现。他们希望堆积在你身上的那些东西并不是真正的好东西；只有一种好东西，即幸福生活的原因和支撑——相信自己。（Seneca, *Epistles* 31.2—3）

不要再关心世界对你的评价，而是要关心你如何与自己交谈。[Montaigne, *Of Solitude*（1580）]

塞涅卡将这些想法简化为一些建议，告诉我们如何更明智地与自己交谈，而不依赖于听众的观点。例如，在生病的情况下：

一个勇敢的人甚至可以裹着被褥出现。你手头有一项任务：勇敢地与疾病搏斗。如果它不能强迫你做任何事情，或说服你做任何事，你就树立了一个杰出的榜样。如果我们在疾病中被如是观察到，将会有多么丰富的物质财富足以获得荣誉！做你自己的旁观者；寻求你自己的掌声。（Seneca, *Epistles* 78.21）

他还举了一个与自己对话的例子，并很好地说明了保密的好处。

当你想得到真诚的表扬时，为什么要为此而感激别人呢？要赞美自己。要去说："我献身于自由七艺。尽管我的贫穷促使我另辟蹊径，并将我的才能吸引到一个可以从学习中立即获利的领域，但我转向了无报酬的诗歌，致力于对哲学的有益研究……"之后，你要自问关于自己的说法是真是假。如果它们是真的，你会在一个伟大的见证人面前受到表扬，那就是你自己。如果它们是假的，没有人能证明你被愚弄了。（Seneca, *Natural Questions* Ⅳ A, Pref. 14, 18）

蒙田则说：

除了你，没有人知道你是懦弱残忍还是忠实虔诚。别人永远见不到你；他们只是通过不确定的猜测来揣度你。他们看到的不是你的本性，而是你的伪装。所以不要坚持他们的判断；坚持自己的。[Montaigne, *Of Repentance*（1580）]

叔本华说：

大多数人最看重的正是别人的想法，他们更关心别人的想法而不是自己意识中发生的事情，这才是他们最即刻、最直接的感受。他们颠倒了自然秩序——将他人的观点视为真实存在，将自己的意识视为某种模糊的东西；将衍生物和次要物转化为主要，并认为他们呈现给世界的画面比他们自己更重要。因此，他们试图从没有真正直接存在的事物中获得直接的结果，从而陷入了一种被称为**虚荣**的愚蠢行为——虚荣是对没有实质或内在价值的事物的恰当称呼。[Schopenhauer, *The Wisdom of Life*（1851）]

6. 为自己着想。斯多葛派的另一个肯定性分支寻求事物本身的价值——出于它们的良善而不是受欢迎。

一切以任何方式美丽的事物本身都是美丽的，其美是自足的。赞美不是它的一部分；被表扬不会使事情变得更好或更糟。（Marcus Aurelius, *Meditations* 4.20）

他也说得很好——不管是谁，因为他的身份还不确定——当被问到为什么他要为一件永远只会惠及少数人的手艺花费这么大的精力时，他说："对我来说，少数人就够了；一个人也够了；一个人都没有也够了。"（Seneca, *Epistles* 7.11）

斯多葛派的后人认为：

画家或工匠，甚至修辞学家或语法学家试图通过自己的作品为自己赢得一个名声，这也许是可以原谅的；但善良的行为本身就太高尚了，除了自身的价值之外，不可能寻求任何回报，尤其是在人类判断的虚荣心中。[Montaigne, *Of Glory*（1580）]

一个人应该尊重的不是名声，而是值得出名的东西……光是看不见的，除非它遇到了某种东西来反射它；只有当人才的名声传遍世界时，他才能确信自己。但名望并不是功绩的某种表现；因为你可以拥有其中一个，而不需要另一个；或者，正如莱辛所说，**有些人获得了名望，而其他人理应获得名望**。[Schopenhauer, *The Wisdom of Life*（1851）]

7. 侮辱和观点。我们考虑了与社会生活相关的一个问题：对他人良好观点的非理性渴望。另一个问题——实际上是同一问题的另一面——涉及对批评和侮辱的非理性恐惧。一些斯多葛主义的反应是常见的；其他反应对这一挑战而言则是独特的。在熟悉的回答中，我们可以从本书前面的原则开始。有效的侮辱需要受害者的某种合作——例如，判断侮辱是否重要。判决可以撤销或保留。

> 侮辱的成功取决于受害者的敏感和愤怒。（Seneca, *On the Constancy of the Wise Man* 17.4）

> 记住，侮辱你的不是殴打或虐待你的人，而是你认为这些事情是侮辱性的。因此，每当别人激怒你时，请确信是你自己的观点激怒了你。（Epictetus, *Enchiridion* 20）

> 被侮辱是什么？站在一块石头旁，侮辱了它；你会得到什么？如果你像石头一样**倾听**，那侮辱你的人会得到什么？但是如果他在受害者的弱点上有一块垫脚石，那么他就有所成就。（Epictetus, *Discourses* 1.25.28）

8. 对蔑视的蔑视。正如我们在前面的章节中所看到的，斯多葛派通常会提供刚才所展示的解决方案，以应对任何干扰：消除你内心对它负有责任的观点。但也许是因为认识到简单的解决方案可能难以执行，斯多葛派通常也会采取其他或更具体的策略——在这种情况下，还有一些思考侮辱的其他方法。斯多葛派以冷漠、蔑视或欢迎的精神看待对他人的蔑视。除了恐惧什么都可以。首先是漠不关心，这接近于刚才看到的不予理会：

只要任何言行都是真实的，你就认为它值得你去做，不要被别人的评论或批评所分心。如果这样说或做是对的，不要因为说或做了而贬低自己。（Marcus Aurelius, *Meditations* 5.3）

有人会鄙视我吗？这是他的担忧。我担心的是，我不会做或说任何值得鄙视的事。（Marcus Aurelius, *Meditations* 11.13）

不管别人怎么说你，不要在意；这与你无关。（Epictetus, *Enchiridion* 50）

更具侵略性的立场是，如果蔑视是选择得当或赢得了的，它会是受欢迎的：

蔑视仍有待讨论。如果你让它成为你自己的，你就可以控制它的尺度——如果你被鄙视是自己选择的，而不是因为你应得的。（Seneca, *Epistles* 105.5）

如你所知，在去梅特罗纳克斯家的路上，你会经过那不勒斯剧院。这个地方挤满了人，里面激烈地争论着谁是一个好的长笛手。连希腊小号手和报幕员也会吸引观众。但是在演讲厅里，在讨论谁可以被称为好人、如何成为好人的地方，听众很少。在大多数人看来，在场的少数人似乎没有做什么有价值的事情。他们被称为没有头脑的懒汉。让这种嘲弄放到我身上。我应该平静地倾听无知者的侮辱。对于一个正在走向美德的人来说，蔑视本身就应该被视为蔑视。（Seneca，*Epistles* 76.4）

不幸的是，我们对梅特罗纳克斯一无所知，只知道塞涅卡在这类简短的故事中提到了他。

9. 蔑视那些蔑视的根源。一个相关但不同的反应是：不是贬低蔑视，而是贬低或无视发出蔑视的人。

超越侮辱是伟大心灵的标志；最具侮辱性的报复是把你的对手视为不值得报复。许多人在惩罚他们的过程中把轻伤过深地放在心上。伟大而高贵的人，像一头高贵的野兽，面对弱小狗群的吠叫，听得无动于衷。（Seneca，*On Anger* 2.32.3）

谁进入战斗，谁就成为对方的对手，只有在同一水平上才能获胜。"但如果智者被打，他该怎么办？"加图在脸上被击中时做了什么？他没有生气，没有为错误报仇，甚至没有原谅；他说对方没有做错什么。他不承认这件事，比他原谅它时表现出更好的精神。（Seneca，*On the Constancy of the Wise*

Man 14.3）

在爱比克泰特看来，对侮辱感到不安就是向对手投降。

> 如果有人要把你的身体交给碰巧来的人，你会很生气。但是，你把你的思想交给你碰巧遇到的人，如果他侮辱你，你的思想就会受到干扰和困惑——你不觉得羞耻吗？（Epictetus, *Enchiridion* 28）

10. 无尽。这里有一种反复出现的斯多葛派观点：一旦你开始担心别人的想法或言论，要到哪里结束呢？你已让自己容易受到任何伤害。

> 智者不会被任何人的侮辱所触动。因为人与人之间可能会有差异，但智者认为他们都是平等的，因为他们都是愚蠢的。如果他降低自己的地位，让自己被侮辱或伤害所触动，哪怕是一次，他的担忧就永远不会结束。（Seneca, *On the Constancy of the Wise Man* 13.5）

> 自由是拥有一种超越伤害的心灵，一种使自己成为快乐的唯一源泉的心灵，它将自己与一切外部事物分开，避免一个害怕每个人的笑声、每个人的舌头的不平静的生活。因为如果有人可以侮辱，还有谁不能呢？（Seneca, *On the*

Constancy of the Wise Man 19.2）

　　而这种担忧的代价更大。花在这上面的时间本可以花在重要的事情上——这是马可·奥勒留在本章第 5 节提出的观点的另一个版本。

　　所有由不思考的人发出的挑衅——它们只能来自不思考的人——都应该被忽略，而人群的侮辱和荣誉应该被同等重视。我们不能因一方面痛苦，也不能因另一方面欣喜；否则——无论是出于对侮辱的恐惧还是对侮辱的厌恶——我们都会忽略许多必要的东西。（Seneca, *On the Constancy of the Wise Man* 19.1—2）

　　正如我们所看到的，斯多葛派认为追求名望是毫无意义的，因为它不会持续。同样的想法也可以作为对侮辱影响的免疫性的一种来源。

　　别人可能会对你说些什么，让他们担心吧——因为他们会说的。所有这些谈话都将局限于你所看到的那些狭窄区域，也不会对任何人持续很久，而是与人类的死亡一起埋葬，在未来时代的遗忘中消失。（Cicero, *On the Republic* 6.25）

11. 谦逊。对侮辱和其他错误的斯多葛主义反应也可以包括谦逊和接受。我们将在第 8 章中看到，斯多葛主义要求坦率地看待自己的缺点。这种习惯使别人的批评更容易被接受。

> 如果你听说有人说了你的坏话，不要为所说的话找借口，而要回答："显然他不知道我的其他过错，否则他不会只说这些。"（Epictetus, *Enchiridion* 33.9）

> 我们称之为侮辱的事情是什么？他们拿我的秃头、我虚弱的眼睛、我瘦弱的腿和我的身高开玩笑。被告知显而易见的事情怎么会是一种侮辱？（Seneca, *On the Constancy of the Wise Man* 16.3）

对自己的幽默感也往往能战胜别人的嘲笑。

> 嘲笑自己的人不会成为笑柄。众所周知，瓦提尼乌斯生来就是一个被嘲笑和憎恨的人，是一个优雅而机智的弄臣。他拿自己的脚和皱巴巴的下巴开玩笑；通过这种方式，他逃脱了敌人的嘲笑——其中最主要的是西塞罗——他们比他畸形得多。（Seneca, *On the Constancy of the Wise Man* 17.2—3）

普布利乌斯·瓦提尼乌斯（Publius Vatinius）是恺撒的一位保民官和追随者，他很好地说明了塞涅卡所处的时代和地点。蒙田自己则更喜欢另一个：

> 最低微的步行是最安全的。这是恒常的所在。在那里，
> 你只需要你自己，而恒常是自立的，只依靠自己。下面是一
> 个许多人都知道的绅士的例子，它有一种哲学气息，不是
> 吗？他年事已高时结婚了，年轻时是一个非常健谈和爱开玩
> 笑的人。他回忆起戴绿帽子的人经常给他讲故事和开别人玩
> 笑的素材，为了保护自己，他在一个女人可以为钱卖身给
> 任何人的地方找到了一个女人，娶其为妻。他们结成了一
> 个联盟，用这样的话来称呼自己："早上好，妓女！""早上
> 好，绿帽子！"当他在家里招待客人时，没有什么比他的这
> 个计划更经常、更公开的了。它抑制了那些嘲笑者私下里的
> 喋喋不休，减弱了侮辱的力度。［Montaigne，*Of Presumption*
> （1580）］

第九章第 8 节进一步讨论了斯多葛派用幽默来化解攻击的
方法。

12. 错误。假设侮辱是不公正的。在这种情况下，斯多葛派
认为，无论是谁在侮辱，他都不是坏人，只是犯下了错误，而且
在我们恰当地以看待任何犯了错误的人的方式看来——他大多是
一个可怜的角色。

你不必是一个轻视侮辱的智者，而只是一个有理智的人——一个可能会说："发生在我身上的这些事情是我应得的吗？如果应得，就没有侮辱；这就是正义。如果我不应得，就让做不公正的人脸红去吧。"（Seneca, *On the Constancy of the Wise Man* 16.3）

斯多葛派将犯错误的人或其他判断能力差的人，与身体能力下降的人进行比较。我们倾向于宽恕这种身体损害；为什么我们不应该对那些侮辱我们或做错事的人采取同样的态度，因为他们的理解有缺陷？

错误没什么好生气的。现在，我们应该对那些在黑暗中步履蹒跚的人感到愤怒吗？当聋子不听命令时呢？当孩子们忽视了对自己职责的适当关注，而观看了同伴的游戏和愚蠢的笑话时呢？你想对那些因为生病和变老而感到疲倦的人生气吗？（Seneca, *On Anger* 2.10.1）

所以这个强盗，这个通奸者，他们不应该被毁灭吗？一点也不。我们反而要问这个问题："这个在最重要的事情上被误导和欺骗的人，是被蒙蔽了——不是在他的视力、分辨黑白的能力上，而是在他的判断、分辨善恶的能力上——我们难道不应该毁灭他吗？"如果你这样说，你会发现你的问题是多么不人道。这就像说："这个盲人不应该被毁灭吗？

这个聋哑人呢？"（Epictetus, *Discourses* 1.18.5—7）

为什么当我们遇到一个身体损毁或残疾的人时不会生气，却不能心平气和地容忍一个畸形的心灵呢？这种恶毒的严重性更多地反映在批评家身上，而不是缺陷上。（Montaigne, *Of the Art of Conference*）

或者，事实上，侮辱他人或犯下其他形式错误的人可能在我们所有人的共同点上都很虚弱。

在人类的其他不幸中，也有这一个——我们思想的黑暗，与其说是被迫犯错，不如说是渴望犯错。为了不让你对个别的人生气，你必须原谅整个人类，你必须宽容人类。（Seneca, *On Anger* 2.10.1—2）

在一名士兵身上，将军的严厉可能会释放出来；但当全军逃走时，赦免是不可避免的。什么能消除智者的愤怒？众多的作恶者。他知道对普遍存在的恶习感到愤怒是多么不公平和危险。（Seneca, *On Anger* 2.10.4）

最后一个观点：如果你受到了不正当的侮辱，你可以认为这是针对别人的——而你被认为是那个人。这源于误认。这是约瑟夫·艾迪生在他策划的伊壁鸠鲁释义中对斯多葛立场的诠释。

有人会因为你骄傲或坏脾气、嫉妒或自负、无知或贬低而责备你吗？想想他的责备是否真实；如果不是，那就认为你不是他责备的人，而是他辱骂一个假想的人；也许他爱你真正的样子，尽管他讨厌你看起来的样子。如果他的责备是真的，如果你是他眼中的嫉妒的坏人，那就让你自己再转一圈，变得温和、和蔼、可亲，他对你的责备自然就停止了：他的责备也许会继续，但你不再是他责备的那个人。
［Addison, *The Spectator* no. 355（1712）］

相比于蒙田从普鲁塔克和第欧根尼·拉尔修的著作中借用并浓缩的这些轶事：

当马其顿国王阿基劳斯走在街上时，有人向他泼水。国王的侍从说他应该惩罚那个人。"啊，但是他没有把水倒在我身上，"国王回答说，"而是他以为倒在了我的身上。"当苏格拉底被告知人们说他坏话时，他说："一点也没关系。他们所说的都不在我身上。"［Montaigne, *Upon Some Verses of Virgil*（1580）］

13. 同情和宽恕。除了将对手视为因判断力差而残疾之外，斯多葛派还以同情心对待他们。这始于这样一个想法，即那些进攻的人正试图用自己的眼光做正确的事情。没有人**想**犯错。

"每一个灵魂都被剥夺了违背其意志的真理"——同样，也被剥夺了正义、自制、善良和其他一切意志。我们有必要时刻记住这一点，因为这会让你对其他人更温和。（Marcus Aurelius, *Meditations* 7.63）

他引用的哲学家是《智者篇》（228c）中的柏拉图——或者可能是爱比克泰德，他曾经引用过柏拉图的这段话。爱比克泰德本人说：

每当有人对你做错事或说你坏话时，记住，他是在做他认为合适的事。他不可能被你认为正确的东西所引导，而只能被他认为正确的事物所引导。因此，如果他看错了事情，他是受伤害的人，因为他是被欺骗的人……从这个推理开始，你将温和对待侮辱你的人。每次都说："他觉得是这样。"（Epictetus, *Enchiridion* 42）

斯多葛派试图更具体地理解是什么思想导致另一个人进行侮辱或攻击，并慷慨地解释和回应。也许你和你的对手没什么不同。

当有人以某种方式伤害你时，立刻思考是善还是恶导致了他伤害你。因为一旦你看到这一点，你就会怜悯他，你就不会感到惊讶或愤怒。因为你自己对善的理解可能和他一样，或者和另一个同类的人一样。如果是这样，你必须原谅他。如果你不再把同样的事情理解为好或坏，你会更容易对一个你知道是错误的人仁慈。（Marcus Aurelius, *Meditations* 7.26）

最后，对于一个敌对者来说，这是一种安慰：你们两个不久就会死去。

爱那些被绊倒的人也是人类的特点。当你意识到他们是亲戚时，意识到他们由于无知和无意而做错了事，意识到没过多久你们两个都会死，最重要的是，意识到他没有伤害你——因为他没有让你的统治能力比以前更糟，就会发生这种情况。（Marcus Aurelius, *Meditations* 7.22）

在竞技场的早间表演中，我们有时会看到一头公牛和一头熊打在一起。它们互相殴打后，有人等着干掉它们。我们做着同样的事情：我们会激怒与我们有关联的人，尽管胜利者和失败者都很快面临着结局。让我们平静地度过剩下的一点时间吧！让我们的尸体无人憎恨！"着火了"这句哭号在邻里之间经常引发打架斗殴；一只野兽的到来把一个强盗和一个旅行者分开了。一旦更大的威胁出现，就没有时间去与较小的邪恶作斗争了。为什么我们关心冲突和阴谋？你生气的那个人——你能希望他有比死更糟糕的事吗？你什么都不做，他就要死了。（Seneca, *On Anger* 3.43.2—3）

第八章 评估

这一章是关于我们自己的另一系列错误判断：低估当前，低估时间，高估其他无形物品，低估自己，以及通过看到自己的缺陷而误判他人。这些问题的处理不是不可避免的。本章的后半部分与前半部分几乎没有什么关系。但是，这些主题都涉及思想的错误，与斯多葛派在本书中讨论的大多数错误不同，这些错误不涉及欲望、恐惧、快乐或痛苦。每一种都是对价值的误判。

斯多葛派的一些学说也存在于其他传统中。本章展示了一些突出的例子。其中之一是对当下的欣赏。斯多葛派意味着纠正我们对过去和未来的关注；他们认为，我们倾注在记忆、希望和恐惧中的时间大部分都用得不好（尽管并非总是如此，正如我们将要看到的那样）。他们还普遍认为我们没有意识到时间的价值。我们轻率地浪费时间，对浪费时间的警觉比浪费金钱要少，尽管时间最终更有价值。

斯多葛派对时间的分析类似于他们对无形成本和收益的更一般的观点，这也是本章将要考虑的。我们高估了金钱，低估了时间，就像我们高估了物质和他人的认可，却低估了放弃它们所获

175

得的收益。斯多葛派以这种方式看待许多事情。当不好的事情似乎要发生时，它通常有安静的补偿；相反，一旦人们注意到并衡量了令人兴奋的机会的后果，不管是看得见的还是看不见的，这些机会往往比初看起来更昂贵。掌握所有这些有助于斯多葛派在两种情况下走向平稳。

我们对自己和他人的估值错误仍在继续。我们忽略了自己的缺点，但很容易在周围的人身上发现它们。认识到这一点是对宽恕的鼓励。另一个人所做的让你恼火的事情可能不会比你在另一天所做的更糟。但问题也更为微妙：我们谴责别人的恰恰是我们所憎恶但却在自己身上看不到的东西；我们把自己的过错投射到他们身上。因此，斯多葛派为自我认知而努力，并毫不犹豫地承认自己的弱点。

1. 当下。斯多葛派对时间的错误判断很敏感。稍后，我们将看到浪费或误解时间的各种其他方式，但这里我们将研究第一种也是最简单的方式：对当下的忽略。

斯多葛派对我们判断时间的错误的分析与我们判断物质事物的错误之间有相似之处。第五章讨论说，任何东西一旦属于我们，我们就很难满足。当下的时刻也无法以同样的方式满足我们。我们怀着渴望下一次获得的同一种精神去担忧和计划；无论我们期待什么，无论是未来还是新的物体，一旦到来，它看起来就比以往任何时候都更有吸引力。斯多葛派认为，与我们拥有的东西和平相处，而不是追逐我们没有的东西，关注现在，而不是沉湎于过去和未来，可以更好地找到满足感。

关于这一主题的一些斯多葛派评论具有普遍性，认为当下时刻既难以捉摸，又是所有真正存在的时刻。

当下的时间很短——的确如此之短，以至于对某些人来说，它似乎不存在。它总是在运动，它流动，匆匆向前；它在到达之前就停止了。（Seneca, *On the Shortness of Life* 10.6）

记住这一点，我们每个人都只生活在当下不可分割的时刻。其他一切要么已经存在，要么不确定。（Marcus Aurelius, *Meditations* 3.10）

不过，斯多葛派对当下的反思通常更为实际。他们试图解决让人对未来忧心忡忡的坏习惯。部分原因是对过去和未来的想象比当下更难忍受。当下总是可以忍受的。

不要一次想象你的整个人生来打扰你自己。不要总是想着你可能会遭受什么样的痛苦，以及有多少痛苦。相反，在当前的每一种情况下，都要问："有什么是无法忍受和担负的呢？"你会羞于回答。（Marcus Aurelius, *Meditations* 8.36）

记忆使人想起恐惧的折磨，而远见则预见到它们。只有现在才不会让任何人痛苦。（Seneca, *Epistles* 5.9）

没有什么比担心未来事件的结果更可悲的了。还有多少时间，它会是什么样子——在这些问题上，受困的心灵被无法解释的恐惧所烦扰。我们怎样才能摆脱这种沉湎？只有一种方法：让我们的生活不向前看，让它保持自己。那些担心未来的人无法从现在获益。（Seneca, *Epistles* 101.8—9）

当下时刻除了为想象中的麻烦提供避难所之外，还是现实生活发生的唯一地方。如果我们把思虑花在未来上，我们就无法关注现在正在发生的事情，因此无法生活。

想想个人；想想普通人；没有一个人的生活不关注明天。你会问，这有什么害处？无尽的伤害。他们不是真的活着。他们行将活着。（Seneca, *Epistles* 45.12—13）

正如同一条锁链连接着囚犯和卫兵一样，这两件截然不同的事情也会紧跟在一起：恐惧跟随着希望。我并不觉得奇怪。每一个都是一个悬置的头脑的标记，它受到等待未来的困扰。希望或恐惧的主要原因是我们不适应现在，而是把我们的思想远远地抛在前面。因此，远见卓识——人类境况的最大福祉——变成了恶。（Seneca, *Epistles* 5.7—8）

我们从不在家；我们总是在别处。恐惧、欲望和希望将我们推向未来；是什么用未来的事物来分散我们的注意力，甚至在我们不再存在的时候？它们也剥夺了我们对这一问题的感受和关注。[Montaigne, *That Our Affections Carry Ourselves Beyond Us*（1580）]

叔本华对斯多葛观点的诠释是：

那些努力奋斗、满怀希望、只生活在未来的人，总是向前看，不耐烦地期待着即将到来的事情，因为当他们得到它时，它会让他们感到快乐，尽管他们看上去非常聪明，但他们与人们在意大利看到的那些驴子完全一样，他们的步伐可以通过在头上固定一根棍子，末端放一束干草来加快；这总是摆在他们面前，他们一直在努力得到它。这些人对他们的整个存在处于一种持续的幻觉状态；他们继续临时生活，直到最后死去。

因此，我们不应该总是考虑我们的计划，焦虑地展望未来，或者让自己为过去感到遗憾；反之我们永远不应该忘记当下是唯一的现实、唯一的必然。未来几乎总是与我们的期望相反；过去也与我们想象的大相径庭。但是总的来说，过去和未来没有我们想象的那么重要。距离使物体在外界看来很小，但在思想的眼中却很大。只有当下才是真实和实际的；这是唯一拥有全部现实的时间，我们的存在只位于其中。[Schopenhauer, *Our Relation to Ourselves*（1851）]

2. 对过去的使用。 所有这一切听起来好像斯多葛派想要完全生活在当下，但这又有点太过了。斯多葛派认为，未来不应被忽视，也不应在没有计划的情况下实现。他们认为我们应该关注当下；我们应该认真地为属于我们的未来作出决定，但不要浪费精力去思考和担心未来会发生什么。（见第 2 章第 6 节。）至于过去，塞涅卡坚持斯多葛主义的实用主义——也就是说，通过考虑它如何有助于达到更好的心态来决定是否和如何做一件事（在本例中就是回顾过去）。比较这些段落：

> 因此，我们必须根除两件事：对未来苦难的恐惧和对过去苦难的记忆。其中一个我不再关心了。另一个与我有关，但现在还没有。（Seneca, *Epistles* 78.14）

> 只对现在的事物感到快乐的人对自己的享受设定了狭窄的限制。未来和过去都能让我们高兴——一个在期待中，另一个在记忆中——但其中一个是不确定的，可能不会发生，而另一个不能没有发生过。因此，失去对最可靠事物的控制是多么疯狂！（Seneca, *Epistles* 99.5）

最后一段话来自一封关于悲伤主题的信，塞涅卡在信中建议失去亲人的人珍惜他们的记忆。所以他没有说原则上应该避免回忆过去。他不鼓励回忆不好的事情，但鼓励回忆快乐的事情，因为快乐的事情对我们有帮助。斯多葛派的目标不仅仅是准确地看待时间，还要充分利用时间——过去和现在都是如此。普鲁塔克在记忆的好处方面也有类似的建议。

> 我们每个人都在自己的内心保留着平静和沮丧的储藏室——善与恶的酒瓶并不储存在"宙斯的寓所"，而是储存在我们自己的灵魂中——我们在感受上的差异显而易见。因为愚昧的人忽略了眼前的美好事物，因为他们的思想总是着眼于未来；而智者则通过记忆，将那些已不复存在的事物生动地呈现给自己。［Plutarch, *On Tranquility of Mind* 14（473b—473c）］

有关斯多葛派关于记忆的使用的更多信息，请参见第九章第13节。

3. 时间。 从斯多葛派的观点来看，我们不仅看不到当下的意义，也看不到时间的意义。塞涅卡认为，我们大多数人几乎没有意识到它的流逝。

> 就在上一刻，我还是个孩子的时候，坐在哲学家索蒂安的学校里；就在上一刻，我开始在法庭上辩论案件，而就在上一刻，我失去了辩论的欲望，就在上一刻，我失去了能力。时间的速度是无限的——这一点在人们回头看时更为清

晰。它逃避了那些专注于当下的人的注意，它轻率地飞过。你问原因了吗？所有过去的时间都在同一个地方；它们看起来一样，它们躺在一起。一切都落入同一个深渊。（Seneca, *Epistles* 49.2—3）

索提翁（Sotion）是一位来自亚历山大里亚的哲学家，也是塞涅卡的另一位早期教师。他是塞克斯提乌斯（Sextius）学派的讲师，该学派融合了斯多葛派和毕达哥拉斯学派的思想。

即使是谈话、阅读或对某个主题的深刻思考都会迷惑旅行者，他们发现自己在意识到自己即将到达终点之前就已经到达了旅程的终点，就像这段不停、最快速的生命旅程一样，无论是醒着还是睡着，我们都会以同样的速度进行；那些全神贯注的人只有在最后才意识到这一点。（Seneca, *On the Shortness of Life* 9.5）

不注意时间会导致时间的浪费。为了说明这一点，塞涅卡介绍了一个最受欢迎的主题：时间与物质财富的比较。

我们得到的生命并不短暂，但我们让它如此短暂；我们也不缺乏它，但我们浪费了它。正如伟大而高贵的财富在落入坏主人手中的瞬间被分散一样——而财富无论多么有限，如果交给好的守护者，都会随着使用而增加——因此，我们

的生命对于正确命令它的人来说是足够长的。（Seneca，*On the Shortness of Life* 1.4）

约翰逊的变体是：

> 一位意大利哲学家在他的座右铭中表示，**时间是他的财产**；一个产业，如果没有任何一部分因疏忽而被浪费，被有毒植物淹没，或被用作展示而非使用，那么，如果没有耕种，它将一事无成，但将永远丰厚地回报工业劳动，并满足最广泛的欲望。［Johnson，*The Rambler* no. 108（1751）］

约翰逊提到的意大利哲学家是吉罗拉莫·卡尔达诺（Girolamo Cardano 1501—1576），他在图书馆的门上刻着约翰逊提到的那句话"时间是我的财产"（*Tempus ager meus*）。

塞涅卡认为时间是我们拥有的最宝贵的东西——实际上是唯一的东西。但是，我们丝毫没有把我们保护财产时的心意用在保护它上。失去一些现金对任何人都是一种警示；失去一些时间只令很少的人担忧。

> 没有人愿意把钱分给别人；但是，我们每个人的生活被分配给了多少人呢！人们在保护自己的财富方面很吝啬，但在浪费时间方面却挥霍无度——这是一件值得贪婪的事情。（Seneca，*On the Shortness of Life* 3.1）

我们的愚蠢可以从这一点上看出，我们只认为我们已经购买了那些我们用现金购买的东西，而我们却认为那些我们花费了自己的东西是免费的。对于我们不得不用房子来交换的一些我们永远不会愿意购买的东西，或者一些有吸引力的、富有效益的地产，我们完全准备好以焦虑、危险、失去荣誉、失去自由和失去时间为代价来获得这些东西——因为我们认为没有什么东西比我们自己更便宜。（Seneca, *Epistles* 42.7）

卢基里乌斯，一切事物都属于他人；只有我们的时间是我们自己的。大自然让我们拥有了这一短暂而不确定的财产，任何人只要愿意，都可以把我们从它身边赶走。凡人的愚蠢是如此之大，以至于当他们获得了最便宜、最不重要的东西，并且很容易被替换时，他们同意为它们付费；然而，如果有人占用了我们的**时间**，我们都不会认为自己负债——尽管这是一件即使是感激的债务人也无法偿还的事情。（Seneca, *Epistles* 1.3）

塞涅卡提供了一些心理练习，以帮助使时间的价值更加生动。例如，如果我们没有意识到时间比金钱更重要，我们可能会比较那些耗尽时间的人通常感受到的痛苦。

没有人重视时间；每个人都在挥霍，好像它是免费的。但是，看看这些人在生病和死亡的危险临近时是如何苦苦乞求医生的；看看他们在受到死刑的威胁时是如何准备的，他们将花光全部家产以活得更久！（Seneca，*On the Shortness of Life* 8.2）

如果我们每个人都能像对待过去的岁月一样，把未来的岁月摆在我们面前，如果我们只看到剩下的几年，我们会多么震惊，多么吝啬！当你知道自己拥有的东西的数量时，管理它是很容易的，即使它很小，但如果你不知道什么候它可能会消失，你必须更加小心地保护你所拥有的东西。（Seneca，*On the Shortness of Life* 8.3）

这些观点导致人们对自己的时间被另一个人轻易占据的状况感到特别恐慌。

当我看到一些人不停地烦扰别人的时间，以及被要求如此纵容时间时，我常常感到惊讶。他们每个人都在注视着时间所追求的对象，而不是注视着时间本身，就好像他们什么都没有要求，也什么都没有被给予。（Seneca，*On the Shortness of Life* 8.1）

4. 无形的价格，无形的利益。 斯多葛主义呼吁人们关注等式中隐匿的且被忽视的那一半：财富的获得不是通过拥有金钱，而是通过对金钱的漠视；贫困来自放弃我们的时间，以及其他形式的无形得失，而不是财产。这是爱比克泰德反复提及的主题。

> 每当你失去一些外部的东西时，请保持这个想法：你将在交换中得到什么？如果你得到的更有价值，永远不要说"我遭受了损失"——如果你得到了一匹马取代了一头驴，或以一头牛取代了一只羊，或以一件好事取代了一点钱，或以有教养的休闲取代了无意义的闲聊，或以自尊取代了淫秽。（Epictetus, *Discourses* 4.3.1—3）

> 是一点油洒了，还是一点酒被偷了？说"这是平静的代价，这是心灵平静的代价"——因为没有什么是免费的。（Epictetus, *Enchiridion* 12.2）

> 你没有被邀请参加别人的晚宴吗？你没有给主人付晚餐的价钱。他卖它是为了受表扬，他卖它也是为了个人的关注……所以你们没有什么东西可以代替晚餐吗？你当然有：不赞美你不想赞美的人，也不容忍他家门口的人。（Epictetus, *Enchiridion* 25.4—5）

这个想法可以从自己转向他人。在怨恨或嫉妒他们之前，我们应该考虑他们为所拥有的东西付出的代价。

这就是我丢了灯的原因：因为小偷比我更擅长保持清醒。但他以高价买了这盏灯。作为回报，他成了一个小偷，他变得不值得信任，他变成了一个动物。这在他看来是一笔好买卖！（Epictetus，*Discourses* 1.29.21）

这种探究方式并不局限于小偷的明显不当行为。它适用于人们作出的所有选择。公职人员是这种斯多葛式分析的常见对象。

当你看到有人经常穿着办公室的长袍，或者有人的名字在广场上很有名，不要嫉妒；那些东西是以生命为代价买的。（Seneca，*On the Shortness of Life* 20.1）

每当你看到另一个人担任公职时，要以你不需要担任公职这一事实为依据对抗。如果别人很富有，看看你拥有什么。因为如果你一无所有，你会很痛苦；如果你不需要财富来代替财富，要知道你比他拥有更多，价值更大。（Epictetus，*Discourses* 4.9.1—2）

他是总督，我有礼貌；他有将军的军衔，我有自尊。（Epictetus，*Discourses* 4.3.9）

因此，每当我们听到有人说我们的事务无关紧要、微不足道，只是因为我们不是执政官或总督，我们可以回答："我们的事务很精彩，我们的生活令人羡慕：我们不乞讨、无负担、不奉承。"[Plutarch, *On Tranquility of Mind* 10（470f—471a）]

同样，塞涅卡有一种视觉比较的诀窍，可以给生活带来一点意义——这里可以用于通常看起来免费的东西的成本。

因此，在我们所有的计划和活动中，让我们做我们习惯于做的事情。当我们走近一个正在出售商品的路边小贩时，让我们看看得到这件我们心仪的东西要花多少钱。不用付出任何代价的东西往往会以最高的价格出现。我可以向你们展示许多东西，对它们的追求和获取让我们失去了自由。如果这些东西不属于我们，我们将属于我们自己。（Seneca, *Epistles* 42.8）

想象一下下面的场景：财富在举行游戏，她在这群人身上抖出荣誉、财富和影响力。这些小饰品中的一些已经在试图抢夺它们的人手中被撕碎，一些已经被背信弃义的伙伴分享，一些已经对得到它们的人造成很大伤害。一些饰品则落到完全做其他事情的人身上；有些饰品掉到地上，因为人们太努力地想要抓住它们，并从那些贪婪地抢夺它们的人手中撞掉了。但是，即使是那些幸运地得到战利品的人，也没有一个人的快乐能持续到第二天。因此，聪明人一看到小饰品被带进来，就会从剧院里跑出来。他们知道这些小东西的代价很高。（Seneca, *Epistles* 74.7）

一个典型的斯多葛主义结论是：

> 如果你对自由设定高价值，那么你必须对其他一切设定低价值。（Seneca, *Epistles* 104.34）

下面是一段由第欧根尼·拉尔修讲述的犬儒第欧根尼（二人毫无关系）的相关轶事：

> 有一次，正在洗蔬菜的第欧根尼在阿瑞斯提普斯（Aristippus）路过时嘲笑他说："如果你早就学会了吃这些蔬菜，你现在就不会成为暴君宫殿里的奴隶。"但阿瑞斯提普斯回答说："如果你早就知道如何在人类中行事，你现在就不可能洗蔬菜。"（Diogenes Lærtius, *Lives of Eminent Philosophers* 2.8.68）

在此后的复述中，这则轶事的顺序经常被颠倒，并被赋予了一种斯多葛式的味道：阿瑞斯提普斯嘲讽第欧根尼，如果他早就学会讨好国王，他就不必吃扁豆。第欧根尼回答说，如果阿瑞斯提普斯学会了以扁豆为生，他就不必讨好国王了。

纪尧姆·杜·韦尔提供了一种表达我们当前观点的方式：在

嫉妒别人之前，问问你是否愿意接受一个出价，以支付他们为得到他们所拥有的一切而做的事。

> 我发现，大多数时候，我们羡慕别人的财富、荣誉和特权；但是，如果有人对我们说"你可以以同样的价格获得与他们相同的数量"，我们不会想要它。因为为了拥有他们所做的这些事情，我们必须奉承，我们必须忍受侮辱和伤害，我们必须放弃我们的自由。[du Vair, *The Moral Philosophy of the Stoics*（1585）]

5. 自我认识、谦卑。让我们转向另一类自我欺骗：关于我们自身品质的欺骗。正如我们在许多地方看到的，斯多葛派是一种谦逊的哲学。它始于坦诚地评估自己的缺点和愚蠢。在斯多葛派看来，承认弱点并不是弱点；这是通往智慧的道路。

> 哲学的开端——至少对于那些以正确的方式、通过前门掌握哲学的人来说——是在最重要的事情上意识到自己的弱点和无能。（Epictetus, *Discourses* 2.11.1）

伊壁鸠鲁将这一观点表述为一句格言：

> 认识错误是解脱的开始。（Epicurus, 转引自 Seneca, *Epistles* 28.9）

塞涅卡将这一点转化为一种方法：自我检讨。

> 不知道自己有错的人不希望被纠正：你必须先发现自己错了，然后才能做得更好。有些人吹嘘自己的错误；当他们把自己的恶习视为美德时，你认为他们打算采取什么补救措施吗？因此，要尽可能确定自己的罪过。调查自己；扮演检察官的角色，然后是法官，然后才是律师。有时要冒犯你自己。（Seneca, *Epistles* 28.9—10）

约翰逊版本的自我检查是：

> 博学的、明智的、虔诚的布尔哈夫说，他从来没有见过一个罪犯被拖到刑场时都没有问自己："谁知道这个人是否比我更有罪？"当这座城市的监狱被清空、进入坟墓的时候，让每一个看到这场可怕队列的人都向自己的内心提出同样的问题……因为，谁能庆幸自己的一生没有做出比偷一点钱更有害于他人的和平或繁荣的行为呢？［Johnson, *The Rambler* no. 114（1751）］

赫尔曼·布尔哈夫（Herman Boerhaave，1668—1738）是荷兰科学家和哲学家，通常被认为是现代医学的创始人。

6. 爱自己。对于刚刚认可的自我反省的努力，斯多葛派发现了一种抵消力量：爱自己。我们人类总是习惯性地高估自己，忽视或原谅自己的缺点。

> 我们把别人的缺点摆在眼前，把自己的缺点背在背后。（Seneca, *On Anger* 2.28.8）

> 每个人都高估了同伴的冒犯，却减轻了自己的冒犯。［Montaigne, *Of Drunkenness*（1580）］

> 人们的头脑没有什么弱点比忽视自己的过错（无论多么公然）和宽恕自己的过失（无论多么频繁地重复）更容易招致批评的了。［Johnson, *The Rambler* no. 155（1751）］

这些倾向可以归结为它们导致我们犯下的更具体的错误，例如为自己找借口和推卸责任。

> 我们没有人意识到自己是贪婪的。不过，尽管盲人至少需要一个向导，我们却在没有向导的情况下四处游荡，说着："我没有野心，但是在罗马没有别的生活方式。我并不奢侈，但这座城市本身就需要一大笔支出。我易怒不是我的错，我还没有决定一种固定的生活方式——那只是我的青春。"我们为什么要自欺欺人？我们的邪恶不在外面，而在

我们的内心，它就在我们的要害部位——当我们不知道自己生病时，就更难获得健康。（Seneca, *Epistles* 50.3—4）

或者使用双重标准：

"那么，为什么我们会因为敌人对我们犯下的错误而沮丧呢？"因为我们没有预料到它们，或者至少错误没有这么严重。这是过度自爱的结果；我们认为我们应该保持不被我们的敌人触及。我们每个人都有自己的皇家式心态：许可他自己所做的事情，而不许可对他所做的事情。（Seneca, *On Anger* 2.31.3）

让我们设身处地为我们所生气的人着想；从这个角度来看，我们看到我们的愤怒来自对自己的无理看法。我们不愿意承受我们自己本来愿意造成的后果。（Seneca, *On Anger* 3.12.3）

或者让自己容易受到奉承：

我们的主要障碍是我们很容易对自己感到满意。如果我们遇到一个人说我们是好人，我们聪明，我们正直，那么我们会承认这些描述的准确性。我们不满足于适度的赞美：不管有什么无耻的奉承堆积在我们身上，我们都会接受这是我们应得的。我们同意那些认为我们是最优秀、最聪明的人的观点，尽管我们知道他们很容易撒谎。（Seneca, *Epistles* 59.11）

如果你抚摸猫，它会咕噜叫；而且，如果你赞美一个人，他脸上必然会出现甜蜜的喜悦表情；尽管这种赞扬是明显的谎言，但如果这件事是他引以为豪的，那也是值得欢迎的。[Schopenhauer, *The Wisdom of Life*（1851）]

关于这种趋势的顽固性：

为什么没有人承认自己的过错？因为他仍然在他们的控制之下。你在清醒的时候讲述你的梦；承认自己的错误是心智健全的标志。（Seneca, *Epistles* 53.8）

蒙田也提出了一个类似的观点，即为什么很难抓住我们自己的错误判断。我们有限的能力使我们无法意识到自己有限的能力。

人们常说，理智是大自然最公平地分配给我们的礼物，因为没有人对分配给他的份额不满意——这还不够合理吗？因为谁曾经看得更远，谁就能看得更远。我认为我的观点是正确的，但谁不这么认为呢？[Montaigne, *Of Presumption*

（1580）]

斯多葛派的后人提供了一些额外的理论来解释我们清楚地看到自己的缺陷所带来的麻烦。蒙田的另一个理论是，我们以理想化的方式看待自己，就像人们看到他们所爱的任何人一样。

还有另一种荣耀，那就是我们对自己价值的夸大看法。我们用漫不经心的爱来自我吹捧，它向我们展示了本来面目之外的自己。它就像激情的爱，为它所包含的任何主题赋予美丽和优雅，并使那些陷入其中的人，通过他们不安和混乱的判断，认为他们所爱的是另一个，比它更完美。[Montaigne, *Of Presumption*（1580）]

约翰逊提出了一种不同的机制——我们想象别人看不到我们所知道的关于自己的真实情况。

自爱与其说是盲目，往往不如说是傲慢；它不在我们面前隐藏自己的错误，但说服我们认为，它们逃脱了别人的注意，并使我们怨恨指责，以免我们应该承认它们是公正的。我们暗中意识到自己希望从公众的眼中隐藏起来的缺陷和罪恶，用无数的谎言来取悦自己，而事实上，没有人被这些谎言欺骗。[Johnson, *The Rambler* no. 155（1751）]

斯密却有不同的观点：自知是难以忍受的痛苦，所以我们要从另一个角度看。

> 认为自己不好是非常令人不愉快的，以至于我们常常有意地将自己的观点从那些可能使判断不利的情况中移开。他们说，他是一位勇敢的外科医生，当他为自己人做手术时，他的手不会颤抖；他也常常同样大胆，毫不犹豫地揭开自欺欺人的神秘面纱，在他看来，这面纱掩盖了他自己行为的畸形……这种自欺欺人，这一人类的致命弱点，是人类生活中一半混乱的根源。如果我们以别人看待我们的方式，或者以他们知道一切地看待我们的方式看待自己，改革通常是不可避免的。否则我们无法忍受这种景象。[Smith, *The Theory of Moral Sentiments* 3.4.6（1759）]

7. 投射。过度的自爱往往伴随着对他人的冒犯和他们身上的缺陷的敏感。斯多葛派对这最后一种倾向的一个特征特别感兴趣：倾向于为自己身上至少同样令人反感的事情指责他人。有时候，关键是我们批评别人，却没有反思自己有什么相似的缺点。如果我们做的事情和他们做的不一样，我们应该承认我们有能力去做，或者我们做的其他事情也一样糟糕或更糟。

> 每当你因别人的错误而生气时，立即转而寻找自己身上最相似的错误——比如对金钱、快乐、名誉或其他任何

东西的依恋。看到这些，你会很快忘记你的愤怒；你会想到他是被迫那样做的。他还能做什么？（Marcus Aurelius, *Meditations* 10.30）

如果有人能回忆起他自己多少次受到不应有的怀疑，多少次他的好服务机会都披上了错误的外衣，有多少人他曾经憎恨并学会爱，他将能够避免所有仓促的愤怒，特别是当每一次冒犯发生时，他都会首先默默地对自己说："我自己也犯了这种罪。"但是你在哪里能找到这样一个公正的法官呢？（Seneca, *On Anger* 2.28.6）

"那个人已经伤害了我，但我还没有伤害他。"但也许你已经伤害了，也许有一天你会伤害别人。不要只计算这一小时或这一天；考虑一下你思想的整体特征。即使你没有做坏事，你也有能力做。（Seneca, *On Anger* 3.26.5）

但有时问题更为隐蔽。这不仅仅是因为我们批评别人而不反思自己的过错。我们在别人身上看到的恰恰是我们自己身上最不舒服的东西。总之，我们参与投射。

忠诚的最严格的执行者是叛徒，惩罚虚假的人也是作伪证者，而无耻的律师对自己被起诉深感愤慨。（Seneca, *On Anger* 2.28.7）

我们都不体贴、不思考、不值得信任、抱怨、有野心——为什么要用温和的语言来隐藏普遍的伤痛呢？我们都是邪恶的。我们每个人都会在自己身上发现我们指责他人的任何错误……因此，让我们更加友善地对待彼此；我们邪恶，我们生活在邪恶之中。只有一件事能给我们带来和平——一种相互善意的契约。（Seneca，*On Anger* 3.26.4）

普鲁塔克则说：

当我们在倾听而不是说话时，我们在别人身上能更明显地看到思想贫乏、词句空洞、令人反感的举止、飘忽不定的兴奋以及对赞扬的庸俗喜悦等等。因此，我们应该将我们的审视从说话者转移到我们自己，并检查我们是否在不知不觉中犯下了这样的错误……每个人都应该准备好，在观察别人的错误时，向自己重复柏拉图的话："我是否不可能像他们吗？"[Plutarch，*On Listening to Lectures* 6（40c—40d）]

蒙田将这种投射描述为"人类最普遍、最常见的错误"。他继续说道：

我们嘲笑邻居时，每天嘲笑自己一百次；我们憎恶别人身上的那些在自己身上更明显的缺陷，并以一种惊人的无知和羞耻对它们感到惊奇。[Montaigne, *Of the Art of Conference* （1580）]

我们每天、每小时都在谈论别人，如果我们知道如何巧妙地将对自己的观察转向他们，我们就可以更恰当地谈论自己。[Montaigne, *Of Drunkenness* （1580）]

约翰逊也对这种习惯的来源有了想法。有时候，我们怀疑别人，正是因为我们自己值得怀疑，并认为别人也一样。

只有把我们不知道的东西与我们知道的东西相比较，我们才能形成对前者的看法；因此，无论是谁被怀疑，无论是谁要检查每一个建议的技巧和战略，必须要么通过经验或观察人类的恶，并被教导要通过经常遭受或看到背叛来避免欺诈，或者他必须从自己的性格意识中得出他的判断，并归咎于别人同样拥有的、自己身上占主导地位的倾向。[Johnson, *The Rambler* no. 79（1750）]

叔本华认为，我们很难看到自己的恶习，因为我们生活在恶习之中。因此，我们对他人的批评有一个副作用。这让我们无意中瞥见了自己内心最丑陋的一面。

一个人在不知不觉中承受着自己身体的重量，但如果他试图移走它，他很快就会感觉到其他什么事物的重量；同样，一个人可以看到别人的缺点和恶习，但他对自己的缺点和罪恶视而不见。这种安排有一个好处：它把其他人变成了一面镜子，在镜子里，一个人可以清楚地看到他自己本性中邪恶、有缺陷、没有教养和令人厌恶的一切；只是，这通常是狗对着自己的镜像吠叫的老故事；它看到的是它自己，而不是它想象中的另一条狗。

［Schopenhauer, *Our Relation to Ourselves*（1851）］

第九章 情绪

对于今天的许多人来说，斯多葛派意味着"无情"。然而有时，斯多葛派不仅欢迎感受，而且寻求感受。借用我们将在第十一章中遇到的两段话：

> 这是哲学给我们的第一个承诺：同情心、人性和社交性。（Seneca, *Epistles* 5.4）

> 我不应该像雕像一样无情；作为一个虔诚的人，一个儿子，一个兄弟，一个父亲，一个公民，我应该关心我先天的关系和后天的关系。（Epictetus, *Discourses* 3.2.4）

或者回想塞涅卡在第四章末尾的教导："接受你的孩子带来的快乐，并让你的孩子反过来在你身上找到快乐，纵情享受当下欢愉。"这不是一个对感受怀有敌意的人会说的话。但斯多葛派确实试图避免某些类型的感受，特别是那些采取某种形式或上升到某种程度的情绪。那么，斯多葛派偏好哪种感受，标准又是什么呢？

与本书的方法一致，一些基本的答案可以在不详述罗马人以及希腊人发展的全部理论体系的情况下勾勒出来。首先，它有助于将斯多葛派视为不反对感受或情绪（我们一会儿将回到这一区别），而是赞成准确地看待世界，凭理性生活，并与外部保持距离。感受和情绪——任何内心状态——都是多余的，因为它们会干扰这些目标。有时候会。愤怒的人很可能没有作出清晰的判断，一次不明智的依恋很可能是愤怒的基础。塞涅卡在上面提到的同理心是不同的，因为它没有推翻理性，也没有包含对任何外部事物的幻觉或依恋。这些是衡量一种感受是否超出了斯多葛派的欢迎程度的最佳标准：拥有这种感觉的人的幸福是否已经取决于这种感受的主题？这种感受是否模糊了视觉，导致持有者作出错误判断？如果这些问题可以得到否定的回答，那么就没有必要以斯多葛派的立场来贬低一种感受状态，或者任何类似的状态。

用简单的语言来描述刚才解释的区别是很有用的——一种是涉及对外部事物的依恋或威胁理性优先权的内部动荡状态，一种是不具有这些属性的状态。我们没有现成的术语来描述这种差异。为了方便起见，我有时会将第一种状态称为情绪（emotion），第二种状态称之为（纯粹的）感受（feeling）。"情绪"和"感受"的现代定义与此用法不符；我并不是要反驳其他的那些定义，也不是要制造混乱。在这里，这些词仅用作上述实际差异的粗略占位符，这一差异对斯多葛派很重要。

其次，斯多葛派，至少是晚期的斯多葛派（本章主要属于塞涅卡），比他们的声誉有时所暗示的要更现实。塞涅卡并不吝惜感受的涌动——眼泪、颤抖、欲望——只要理性能够控制它们。它们被认为是身体上的冲动。他承认，在失去后悲伤是不可避免的；他像任何非斯多葛派的人一样迅速地消除了对这一点的怀疑。斯多葛派的目标，在他看来，是通过与自己毫无帮助地谈论自然悲伤，并从传统中吸取我们的线索，避免让自然悲伤变得更糟。这些都是人道的建议。如果这会让一些人说塞涅卡是一个不够纯粹的斯多葛派，那么让我们满足于其不纯形式的哲学。

第十三章中的一段话对这些主题进行了进一步讨论。这表明，斯多葛派试图以一种类似于任何人在长期经历后所期望的方式对事件作出反应——那种你在遇到一千次这种情况之后可能会作出的反应。其结果不是一种漠不关心或无情的态度，尽管它可能不会涉及太多情绪。这是老手的姿态。

本章首先对一般性的情绪进行了斯多葛派分析，然后转向其中三种情绪：恐惧、愤怒和悲伤。斯多葛主义提供了应对这三种情绪的方法，这些方法可以很容易地应用于其他类型的情绪。

1. 不可避免性。斯多葛派有时被讽刺为否定情绪在人类经验中的地位。因此，我们可以从展示塞涅卡**确实**为他们让出的位置开始。首先，一些非自愿的反应是无法避免的。

> 卢基里乌斯，有些事情是没有哪种勇气可以避免的；大自然使勇气想起自己必死的命运。因此勇敢的人会对悲伤的

事情皱眉；他会被突然发生的事情吓到；如果站在悬崖边往下看，他会感到头晕。这不是恐惧，而是一种无法被理性克服的自然感受。（Seneca, *Epistles* 57.4）

无论是后天还是先天的事物，都可以通过训练去削弱，但不能克服。一些经常出现在公众面前的人会出一身汗，就好像他们疲累、发烧了一样；有些人在即将发表演讲时，双膝发抖，在某些情况下，还会牙齿打颤，舌头打结，嘴唇颤抖。无论是训练还是经验都无法摆脱这些东西。更确切地说，大自然正竭尽全力告诫我们当中最坚强的人——每个人都有自己的缺点。（Seneca, *Epistles* 11.1—2）

斯多葛派也不相信他们的智者的灵魂能够在他们第一次给他惊喜时抵制幻象和想象。相反，他们承认，他的天性是对来自天空或倒塌建筑物（举例来说）的巨大噪音作出脸色变得苍白和紧张的反应；同样，对于所有其他情绪，只要他的判断保持健全和完整，他的理性所在不会受到任何损害或改变，他也不会同意他的恐惧和痛苦。[Montaigne, *Of Constancy*（1580）]

塞涅卡还承认，更大形式的感受有时不会被否认，无论我们怎么看待它们。悲伤是这样的，我们将在本章后面更详细地讨论它。但斯多葛派的基本目标是通过我们思考这些反应的方式，或通过其他人鼓励我们思考的方式，使这些反应不致恶化。

每当你周围有人试图说服你认为自己不快乐时，不要考虑你听到他们说什么，而是考虑你自己的感受。（Seneca, *Epistles* 13.6）

现在，我是在劝你要铁石心肠，要求你在葬礼上不要流露出任何情绪，拒绝让你的灵魂受到感动吗？完全不是。用活着时观看葬礼的同一双眼睛观看自己的葬礼，而在自己的家庭第一次分崩离析时不为之动容，这是野蛮的，不是勇敢的。假设我禁止了它：有些东西有它自己的权利。眼泪甚至从那些试图阻止他们的人那里落下；当它们落下，他们提起了精神。那么，我们该怎么办？让我们允许它们落下，但不命令它们这样做；要让眼泪与情绪同步，而不是按照要求模仿。让我们不要给悲伤添加任何东西，也不要放大它以匹配他人的例子。（Seneca, *Epistles* 99.15—16）

斯多葛主义提供了描述情绪发展的分类法，它们很难保持条理。然而，要理解的最重要的实践点只是斯多葛派的更大目标：使理性成为一个人的选择、行动和平衡感的基础，并保持与外部的分离。

因此，一种情绪并不在于被事物的外表所感动，而在于

向它们屈服并追随这种偶然的冲动。因为如果有人认为脸色
苍白、流泪、性唤起、深深的叹息、闪烁的眼睛等都是情绪
和精神状态的标志，那他就错了，他不理解这些仅仅是身体
的冲动……一个人认为自己受伤了，想复仇，然后——由于
某种原因被劝阻——他很快又平静下来。我不称之为愤怒，
它只是一种屈服于理性的精神冲动。愤怒是超越理智并将其
带走的东西。（Seneca, *On Anger* 2.3.1—2，4）

2. 恐惧。我们转向特定的情绪，并将恐惧视为其中之一。
它符合本章的定义，因为它是一种有时会干扰理性和判断的感受
状态。斯多葛派的技巧现在对我们来说已经很熟悉了：找出某种
心态或对世界的反应方式中的愚蠢，然后提出合理的方法来改造
它。首先，恐惧的问题是它会增加我们的问题。如果某件事在晚
些时候到来时会变得糟糕，那么当我们通过恐惧将它们拉到现在
时，我们会增加它的影响。为什么要遭受两次痛苦？

如果愚蠢害怕某种邪恶，它会被对邪恶的预期所拖累，
就好像邪恶已经来临一样。它害怕遭受的，已经因为害怕而
遭受了……那么，还有什么比被即将到来的事情折磨更疯狂
的呢——不是为真正的痛苦保存体力，而是召唤和加速你的
不幸？如果你不能摆脱它，你应该推迟它。（Seneca, *Epistles*
74.32—34）

恐惧不仅仅带来不幸。这还会使不幸透支。

> 卢基里乌斯，有更多的事情让我们害怕而不是影响我们；我们常常在猜测中受苦，而不是在现实中……我们放大了我们的悲伤，或者我们想象它，或者我们超越了它。（Seneca, *Epistles* 13.4—5）

恐惧除了使我们忍受两次或多次本该只忍受一次的痛苦之外，还破坏了对当下的享受。即将到来的痛苦还没有到来，所以我们无法感受到它，除非我们通过思考把它强加给自己。同时，如前一章所述，这里**目前**的情况可能是可以忍受的。

> 当一个人的思想担心未来，在它的不幸开始之前就感到痛苦，担心它会永远抓住那些带给它快乐的东西，这是毁灭性的。因为这样的思想永远不会休息，在等待未来的过程中，它失去了它本可以在现在享受的东西。害怕失去一件东西和后悔失去它一样糟糕。（Seneca, *Epistles* 98.6）

> 过去的事和未来的事都不存在；我们两个都感觉不到。除了你的感受，没有什么痛苦。（Seneca, *Epistles* 74.34）

恐惧也会让我们变得更糟糕，因为它会让我们思考、做出愚蠢和懦弱的事情。

好吧，那么，我们像鹿一样行动。当它们受到惊吓，逃离猎人向它们挥舞的羽毛时，它们会转向哪里，向哪个安全的地方撤退？到陷阱里去。他们因为把应该被视为恐惧的东西和可能被视为自信的东西混为一谈而被摧毁。（Epictetus, *Discourses* 2.1.8）

蒙田讲述了一系列类似的灾难，涉及那些因恐惧而陷入错误和耻辱的人。他的结论是：

我最恐惧的是恐惧。［Montaigne, *Of Fear*（1580）］

最后，恐惧和其他情绪一旦开始就会累积。这就是为什么塞涅卡对适度放纵情绪的可能性持怀疑态度。

如果理性占上风，情绪甚至不会开始；而如果他们开始无视理性，他们将继续无视理性。一旦他们聚集力量，阻止他们的开始要比控制他们容易得多。因此，这种"适度"是欺骗性的，也是无用的：我们应该以同样的眼光看待它，就像有人应该建议"适度疯狂"或"适度厌烦"。（Seneca, *Epistles* 85.9）

因此，斯多葛派认为恐惧类似于疾病或奴役形式。对哲学家来说，征服它是一个非常重要的任务。

即使没有什么错，也没有任何事情在未来肯定会出错，大多数凡人还是都存在于焦虑的狂热中。（Seneca，*Epistles* 13.13）

没有一个害怕、痛苦或烦恼的人是自由的；无论谁从痛苦、恐惧和烦恼中解脱出来，他也同样从奴役中解脱出来。（Epictetus，*Discourses* 2.1.24）

3. 恐惧的解药：理性审视。从斯多葛派的角度来看，恐惧是对未来的看法。这些观点可以归结为恐惧者必须相信的一系列事情，即使他们没有意识到或表达清楚——相信某件事将会发生，相信它将是可怕的，值得现在就为之烦恼。斯多葛派认为大多数这样的命题是错误的，并会通过拆除它们来战胜恐惧。首先，我们应该直接检查可怕的东西，并严格检验它们的真实性。

我们不要用争论来反驳和推翻引起我们恐惧的事物；我们不研究它们；我们战战兢兢地撤退，就像士兵们因为狂奔的牛群而扬起的尘云而放弃了营地，或者因为一些真实性未知的谣言的传播而陷入恐慌。不知何故，最让我们不安的是虚假的报道。因为真理有它自己明确的界限，但不确定性产生的东西被交给了猜测和恐惧中的头脑的准许。（Seneca，

Epistles 13.8）

如果理性审视不能消除恐惧，我们可以调整我们的证据标准，直到它消除恐惧；塞涅卡邀请我们以对我们有利的方式操纵游戏。我们不妨这样做，因为对手也不公平竞争。这是另一个在哲学上有问题、但在心理学上很好的例子。

把希望和恐惧放在一起衡量。当一切都不确定时，支持你自己的一方：相信你喜欢的。如果恐惧获得了更多的选票，还是要更多地向另一个方向弯曲，不要再麻烦自己了。（Seneca，*Epistles* 13.13）

4. 不要自找麻烦。对恐惧的下一个反应是：害怕的事情可能不会发生。我们常常没有充分考虑到这种可能性。因为担心的事情可能不会发生，所以我们为之烦恼是愚蠢的。恐惧不会让我们在本可以遭受一次痛苦的时候遭受两次痛苦，反而会让我们在原本根本不需要遭受痛苦的时候遭受痛苦。

那些让你害怕的、好像即将要发生的事情，可能永远不会发生；当然它们还没有来。有些事情折磨我们的程度超过了它们应该折磨的程度，有些事情在它们应该折磨我们之前就发生了，有些事情则根本不应该折磨我们。（Seneca，Epistles 13.4—5）

　　未来很可能会发生一些坏事，但现在不会发生。意外发生的频率有多高！期望从未实现的频率有多高！……许多事情可能会介入，导致迫在眉睫或当前的危险停止，或结束，或越过自己、威胁他人。火灾打开了逃生通道；一场灾难让一些人微微沮丧；剑有时从喉咙处拔出；人们从刽子手手中幸存下来。即使是不幸的命运也有其怪癖。也许会，也许不会；与此同时，情况又并非如此。（Seneca, *Epistles* 13.10，11）

当塞涅卡推动这一思路时，他说他不是一个斯多葛主义者。然而，其结果与他的其他想法完全吻合。然而，这是本书中众多的纯粹主义者可能认为是一个斯多葛主义者的、而不是斯多葛派启示。

　　只有那些肯定会在某个特定日期到来的恶才有权利来打扰我们；很少有恶能符合这一描述。因为恶有两种；要么他们只是可能的，这是最有可能的情形；要么它们是不可避免的。即使在恶肯定会发生的情况下，它们发生的时间也是不确定的。一个总是为这两种恶作准备的人将不会有片刻安宁。因此，如果我们不会因为害怕邪恶而失去生活中的所有舒适，有些邪恶本身是不确定的，有些恶在发生的时候是不确定的，我们应该把一种恶视为永远不可能发生，而把另一种恶视为不可能很快发生。[Schopenhauer, *Our Relation to*

Ourselves（1851）〕

5. 如果它发生了呢？ 最后，假设你的恐惧最终实现了。如果现实地看，也许它们毕竟不是那么糟糕；或者它们的最终后果可能比看起来更难判断。在任何情况下，您都将使用相同的资源来处理这些问题，这些资源允许你在此时此地进行处理。

> 我将通过另一条途径引导你进入内心的平静：如果你想抛开所有的担忧，那么就假设你担心的事情肯定会发生。无论邪恶是什么，你都要在你自己的头脑中衡量它，并估计你的恐惧程度。你很快就会明白，你的恐惧要么不是很大，要么就是持续时间不长。（Seneca, *Epistles* 24.2）

> 如果其他人说："也许最坏的事情不会发生。"你说："如果发生了呢？让我们看看谁赢了。也许这件坏事的发生是为了我的利益，这样的死亡会让我的生活更体面。"服毒使苏格拉底伟大。从加图手中撬出剑——他自由的捍卫者——你就夺走了他的大部分荣耀。（Seneca, *Epistles* 13.14）

第十章第 8 节更详细地讨论了这一主题——我们担心的事情有时会变成最好的方式。

> 不要让未来的事情打扰你。因为如果需要的话，你可

以带着你现在处理当前事物时所用的同样的理由来找它们。
（Marcus Aurelius, *Meditations* 7.8）

6. 愤怒。这是塞涅卡讨论得最广泛的情感。关于愤怒的危险和代价：

> 如果你看看愤怒的影响，看看它造成的伤害，就会发现没有一种瘟疫比这更让人类付出代价。你会看到屠杀和中毒，诉讼人的相互诽谤，城市的衰败和整个国家的毁灭；王子在拍卖会上被卖为奴隶，房屋被付之一炬，大火不局限在城墙之内，而是在燃烧着敌人火焰的广阔乡村。（Seneca, *On Anger* 1.2.1）

> 理性只考虑它谈到的问题；愤怒是由案件之外的小事引起的。过度自信的举止、过于响亮的声音、不受限制的言论、过度精致的着装、过度的宣传、公众的欢迎——所有这些都会激起愤怒。很多时候，它会谴责被告，因为它讨厌他的律师；即使真理堆积在它的眼前，它也喜欢错误并坚持错误；它拒绝被说服，并认为坚持错误的开始比后悔更值得尊敬。（Seneca, *On Anger* 1.18.2）

> 巨大的愤怒以疯狂告终，因此应该避免愤怒——不是为了节制，而是为了理智。（Seneca, *Epistles* 18.15）

塞涅卡可能对愤怒特别感兴趣，因为在他那个时代，愤怒的潜在破坏力得到了充分展示。例如，他写到了维迪乌斯·波利奥（Vedius Pollio）的愤怒。当维迪乌斯对他的奴隶感到愤怒时，他就把他们喂给他的七鳃鳗——一种长着牙齿、长得像鳗鱼的吸血鱼类，在罗马是一种受欢迎的美食（我们在第五章中顺便见过它们）。当维迪乌斯的一个奴隶因为打碎了一个水晶杯而被命令以这种方式处死时，奥古斯都恰好来作客。根据塞涅卡的说法，奥古斯都下令饶了这个奴隶的命，并当着维迪乌斯的面打碎了他的其他杯子。如果塞涅卡在这里，他可能会引用这类问题发生率的下降作为进一步的证据，证明我们愤怒的程度和表达取决于我们自己。

7. 愤怒是一种观点。愤怒确实提供了一个很好的例子，说明了观点或判断在形成情绪中的必要作用。虽然愤怒可能会有自己的生命，但它是由我们对其主题的信念开始和支持的。我们可以通过思考任何真实的愤怒案例，观察如果发现情绪基于错误的信念，它是如何改变或消失的。你认为你的货物是不小心损坏的，但它们原来是别人的。你认为有人故意对你做了坏事，但后来发现这是一个单纯的错误。感受遵循事实，或者更确切地说是你对事实的想法。斯多葛派认为所有的愤怒案例都可以接受这种分析。即使支持愤怒的事实细节并没有像刚才描述的那样有错误，愤怒也必须取决于其他信念，这些信念从斯多葛主义的角度来看肯定是错误的——比如认为这个主题值得生气。

毫无疑问，愤怒是由我们被冤枉的印象引起的。然而，问题是愤怒是否会立即从这种印象中产生，并不需要头脑帮助，还是只有在头脑的合作下才会产生。我们的观点是，它本身不冒险，只在得到头脑认可的情况下行动。它会形成受到伤害的印象并想为之报仇，然后将两个命题结合在一起：一个人不应该受到伤害；一个人应该报仇——这不仅仅是没有我们意志的头脑的冲动。（Seneca, *On Anger* 2.1.3）

因此，对于愤怒和其他类似问题，斯多葛派的第一个补救办法是回到第一章：将其视为一种观点，并随它去。

你仍然愤怒和抱怨，而且你不明白，在你提到的所有罪恶中，真正的只有一个——你愤怒和抱怨。（Seneca, *Epistles* 96.1）

如果我们举重若轻，那么没有什么是沉重的；如果一个人不加上自己的愤怒，就没有什么必要激起愤怒。（Seneca, *Epistles* 123.1）

困扰我们的不是人们的行为（因为这些行为是他们自己控制和推理的问题），而是我们对他们行为的看法。去掉这些观点——摒弃你认为这是件可怕的事情的判断——你的愤怒也会消失。（Marcus Aurelius, *Meditations* 11.18）

8. 幽默的使用。 但是，正如我们在书中早些时候看到的那样，斯多葛派明白，以这种方式消除内心的干扰并不总是可能的。因此，我们在这里看到了与第七章第 8 节（关于侮辱的处理，一个与我们当前的话题密切相关的话题）相同的模式：除了将愤怒视为一种可以放弃的观点之外，斯多葛派还提供了其他补救方法——重新引导思维，用更好的想法代替无效的想法。对愤怒的一种反应是轻描淡写其原因。斯多葛主义者需要良好的幽默感。

我们应该让自己看到，人群中所有的恶习不是可恨的，而是可笑的；我们应该模仿德谟克利特而不是赫拉克利特。至于后者，每次他走到公共场合，都会哭；前者则过去常笑。一个人认为我们所做的一切都是不幸的，另一个人认为是荒谬的。事情应该轻描淡写、平易对待：嘲笑生活比哀叹生活更文明。（Seneca, *On Tranquility of Mind* 15.2）

德谟克利特和赫拉克利特是苏格拉底之前的希腊哲学家。赫拉克利特死于公元前 5 世纪早期，德谟克利特则在不久后出生。德谟克利特因发现万物的喜剧一面而被称为笑的哲学家，赫拉克利特因其黑暗的观点而被称为哭的哲学家。以这种方式将两者配对显然是塞涅卡童年时的老师之一索提翁的发明。

值得注意的是，斯多葛主义并不提倡以牺牲他人为代价的笑。

> 最好平静地接受普通的行为和人类的恶习，不要爆发出笑声或眼泪；因为被别人的痛苦所伤害是永远的痛苦，而享受别人的痛苦是一种不人道的快乐。（Seneca, *On Tranquility of Mind* 15.5）

斯多葛派完全赞同这种以牺牲自己为代价的、关于一个人受到的侮辱的良好幽默。谦逊的幽默可以解除对手的武装，并使其使用者成为不那么吸引人的攻击目标（见第七章第 11 节）。幽默还有其他用途，斯多葛派也认识到了这一点；一个设法被攻击逗乐的人会超越它，并削弱攻击者。然而，最重要的是——对我们来说——幽默可以使愤怒消散。

> 让我们看看那些我们赞扬其宽容的人的例子——比如苏格拉底，他以幽默的态度接受了在喜剧舞台上出现的以自己为代价的公开玩笑，比如他的妻子赞西佩用茶壶浇他。安提西尼被嘲笑，因为他的母亲是一个蛮族，是色雷斯人；他回答说，连众神之母都来自［克里特岛的］艾达山。（Seneca, *On the Constancy of the Wise Man* 18.6）

有各种方法可以抑制愤怒。很多事情可以变成一场游戏，一个笑话。他们说，当苏格拉底有一次头部受到打击时，他只是说，人不知道什么时候应该戴头盔出去，这太糟糕了。重要的不是如何进攻，而是如何接受进攻。（Seneca, *On Anger* 3.11.2）

当加图在辩论一个案子时，伦图卢斯（Lentulus）——那个被我们的父辈铭记的暴力的信徒——积攒了尽可能多的浓唾液，朝加图的额头中央吐了一口。加图擦了擦脸说："我向大家保证，伦图卢斯，当他们说你不值得吐口水时，他们是错的。"（Seneca, *On Anger* 3.38.2）

最后一段涉及一个双关语，不能很好地从字面上翻译。加图告诉伦图卢斯的是，他们说他没有嘴是错误的；这是一场拉丁语文字游戏。我想用英语提出一些类似的情形。

如果有理发师推搡，有些人会被冒犯；他们从看门人的粗鲁、服务员的傲慢和仆人的不屑中看出了一种侮辱。这样的事情会引来多大的笑声啊！当你将自己内心的平静与他人的失误形成对比时，你的内心应该充满什么样的满足感呢！（Seneca, *On the Constancy of the Wise Man* 14.1）

相信我，这些让我们兴奋不已的事情都是小事，就像那些让孩子们吵架和打架的小事。尽管我们如此悲剧性地对待它们，但没有一个是严重的问题；没有一个是重要的。我告诉你，**这**就是你的愤怒和疯狂的根源——你如此重视琐事的事实。（Seneca, *On Anger* 3.34.1—2）

9. 对延迟的使用。一些简单的斯多葛主义建议是：生气时先等一等，再采取行动。第十三章的第一篇文章将表明，斯多葛主义是一条通向随着时间的推移而自然产生的心态的捷径。这里的观点正好反过来：那些不能通过哲学来努力保持平静的人，可以通过使时间流逝来实现这一目标。

> 对愤怒最好的纠正在于拖延。从愤怒开始就要作出让步，不是为了它可以原谅，而是为了它可以判断。它的第一次袭击是沉重的；如果它等待，它就会停止。不要试图一下子把它毁掉；零星进攻，它就会被彻底征服。（Seneca, *On Anger* 2.29.1）

> 我们中间有谁会如此严厉地鞭打和惩罚一个奴隶，因为他在五天、十天前烧掉了食物，或者打翻了桌子，或者在被召唤时迟迟不来？然而，正是这些事情——当它们刚刚发生并在我们脑海中浮现时——让我们感到不安，使我们变得严厉和难以忍受。因为就像透过雾看到的尸体一样，透过愤怒的雾看到的东西看起来比实际情况更大。［Plutarch, *On*

Controlling Anger 11（459f—460a）〕

10. 避免愤怒的原因。这里有更多的斯多葛实用主义。避免愤怒的一个好方法是避免可能引起愤怒的情况，或者至少避免以我们可能会觉得诱人的方式寻求愤怒。塞涅卡观察到，人们有时想知道关于他们的、可能会引起怨恨的任何言论。但是，这些挑衅行为很难被清楚、公正地看到，因此我们通常对其一无所知。

你不想易怒吗？那就不要好奇。那些试图了解别人对自己说了什么的人，那些挖出恶意流言蜚语的人，即使这些是私下里发生的，也只会让自己心烦意乱。我们的解释可能会让事情看起来像是侮辱，有些应该放在一边，有些应该嘲笑，有些应该原谅。（Seneca，*On Anger* 3.11.1）

塞涅卡赞扬了统治者表现出的这种自制力，他们拒绝暴露自己的愤怒根源。

伟大的尤利乌斯·恺撒在内战胜利中表现出了同样的品质，表现出了如此的仁慈。当他发现可能渴望加入反对派或中立派的人写给庞培的信包时，他把它们烧掉了。无论他的愤怒倾向多么温和，他宁愿避免任何这些场合。他认为，最优雅的宽恕形式是不知道他们每个人可能犯了什么罪。（Seneca，*On Anger* 2.23.4）

　　鉴于斯多葛派通常坚持朴实的真理，人们可能希望他们更充分地讨论了什么时候不知道比知道更好。但是，对于日常斯多葛派来说，认识到这是一个应该比平常更谨慎地回答的问题就足够了。

　　同样的限制也可以应用于内部——也就是说，一旦我们听到了事情之后该如何解释它们。塞涅卡看到，我们有时会有愤怒的欲望，或者无论如何都来不及找不到愤怒理由。我们应该转向另一个方向，慢慢地把别人说的话理解为冒犯性或敌意，并学会不信任可疑的本能。

　　　　猜疑和猜测——那些欺骗性的挑衅——应该从头脑中消除。"这个人没有礼貌地问候我；我亲吻他时他没有拥抱我；他突然中断了谈话；他没有邀请我吃饭；他试图避免见到我。"怀疑的理由永远不会少。但我们需要直截了当，以最好的眼光看待事情。我们应该只相信我们眼中的东西，而这些东西是显而易见的。每当我们的怀疑被证明是毫无根据的时候，我们就应该责备自己的轻信；这种指责会养成迟疑的习惯。（Seneca, *On Anger* 2.24.1—2）

　　斯多葛派通常不会停下来承认，仅仅因为我们生来具有不同的性情，有些人的反应可能比其他人更容易驯服。但塞涅卡有时确实谈到这一点。我们在本章第 1 节和第六章第 9 节（关于快乐和游戏）中看到了一些例子，在这些例子中，他区分了暴躁性格所面临的挑战和那些可能被形容为干燥或湿润的挑战。当涉及愤怒时，有些人也需要采取不同的预防措施。

> 至于自然，我们很难改变它，我们可能不会改变我们出生时一次性结合在一起的各种元素；但尽管如此，知道性情暴躁的人应该远离酒是有益的（柏拉图认为酒应该禁止儿童饮用），以反对火上浇油。（Seneca, *On Anger* 2.20.2）

> 任何一个容易发怒的人都应该戒掉稀有的、做工奇特的东西，比如酒杯、密封圈和宝石；因为他们的损失比那些普通的、容易买到的东西更让他们的主人失去理智。这就是为什么尼禄建造了一个八角帐篷。这是一个巨大的东西，因为它的美丽和昂贵而值得一看，塞涅卡说："你证明了自己是一个穷人，因为如果你失去了它，你就没有办法再得到一个像它一样的帐篷。"事实上，确实如此，运送它的船沉没了，帐篷也丢失了。但尼禄记住了塞涅卡的话，并以更大的节制承受了他的损失。[Plutarch, *On Controlling Anger* 13（461f—462a）]

尼禄是一个杀人如麻的刽子手——他杀了他的竞争对手、他的第一任妻子、他的母亲，以及其他各种人（最终包括塞涅卡）；所以人们可能会想，普鲁塔克写这段话是不是带有某种讽刺意味。但在这种情况下，尼禄的"更大的节制"是什么样子却没有被记录下来。

11. 无尽的愤怒。 塞涅卡认为，如果愤怒是由外部原因引起的，那么这种愤怒是持续存在的；生活中充满了烦恼的理由。

> 还有什么比智者的情绪依赖于他人的邪恶更不值得呢？伟大的苏格拉底会不会失去把出门时的眼神带回家的能力？如果智者因卑鄙的行为而愤怒，如果他因犯罪而心烦意乱，那么没有什么比智者的命运更可悲的了；他的一生将在愤怒和悲伤中度过。在什么时候他才不会看到自己不赞成的东西？（Seneca, *On Anger* 2.7.1）

这段话暗指了苏格拉底的妻子赞西佩所说的关于他的话："当城邦被无数苦难所压迫时，苏格拉底仍然以同样的表情出门和回家。因为他在任何场合都心平气和、愉快，远离悲伤，最重要的是远离恐惧。"（Aelian, *Various Histories* 9.7）

塞涅卡在上一段摘录中使用的论点模式——"永无止境"式论点——在斯多葛主义中很常见：如果你曾经对 X 感到不安，你应该意识到 X 的机会无处不在，所以你最好一直不安下去——要么理智一点，永远（或经常）停止对 X 的不安。我们已经看到这种想法被应用于对侮辱的敏感度，应用于担心别人的想法，现在也被用于对错误行为的愤怒。在别的地方，塞涅卡将其应用于悲伤：

> 来吧，看看你的周围，看看所有的凡人——在每一个地方都有充分和持续的理由哭泣……。眼泪会比悲伤的原因更快地让我们失望……。这就是我们的生活方式，所以我们应该有节制地做这件我们必须经常做的事情。（Seneca, *Consolation to Polybius* 4.2—3）

12. 没有愤怒的正义。在结束我们对愤怒的讨论时，我们可以简要反思一下，是否需要支持正义等价值观；斯多葛派对愤怒的反对有时会引发人们的疑问，即他们是否是和平主义者，是否过于超脱而不关心纠正错误。完全不是。斯多葛派的性格影响着司法和追求善的精神，但它并不意味着对这些事情的**实质**持温和的看法，也不意味着在实现这些事情时胆怯。

> 如果需要的话，推理要默默地、悄悄地消灭整个家庭的根和枝，以及与妻子和孩子一起摧毁国家的瘟疫家庭；它摧毁了他们的房屋，把他们夷为平地，消灭了自由的敌人的名字。所有这一切都会发生，但不会咬牙切齿，不会剧烈摇头，没有什么对于法官来说不合适的举动，因为法官的表情在任何时候都不应比宣判重刑时更平静和无动于衷。（Seneca, *On Anger* 1.19.2）

斯多葛派法官，本着冷静医生的精神，关心的是威慑和康复——其对象是社区的利益和罪犯的利益，在非常广泛的意义上——而不是惩罚。关于这样一位法官可能会怎么想，一些进一步思考如下：

> 他将着眼于未来，而不是过去。因为正如柏拉图所说："一个理智的人不会因为一个人做了错事而惩罚他，而是为了阻止他做错事；因为虽然过去无法回忆，但未来可能会被阻止。"他将公开杀死那些他希望处理为迟迟不会屈服的邪恶的榜样的人，与其说是为了让他们自己被摧毁，不如说是为了让他们的自我摧毁可以阻止其他人。这些都是一个人必须权衡和考虑的事情，你可以看到，当他着手处理一件需要极其谨慎地处理的事情——使用权力决定生死——的时候，他应该在多大程度上摆脱一切情绪。[Seneca, *On Anger* 1.19.7（引自 Plato, *Laws* 11.934）]

斯多葛派认为为行善而战斗至死是一种荣誉，并且拥有足够宽广的视野来确定冲突双方的美德。

> 西庇阿是伟大的，他围攻努曼西亚，并约束和迫使他无法征服的敌人采取自毁手段。防御者的灵魂也是伟大的——他们知道，只要死亡之路畅通，封锁还没有完成，他们就在

自由的怀抱中呼吸最后一口气。(Seneca, *Epistles* 66.13)

努曼西亚——第四章也提到，是公元前 134 年被罗马人围困的西班牙城市。围困持续了 13 个月，最后居民自杀而非投降。对于希望保持西庇阿立场的读者来说，这里提到的是小西庇阿，他是大西庇阿（约 60 年前击败汉尼拔的罗马将军）的养孙。两者都不能与梅特卢斯·西庇阿混淆（见第四章第 7 节）。

正如这些段落所示，斯多葛式的超然并不意味着缺乏对世界的投入，也不意味着不愿在其中采取行动。斯多葛式的超然是一种保持个人平衡和准确看待世界的技巧。正义的要求是另一回事，对斯多葛派来说也是非常重要的。关于如何花时间和精力的选择同样是另一个独立的问题——在这个问题上，斯多葛式的建议与退缩正好相反。（有关这些问题的更多信息，请参阅第十一章。）

这些段落，以及进行了更长时间的讨论，仍然可以提出更多问题。斯多葛主义者到底是如何以其超然的态度找到为事物而努力奋斗（或者说投入一切）并取得成功的意愿或动机，同时又不**太**关心它们，或者（说得更好一些）不以错误的方式关心它们？一种可能性是，他们对自己的斯多葛主义稍有不忠，有时对外部的投入比他们所说的要多。我们在塞涅卡身上会不时看到这种情况。但也有更令人满意的答案。善良的斯多葛主义者在处理任何特定事件时都会保持冷静，他们可能会坚定地致力于理想，从而使案件仍然被视为紧急事件。最好的医生非常关心他们的病人，并且会努力帮助他们中的任何一个。他们确实全力以赴。但这些医生往往不会对此感到情绪化，且很快就能摆脱任何个人的失败。（他们必须这样做。）这种近似的心态，结合了承诺和超然，是一种思考斯多葛派更普遍追求的平衡的方式。我们将在第十三章回到这一思路。

13. 悲伤。斯多葛派对待情绪的方法面临的最大挑战可能是无法避免的对损失的悲伤。后来的作者在对早期斯多葛派的描述中，对这个主题提出了一个相当不妥协的观点。塞涅卡对悲伤的看法更为谨慎。他承认，在某些情况下，没有人能够避免悲伤，而他并不认为这是一个错误。相反，他声称，当我们用我们的思想喂养和催促它时，自然的悲伤会产生过度的风险。

a. 悲伤和观点。

"但为亲人悲伤当然是自然的。"谁会否认这一点——只要它在适当的范围内？仅仅是离别，更不用说失去了我们最亲爱的人，就能让最坚强的心也会不可避免地刺痛和紧张。但期望给我们的悲伤增加了比大自然所要求的更多的东西。（Seneca, *Consolation to Marcia* 7.1）

当痛苦的死讯第一次袭击我们时，当我们抱着即将从怀抱中离去的身体，一种自然的冲动会让我们流泪；生命的气息，悲伤的打击，震动了整个身体，同样也震动了眼睛，从中压出并排出周围的湿气。这样的眼泪，被迫流了出来，违背了我们的意愿。当我们回忆起那些我们已经失去的人时，另一种眼泪就消失了：我们允许流下这些眼泪，但前一种眼泪战胜了我们。（Seneca, *Epistles* 99.18—19）

我们所教的是可敬的：当情绪从我们身上夺走了一些眼泪，也就是说停止了发泄，我们的心灵就不会陷入悲伤。（Seneca, *Epistles* 99.27）

塞涅卡小心翼翼地将自己的立场与他认为不太合理的其他立场区分开来。他可能在这里谈论了其他斯多葛派：

我很清楚，有些人的智慧是苛刻的，而不是勇敢的，他们否认智者永远会悲伤。但在我看来，这些人永远不可能遇到这样的不幸；如果他们遇到了，命运就会把他们引以为豪的哲学从他们身上摧毁，迫使他们承认真相，甚至会违背他们的意愿。如果理性只把过度和多余的东西从悲伤中去掉，它就已经足够了；理性不应该允许悲伤的存在这一说法，既不应被希望，也不应被渴望。相反，让理性建立一种衡量标准，既不复制冷漠，也不复制疯狂，并将使我们保持在一种深情的而非不平衡的头脑的标志中。让你的眼泪滴落，但也让它们停止；让你从胸中发出最深的叹息，但也让那些叹息结束；因此，统治你的思想，使你既能赢得智者的认可，也能赢得兄弟的认可。（Seneca, *Consolation to Polybius* 18.5—6）

塞涅卡关于这些主题的写作是以经验为依据的。当他四十多岁的时候，他有一个儿子早夭。刚才这段文字似乎是几年后写的。

b. 悲伤和掌控。塞涅卡就克服悲伤的过程提出了看法。他认为，感受一段时间，考虑一下，然后把它推倒在地是合适的。这比通过分散我们的注意力或等待悲伤消退来处理悲伤更好。

当你失去了一个最亲爱的人时，忍受无尽的悲伤是愚蠢的放纵，而什么痛苦都不忍受则是不人道的折磨。在忠诚和理智之间，最好的中间路线是感受到一种失落感并克服它。（Seneca, *Consolation to Helvia* 16.1）

没有情绪是可以控制的，尤其是由悲伤产生的情绪；它是野性的，顽固地抵制一切补救措施。有时候，我们想掩饰自己的悲伤，抑制自己的哭泣，然而眼泪还是会从脸上流下来，尽管它看起来很镇静。有时我们用游戏或角斗士来占据头脑；但是在那些本该转移注意力的景象中，一些轻微的悲伤的回忆会让精神崩溃。因此，征服悲伤比欺骗悲伤更好；因为被快乐和约定所欺骗和转移的悲伤会再次升起，并从这短暂的喘息中积聚力量，开始肆虐。而屈服于理性的悲伤就会永远地解决了。（Seneca, *Consolation to Helvia* 17.1—2）

我知道我要补充的内容很老套，但我不会因为每个人都这么说就忽略它。如果悲伤不是因为你的判断而结束的，那么它是随着时间的推移而结束的。对一个有理智的人来说，最基本的治疗悲伤的方法就是厌倦悲伤。我宁愿你放弃悲伤，也不愿让悲伤抛弃你。你应该尽快停止做那些即使你愿意也不能长久做的事情。（Seneca, *Epistles* 63.12）

c. 悲伤和徒劳。斯多葛派讲到用理性战胜悲伤。他们为此目的提供的一些理由可以在本书的第四章（关于死亡）中找到，但他们也提供了关于悲伤及其减轻的具体想法。其中之一是悲伤对它的主题没有好处，也许对其他人也没有好处。

潘提亚（Panthea）或帕加姆斯（Pergamus）现在还坐在维鲁斯的墓旁吗？乔里亚斯（Chaurias）或戴奥蒂莫斯（Diotimus）现在还坐在哈德良的墓旁吗？荒唐。嗯，假设他们坐在那里，死者会意识到吗？如果死者知道这一点，他们会高兴吗？（Marcus Aurelius, *Meditations* 8.37）

无论人们是否知道作者在谈论谁，像这样的段落都表明了自己的观点。但不管怎样，维鲁斯是马可·奥勒留的养弟，在维鲁斯于 169 年去世之前，他们是共治皇帝。潘提亚是维鲁斯的情妇。哈德良是一位更早的皇帝，与马可·奥勒留一起被称为"五贤帝"。他提到的其他人是不为人知的。

> 如果你意识到你的悲伤对你哀悼的人和你自己都一事无成，这也会对你有很大帮助；因为你不会想延长无用的时间。（Seneca, *Consolation to Polybius* 2.1）

> 没有人比你悲伤的对象更因你的悲伤而高兴了。要么他不想让你受苦，要么他不知道你会受苦。所以你所谓的职责没有意义。如果作为行事目的的人不知道，则该行事是无用的；如果他知道这一点，他就不喜欢它。我可以大胆地说，在整个世界上，没有人会对你的眼泪感到丝毫的高兴。（Seneca, *Consolation to Polybius* 5.1—2）

> 在克服悲伤方面，有什么比意识到它没有好处，也没有意义去承担更有效的吗？（Cicero, *Tusculan Disputations* 3.27）

d. 悲伤和记忆。斯多葛派也从记忆中找到悲伤的慰藉。塞涅卡认为记忆是一种持续存在的东西。记忆安全地生活在过去的世界里，而现在的世界不必如此不同。它们对我们有很大的价值。

相信我，我们所爱的人中有很大一部分仍然留在我们身边，即使是意外事故夺走了他们。过去的时间属于我们，也没有任何东西比过去储存得更安全了。我们对我们已经得到的东西忘恩负义，因为我们对还没有得到的东西抱有希望——就好像任何将要成为的东西，如果它降临到我们身上，都不会很快转移到已经成为的东西上。（Seneca, *Epistles* 99.4—5）

如果我们相信我们的朋友阿塔罗斯："想到活得好好的朋友，就像享受蜂蜜和蛋糕；想起死去的朋友会让我们高兴，但也有一些痛苦。然而，谁会否认酸味的东西，有一点尖锐，也可以吊起胃口？"我不同意：想起故去的朋友，对我来说是甜蜜愉快的。我拥有他们，就好像我会失去他们一样；我已经失去了他们，就好像我还拥有他们一样。（Seneca, *Epistles* 63.6—7）

更多关于斯多葛派对待记忆的方式，见第八章第 2 节。

14. 限制。本章试图以实践的方式介绍斯多葛派晚期关于情绪的学说。但我想在结束时简要指出本次讨论避免的一些复杂性，以及一些读者可能希望单独探讨的复杂性。

早期（希腊）斯多葛派对情绪持强硬观点，与本章第 8 节所讨论的观点一致。他们认为，每一种情绪都等于一种判断。一个感受到情绪的人同意一个命题（例如"这是一件令人愤怒的事情"），这种同意是错误的，因为它涉及对外部的依附，即情绪的对象可能是什么。正如我们所看到的那样，塞涅卡稍微放松了一点，但基本思想仍然存在于所有形式的斯多葛主义中。这一理论，尤其是形式严格的理论，受到了许多方面的批评。例如，婴儿和动物似乎有愤怒和恐惧的能力，但希腊斯多葛派的观点使得人们很难理解这些生物是如何产生任何情绪的；因为它们缺乏形成或同意命题的心理能力。于是，人们通过稍作修改，努力将斯多葛派的理论从这个问题中拯救出来。至少，晚期斯多葛派知道，我们持有的判断可能是根深蒂固的、非言语的，如第一章所述。也许动物和婴儿也可以被视为对产生它们情绪的事件进行非言语评估。

现代哲学家对这些问题和相关问题的分析是广泛而复杂的。希腊斯多葛派对情感的思考本身就很复杂。它包括一个详细的情绪分类，并声称每种情绪都来自哪里。在这个空间里，没有一件事是公平的。但是那些希望探索斯多葛派理论道路的人，可以从查阅玛莎·努斯鲍姆（Martha Nussbaum）和玛格丽特·格雷弗（Margaret Graver）最近的学术著作开始，它们都详细讨论了这一点。

第十章 逆境

　　斯多葛主义者以任何有理智的人都会有的方式避免逆境。但有时，逆境会不顾一切地到来，于是斯多葛派的目标是正确看待逆境，而不是让逆境的到来破坏内心的平静。事实上，斯多葛派的目标还不止于此：不受冲击地接受逆转，并令其为创造更伟大的事物而努力。在任何情况下，没有人想要艰苦，但从长远来看，这是培养有价值的人和有价值的成就的必要因素。斯多葛主义者在任何发生的事情中寻求价值。

　　逆境在这方面类似于死亡：它既是被我们错误判断的外部因素，也是我们可以利用的资源。在斯多葛派的观点中，我们不喜欢逆境——这是逆境的主要含义——这同样是因为我们误判了许多其他外部事物：我们用心理狭隘主义来看待逆境，根据我们眼前的愿望和便利来定义大小、价值，以及好坏。远离愿望和便利可以让人们看到逆境的本来面目——逆境往往不像刚开始时看起来那么可怕，有时会带来重要的好处，且无论如何都是不可避免的。

　　斯多葛主义提供了一系列转危为安的策略。我们不能选择会发生什么，但我们可以选择如何应对。因此，当挫折来临时，斯多葛派尽可能建设性地解释它——作为证明自己、学习或重建的机会；任何这些反应的价值都可能大于逆境的代价。斯多葛派对他们预测未来事件的能力也有一个适度的看法，所以他们不会轻易假设一个明显不受欢迎的发展从长远来看会变得更糟。最后，斯多葛派有通过以某种方式思考来减弱逆境力量的技巧：从他人的角度看待自己的逆境，提前预测它，并理解接受它和适应它怎样有助于管理它。

1. 偏好。由于斯多葛派的哲学有时在这一点上被曲解，我们可以从注意到这一点开始：尽管他们不怕逆境并准备将其转化为善用，但他们更喜欢避免逆境。

> "在你看来，"他说，"勇敢的人会暴露在危险之中。"一点也不：他不会害怕危险，他会避免危险。谨慎更适合他，而不是恐惧。（Seneca, *Epistles* 85.26）

> 我为什么不希望战争不爆发呢？但如果它真的到来，我希望能高尚地忍受它带来的创伤、饥饿和其他一切。我没有疯到想生病；但如果我一定要生病，我希望我不要做过分或软弱的事。人们渴望的不是苦难，而是忍受苦难的勇气。（Seneca, *Epistles* 67.4）

　　　　所有保护我们免受伤害的体面手段不仅被允许，而且值得赞扬。不屈不挠的主要作用是耐心地忍受那些无法避免的困难。[Montaigne，*Of Constancy*（1580）]

问题人群也是如此，这些人可能会被视为一种逆境。我们可以有尊严、没有仇恨、没有恐惧地避开他们。

　　　　假设拳击场上有人用指甲抓你、用头撞你，给你造成伤害。我们不认为他很坏，我们不生气，我们不怀疑他以后会密谋反对我们。我们只是保持警惕——不把他当作敌人，也不怀疑，而是友好地回避。类似这样的事情应该是生活中其他部分的规则。让我们忽略那些我们的陪练身上的许多东西。因为正如我所说的，避免它们是可能的——既不被怀疑，也不被憎恨。（Marcus Aurelius *Meditations* 6.20）

马可·奥勒留建议的友好回避在斯多葛派的理论创新列表中并不居高位，但如果一个人以学说的使用频率来衡量它，那么这种回避就很好了。

　　2. 必然性。斯多葛派认为，逆境与生存密不可分，因此最好是以接受的心态迎接。

　　　　生活的境况是一个澡堂、一大群人、一段旅程：有些东西是朝你扔的，有些只是偶然发生的。生活不是一件精致的事情。你已经踏上了漫长的道路；不可避免地，你会绊倒，你会撞到东西上，你会跌倒，你会变得疲倦，你会大喊："啊，死神！"换句话说，你会说谎。你会在一个地方抛弃一个伴侣；你会把一个人埋在另一个里；在其他地方，你会害怕一个人。正是通过这种困难，我们才能踏上这段崎岖的旅程。（Seneca, *Epistles* 107.2）

马可·奥勒留使用了一个不同的类比——将接受逆境的心灵与接受、处理所遭遇事物的身体其他部分进行比较。

一只健康的眼睛应该看到所有能看到的东西，而不是说"我想看绿色的东西"——因为那是眼睛生病的迹象。健康的听力和健康的嗅觉应该为所有要听到和闻到的东西作好准备……同样，一个健康的头脑应该为任何可能发生的事情作好准备。如果头脑说，"让我的孩子们安然无恙"，"让每个人都赞美我所做的一切"，那它是一只寻找绿色事物的眼睛，或是只寻找柔嫩事物的牙齿。（Marcus Aurelius, *Meditations* 10.35）

蒙田提供了另一个比较：我们所经历的各种各样的事情，无论是受欢迎的还是不受欢迎的，都可以与音乐元素相比较。

我们必须学会忍受我们无法避免的事情。我们的生活，就像世界的和声一样，是由相反的事物组成的——不同的音调，甜美而刺耳，尖锐而平淡，明快而庄严。一位只爱其中一些部分的音乐家——他能做什么？他必须知道如何利用它们，如何能够将它们混合在一起。我们必须同样对待好事和坏事，它们与我们的生活有着同样的实质。[Montaigne, *Of Experience*（1580）]

这些关于逆境的观点——作为生活中不可避免的一部分，与善密不可分——对我们的思考和谈话方式有其他影响。首先，斯多葛派认为抱怨人类存在固有的东西没有意义。在这里，我们发现哲学斯多葛主义中最接近这个词的现代含义的那种含义。

"这黄瓜很苦。"把它扔了。"路上有荆棘。"转个弯。这就够了。不要继续说，"为什么世界上有这样的事情？"你会被任何一个研究自然的学生嘲笑，就像如果你因为看到木匠、鞋匠在车间里做东西时做出刨花和边角料就批评他们，你也会被他们嘲笑一样。（Marcus Aurelius, *Meditations* 8.50）

当一个人可以跟随的时候，被拖拽是多么疯狂！我发誓，你因为缺少某些东西而悲伤，因为某些东西对你有负面影响而悲伤，或者对那些发生在好人和坏人身上的事情感到惊讶和愤怒——我指的是死亡、葬礼、疾病和所有其他困扰人类生活的事故——都是愚蠢无知的。不管宇宙的方式会要求我们遭受什么，让我们以高尚的精神去面对它。这是我们必须遵守的誓言：忍受人类的境遇，并不被我们无力避免的事情所干扰。（Seneca，*On the Happy Life* 15.6—7）

斯多葛派也不太喜欢指责。

把自己的糟糕状况归咎于他人，是一个没有受过良好教育的人的行为；责备自己是一个刚开始接受教育的人的行为；既不要责怪别人，也不要责怪自己，是一个受过完整教育的人的行为。（Epictetus，*Enchiridion* 5）

斯多葛派认为，我们应该通过提前考虑自己的潜力，来接受生活中伴随而来的疾病——在它们发生在任何人身上之前。毕竟，它们是每个人都面临的潜在危险。我们不会遇到同样的不幸，但我们作为凡人所面临的风险往往是平等的。

让我们不要对我们生来就有的、无人能够抱怨的不幸感到奇怪，因为它们对所有人来说都是一样的。同样，我要说：即使一个人逃脱了什么，他也**可能**会遭受痛苦。事实上，平等法则不是所有人都经历过的法则，而是为所有人确立的法则。让你的头脑把这种公平感当作一条规则，让我们毫无怨言地支付伴随死亡而来的负担。（Seneca，*Epistles* 107.6）

抱怨可能发生在任何人身上的事情发生在某人身上是不公平的。[Montaigne，*Of Experience*（1580）]

但斯多葛派对逆境的反应不仅仅是缺乏指责和抱怨。他们寻求以一种欢迎的精神来面对任何他们无法避免的事情。

无论发生什么事，让你的头脑认为它一定会发生，并且不要责怪大自然。（Seneca，*Epistles* 107.9—10）

不要坚信所发生的事情应该如你所愿；希望事情能如实发生。这样你的生活就会过得很好。（Epictetus，*Enchiridion* 8）

弗里德里希·尼采不是斯多葛派的人，但他的"命运之爱"（*amor-fati*）的观念常常与爱比克泰德刚刚提出的观念联系在一起。

我对人之伟大的公式是命运之爱：一个人不希望有任何不同，无论是在他面前，还是在他身后，还是永远。必要的东西不仅必须被承担，而且决不能隐瞒——所有理想主义在面对必要时都是虚假的——但它也必须被爱。[Nietzsche，*Ecce Homo*（1888）]

3. 赫尔墨斯之杖。斯多葛派认为，逆境或违背个人意愿的发展，在我们现在可以考虑的各种方面都是错误的。逆境是塑造坚强事物所需的原材料。换个比方说：发了一张不想要的牌，或者骰子以某种方式掷出；斯多葛派的目标是在这些场合尽可能避免"哦，不"的感觉，用更接近"现在怎么办"或者"让我们看看能做些什么"来替换之。生活的工作就是把发生的一切都导向建设性的目标。这是斯多葛派关于逆境最重要的观点，也是其所有作者都致力于的主题，他们常常使用隐喻。爱比克泰德将双蛇杖，也就是赫耳墨斯用它表演魔法壮举的神杖，用到了斯多葛派的语境里。斯多葛派的炼金术在头脑中将逆境转化为优势。

> 这是赫尔墨斯之杖：他们说，用它触碰任何你喜欢的东西，它就会把碰到的东西变成金子。实则不然：你喜欢带什么就带什么，我会把它们变成好的事物。带来疾病，带来死亡，带来贫穷，带来侮辱，为严重罪行带来惩罚——所有这些都将通过赫耳墨斯的魔杖而受益。（Epictetus, *Discourses* 3.20.12）

关于道路上的障碍：

> 头脑会扭转一切阻碍其活动的障碍，并将其转化为进一步的目的。行动障碍成为行动的一部分；我们道路上的障碍成为了前进的道路。（Marcus Aurelius, *Meditations* 5.20）

关于消耗挫折、燃烧更强烈的火焰：

当它与自然相一致时，内在的支配着我们的力量，使我们能够很容易地适应任何发生的事情和任何可能的事情。它不需要特殊材料；它在环境允许的情况下推进其目的。无论放了什么东西阻碍它，它都把它们制造为自己的材料，就像被扔到火上面的东西扑灭了一点火焰，但烈火克服了它很快吞噬了堆在上面的任何东西，火焰也由此上升得更高。（Marcus Aurelius, *Meditations* 4.1）

关于使用手边任何材料的雕刻家：

你认为智者会被邪恶所累吗？他会利用它们。菲狄亚斯不仅知道如何用象牙制作雕像，他还用铜做了这样东西。如果你给了他大理石，或者其他更低级的材料，他会雕刻出最好的雕像。因此，如果可能的话，聪明的人会在富有时表现出美德，但如果不可能，他也会在贫穷时表现出美德；他在家能，但如果不在家，在流亡中也能；他是一个将军时能，但如果他不是，他是一个士兵时也能；他身体健康时能，如果不健康，他身体虚弱时也能。无论他得到多少财富，他都会使之非凡。（Seneca, *Epistles* 85.40）

关于驯兽师：

　　有些驯兽师甚至强迫最野性、最可怕的动物服从人类。他们不满足于消除它们的凶猛，反而安抚它们，使自己可以与它们共处一室。驯狮者把手伸进动物的嘴里；饲养员亲吻他的老虎；小埃塞俄比亚人命令大象跪下来走钢丝。同样，智者是一位善于处理不幸的大师。痛苦、匮乏、耻辱、监禁、流放在任何地方都是可怕的，但当它们来到智者面前时，它们就被驯服了。（Seneca, *Epistles* 85.41）

关于蜜蜂们：

　　那些不懂得如何生活的人，就像身体既不能忍受酷暑也不能忍受寒冷的病人一样，幸运使他们兴高采烈，不幸使他们沮丧；这两种情况都令他们感到非常不安，或者更确切地说，他们对这两者都感到很不安，而且在那些被称为好的情况下也同样如此……但有理智的人，就像蜜蜂从最辛辣、最干燥的植物——百里香中提取蜂蜜一样，常常以同样的方式从最不利的情况中提取出适合他们的有用的东西。[Plutarch, *On Tranquility of Mind* 5（467b—c）]

当然，也可以用书面化的文字表达这一点。

　　借助哲学，你不会生活得不愉快，因为你将学会从所有的地方和事物中汲取快乐。财富会使你快乐，因为它会使你

造福许多人；贫穷会使你快乐，因为这样你就没什么可担心
的了；荣耀会使你快乐，因为它会让你感到荣幸；默默无闻
会使你快乐，这样你就不会被嫉妒了。[Plutarch, *On Virtue
and Vice* 4（101d—e）]

塞涅卡还注意到幽默的价值，这是一个反复出现且未得到充
分重视的斯多葛式主题。有时，不想要的事件的力量可以通过带
着喜剧的感觉看它们而变好。

在任何一种生活中，如果你愿意轻视罪恶，而不是将其
视为可恨的，你都会找到娱乐、消遣和快乐。（Seneca, *On
Tranquility of Mind* 10.1）

4. 素质。斯多葛派认为我们有能力管理生活中可能为我们
设计的任何逆境。

没有一个人是生来就要背负什么的。（Marcus Aurelius,
Meditations 5.18）

大自然不希望我们受到骚扰。无论它要求我们做什么，
它都让我们做好了准备。（Seneca, *Epistles* 90.16）

无论你身上发生了什么，记住要自问，你有什么力量来处理

它。如果你看到一个漂亮的男孩或女人，你会发现做这些事情的力量是自我控制；如果艰苦的劳动即将到来，你会找到耐力；如果是脏话，你会找到耐心。如果你养成了这个习惯，事物的外表就不会带走你。（Epictetus, *Enchiridion* 10）

5. 逆境是试验场。谈到逆境可以转化为好事的更具体的方式：这可能是一个证明自己的机会。挫折表明我们真正有能力做什么。

> 烈火试金，厄运验勇。（Seneca, *On Providence* 5.10）

塞涅卡表达这一思想的方式——烈火试金，厄运验勇（*ignis aurum probat, miseria fortes viros*）广为人知，但其实质是一句流传已久的谚语。它也出现在《便西拉智训》2：5 中，是经外书的一部分。

> 在这方面，我们想到了我们的朋友德米特里厄斯（Demetrius）。一种不受干扰的生活，一种命运不会闯入的生活，他称之为"死海"。没有任何东西可以激励你、唤醒你的行动，没有任何攻击可以考验你的精神力量，只是无所事事地躺着——这不是平静；他将被困在无风的平静中。（Seneca, *Epistles* 67.14）

在《高卢战记》中，恺撒曾改变了短语"malacia ac

statillitas"（描述海洋）的意思，它的意思是"平静和死寂"。塞涅卡在上一段话的结尾说："这不是平静，这是温软。"（malacia）在希腊语中也有道德上柔和的含义。至于德米特里厄斯，他是一位犬儒学派哲学家，也是塞涅卡的朋友。对于他而言，没有无风的平静；公元 71 年，他和其他哲学家一起被驱逐出罗马。

另一个比喻是：我们应该像在游戏中欢迎对手一样欢迎逆境。

> 没有对手，美德就会枯萎。只有当它通过耐力展示出它的能力时，我们才能看到它到底有多伟大、多强大。请放心，好人也应该这样做；他们不应该逃避艰难困苦，也不应该抱怨命运；无论发生什么，我们都应该做到最好，把它变好。（Seneca, *On Providence* 2.4）

> 你是个伟大的人；但是如果命运没有给你展示自己价值的机会，我怎么知道你的伟大呢？你进了奥运会，但你是唯一的参赛选手；你获得的是桂冠，而不是胜利。我不会祝贺你成为了一个勇敢的人，而是会祝贺你获得了执政官或民选官职位："你变得很出名了！"同样，我可以对一个好人说，如果没有更艰难的环境给他机会来显示他的意志力量："我认为你很不幸，因为你从未不幸过：你一生中没有一个对手；没有人会知道你能做什么，甚至你自己也不知道。"（Seneca, *On Providence* 4.2—3）

与困难斗争并征服它们，是人类的最高幸福；其次是努力斗争且值得征服的困难。但如果一个人的一生没有经过竞争，既没有成功也没有功绩，那么他只能把自己看作是一个无用的存在填充物；如果他满足于自己的性格，那么他必须把满足感归功于麻木。[Johnson, *The Adventurer* no. 111（1753）]

6. 把逆境作为训练。逆境可以被视为一种训练，或者一种学习的机会。不知道如何应对挫折的人不可能取得伟大的成就。所以斯多葛派认为我们需要对挫折有一定的放松——这是一种适应能力。不幸可以被视为学习过程的一部分。

危机揭示了这个人。所以当危机来临时，请记住，神就像摔跤教练一样，让你面对一个粗暴的年轻对手。为什么？你问。因为这样你才能成为奥运冠军；因为这离不开汗水。（Epictetus, *Discourses* 1.24.1—2）

我们应该把自己交给命运，这样，在与命运的斗争中，我们可以变得坚强起来。幸运会逐渐使我们平等。不断地与危险作斗争会逐渐形成对危险的蔑视。同样，水手的身体因海浪的冲击而变得坚硬，农民的手长满老茧，士兵的手臂有力量投掷武器，跑步者的腿灵活敏捷：我们在锻炼过的部分是最强壮的。通过忍受病痛，心灵学会了反抗痛苦。
（Seneca, *On Providence* 4.12—13）

我们可以把生活中不断发生的琐碎烦恼看作是为了让我们练习承受巨大的不幸，这样，我们就不会因为事业的繁荣而完全精疲力竭。[Schopenhauer, *Worldly Fortune*（1851）]

7. 逆境是特权。 或者，逆境可能被视为一种荣誉或好运，因为只有一些人会被要求或能够应付自如。

劳累能招来最优秀的人。元老院通常会开一整天的会，尽管一直以来，每个毫无价值的人要么在娱乐场享受闲暇，要么潜伏在酒馆里，要么在聚会上浪费时间。同样的事情在全世界都会发生。好人工作、花时间、被花时间，他们是自愿这样做的。财富不会拖累他们；他们跟随它，保持步伐。（Seneca, *On Providence* 5.4）

"我真不幸，这件事发生在我身上了！"一点也不——相反："我是多么幸运，虽然这件事发生在我身上，但我仍然没有受伤，既没有被当下打破，也没有害怕即将发生的事情。"因为这类事情可能发生在任何人身上，但是尽管如此，并非每个人都不会受伤……记住，在每一个可能导致你悲伤的场合，运用这个观念："这不是不幸；若高贵地承受它，

它反而是好运。"（Marcus Aurelius, *Meditations* 4.49）

8. 判断中的谦逊。斯多葛派不轻易得出任何明显的逆转都会变得更糟的结论。即使除了刚才描述的将逆境变为好事的方法之外，我们也很难判断一件明显不好的事情会走向何方。发生时看起来很可怕的事件有时会导致以后发生更大的事情。这可能是因为恢复的过程产生了一个超越任何被破坏之物的结果。或者可能是因为后来的事件以某种难以预见的方式，甚至是偶然地，导致了一个新的更好的结果。总的来说：我们通常对我们不喜欢的发展持短期观点，并且对它们的最终后果判断不佳。因此，看起来不好的事件应该以谦逊和冷静的态度来判断。

> 一个人可能是聪明的，他可以在做任何事情时都有精确的判断，他可以尝试任何不超越自己能力的事情……这些美好而宝贵的东西都没有任何用处，除非你准备好应对命运的意外及其后果，除非你在每次受伤时经常毫无怨言地说："神另有安排！"不！天哪。让我们尝试一个更勇敢、更真实的音符，一个可以让你更好地维系精神的音符——这样说吧，每当发生与你预期不同的事情时："神的旨意更好！"（Seneca, *Epistles* 98：3—5）

> 破坏往往为更大的繁荣腾出了空间。许多东西都在下降，以便它们能够上升得更高。蒂马格内斯（Timagenes）

对这座城市的幸福并不感兴趣，他过去常说罗马的火灾困扰着他，原因只有一个：他知道更好的建筑会取代那些被烧毁的建筑。（Seneca, *Epistles* 91.13）

蒂马格内斯是一位希腊修辞学教师，他被罗马人俘虏并成为奴隶，后来被释放。显然，他发现自己与奥古斯都有冲突，这导致他逃离罗马。

如果你决定首先尝试拥有最适合你的东西，不要对困难的环境感到恼火，而要想想生活中已经发生了多少事情，不是你想要的，而是对你最好的。（Musonius Rufus, *Fragment* 27）

普鲁塔克用一种有趣的方式表达了这一点。

然后，我们应该首先实践这件事，就像那个向他的狗扔石头但却打中继母的人一样。"还不错！"他说。因为这有可能改变我们从不如意的事情中得到的东西。第欧根尼被迫流亡："还不错！"因为他是在被放逐之后才开始学习哲学的。〔Plutarch, *On Tranquility of Mind* 6（467c）〕

9. 观点。正如我们在其他地方所看到的那样，斯多葛主义很大程度上相当于视角的艺术——也就是说，找到最有用的视角来看待发生的一切事情。斯多葛主义者学会从比我们通常不加思考地使用的、以自我为中心的角度更有利的角度看待事物。另一个例子是，当同样的事情发生在他人身上时，他们会如何想，斯多葛主义者通过询问这个问题来对自己的逆境作出回应。

> 如果你邻居的奴隶打碎了他的酒杯，你的邻居通常会立即说"这些事情发生了"。当你自己的酒杯被打碎时，你的反应显然应该与邻居的酒杯被打碎时的反应相同。把同样的想法应用到更重要的事情上。别人的孩子死了，或者他的妻子死了，没有人会不说："这是我们人类的命运。"但当他自己的孩子死了，他会马上说："我真悲惨！我太可怜了！"我们必须记住当我们听到别人同样的事情时的感受。（Epictetus, *Enchiridion* 26）

> 记住，当类似的不幸发生在别人身上时，你是如何判断的，想想你如何几乎没有被感动，甚至责备他们，无视他们的抱怨……我们对他人事业的看法总是比我们自己的看法更公正。[du Vair, *The Moral Philosophy of the Stoics*（1585）]

斯密对斯多葛派观点的解释是：

> 我们应该从世界上任何其他公民都会看待我们自己的角度来看待自己，而不是从我们自己自私的激情容易把我们置于的角度。我们应该把降临到我们自己身上的事情，看作

是降临到我们邻居身上的，或者把降临到同一件事情上的事情，看作是邻居眼中降临到我们身上的事情一样。[Smith, *The Theory of Moral Sentiments*（1759）]

10. 预知。斯多葛派建议我们提前考虑逆境。预测逆境可以消除它的恐惧，并在它到来时减弱它的力量。

智者习惯于未来的不幸：别人通过长期忍耐才可以忍受的，他通过长期思考也可以忍受。我们有时会听到没有经验的人说："我不知道这是为我准备的。"智者知道一切都在等待着他。无论发生什么，他都说："我知道。"（Seneca, *Epistles* 76.34）

其他译本把最后一个句子翻译成"我知道它"。在原文中，它只是一个词——*sciebam*（我知道）——而在我看来，让它保持原样似乎更好。但读者可能喜欢自己作出选择。

"一个人身上可能发生的一切都会发生在任何人身上。"如果一个人让这句话深入人心，如果他看到所有困扰着其他人的、每天都有的大量罪恶，从这个角度来看，就好像没有什么能阻止这些罪恶也找到他一样，他会在被攻击的很久之前武装自己。在危险来临后才使头脑具备承受危险的能力，就为时已晚。（Seneca, *On Tranquility of Mind* 11: 8—9）

类比军队：

　　在和平时期，士兵们进行军事演习，在看不到敌人的情况下修筑工事，因不必要的劳作而疲惫不堪，这是为了让他们在必要时能够胜任工作。如果你不想让一个人在危机来临时退缩，那就在危机来临前训练他。这就是那些模仿贫穷的人所遵循的道路，他们每个月都让自己几乎一贫如洗，以至于他们可能永远不会从他们经常预演的事情中退缩。（Seneca, *Epistles* 18.6）

　　当命运眷顾我的时候，我已经足够为它的不眷顾作好准备了；虽然我很放松，并且尽我所能想象未来会发生什么坏事——就像我们使用赛马和锦标赛来适应战争，并在和平时期模仿战争一样。[Montaigne, *Of Solitude*（1580）]

普鲁塔克和西塞罗都讲述了阿纳克萨哥拉的一则著名轶事。

　　我们不仅可以钦佩阿纳克萨哥拉的性格，这使他在儿子去世时说，"当我得到他时，我知道他是终有一死的凡人。"我们也要模仿它，并将它应用于财富可能带来的一切："我知道我的财富是短暂和不安全的。""我知道那些给我权力的人可以夺走它。""正如柏拉图所说，我知道我妻子很优秀，但她是一个女人，我的朋友只是一个男人，天生是一个多变的人。"那些有准备并且有这种性格倾向的人，当一些不想要但并不意外的事情发生时，拒绝接受"我从来没有想过""我曾经希望过其他事情""我从来没预料到"的想法。他们可以说是消除了内心的殴打和撞击，平息了他们的疯狂和心烦意乱。[Plutarch, *On Tranquility of Mind* 16（474d—474f）]

阿纳克萨哥拉是前苏格拉底时代的希腊哲学家，据说是第一个将哲学带到雅典的人。西塞罗在讲述了同一个故事后，评论道：

毫无疑问，所有那些被认为是邪恶的事情，由于无法预见而变得更为沉重……智慧的卓越性和神圣性在于对所有人类事务有近距离的观察和深入的了解，在发生任何事情时都不感到惊讶，并且认为没有任何事情不曾发生、不会发生。（Cicero, *Tusculan Disputations* 3.14）

叔本华提出了一种理论来解释为什么远见有助于缓和不幸。

如果我们把不幸的发生看作并非不可能，并且俗话说，我们作好了应对准备，那么不幸对我们影响较小的主要原因可能是：如果在这场不幸发生之前，我们已经悄悄地把它想成可能发生或不可能发生的事情，那么我们就知道它的全部范围和程度……但如果我们没有做好应对它的准备，而且出乎意料的是，此时此刻人们的心灵处于恐惧状态，无法衡量灾难的全部程度，它的影响就会似乎如此深远，以至于受害者可能认为它是没有限制的；无论如何，它的范围被夸大了。同样，黑暗和不确定性总会增加危险感。［Schopenhauer, *Worldly Fortune*（1851）］

斯多葛派预测不幸的建议似乎与他们避免担心未来的建议（见第九章第4节）相冲突。最好的调和办法是坚持认为：上述建议的排练不涉及**担心**。正如塞涅卡建议品尝美好的回忆，而不是重新洗刷不好的回忆一样，斯多葛派鼓励预演未来的坏事，但不担心它们。

叔本华还提出了一条补充建议：不仅要想象可能会发生什么，还要想象它已经发生了。

偶尔把可怕的不幸——比如可能发生在我们身上的不幸——看作它们确实发生过一样，会有一些用处，因为随后发生在现实中的微不足道的倒退更容易忍受。回顾那些从未发生过的重大不幸，是一种安慰。［Schopenhauer, *Our Relation to Ourselves*（1851）］

11. 痛苦和观点。斯多葛派知道，有些苦恼不能完全被我们对它们的看法所化解，但他们说，我们的反应仍然受到我们的判断——我们对自己说话的方式或我们习惯于作出反应的方式的强烈影响。疼痛是最明显的例子。你无法摆脱这种感觉。但斯多葛派认为，我们的思想仍然与感觉是如何经历的以及它如何影响我们有很大关系。

不要让自己的病情变得更糟，不要让抱怨给自己带来负担。如果观点没有给它增加什么，痛苦是轻微的。相反，如果你开始鼓励自己，并说："它没什么，或者肯定很小；让我们坚持下去，它很快就会停止。"——那么在你认为它很轻微的时候，你就真的能把它变得很轻微。（Seneca, *Epistles* 78.12—13）

对于大多数痛苦，让伊壁鸠鲁的这句话来拯救你——如果你考虑到它的局限性，那么痛苦既不是无法忍受的，也不是永恒的，不要在你的想象中增添它。（Marcus Aurelius, *Meditations* 7.64）

我愿意承认，痛苦是我们生存中最艰难的事情；谢天谢地，我是地球上最讨厌痛苦并避免痛苦的人，可能是因为我不习惯痛苦。然而，这取决于我们，如果不能消除痛苦，那么至少要用耐心来减轻痛苦——而且，即使身体受到痛苦的困扰，也要把我们的理性和灵魂保持在健康状态。［Montaigne, *That the Taste of Good and Evil Things Depends in Large Part on the Opinion We Have of Them*（1580）］

蒙田后来补充道："痛苦如同宝石，根据所镶嵌的金属箔的不同，它看起来会更加闪耀或黯淡；痛苦只占据我们所允许的空间。"对这个主题感兴趣的读者可以参考第一章第 3 节。

12. 适应。最后，斯多葛派明白，时间有助于接受逆境——这种情况，我们现在可以称之为适应，或者说熟悉的或好或坏的影响，斯多葛派对此很清楚。适应并不总是有益的。它会导致一个人习惯于应予解决的坏事，或者未被重视的好事。（更多讨论见第十三章第 1 节。）但是，适应无疑是与无可奈何的逆境和解的一大助力。大多数让我们烦恼的事情，一旦被我们习惯了，就会变得更容易忍受。斯多葛派则意识到了这一点。

> 对于那些没有经验的人来说，任何坏事的很大一部分都是与众不同的。你可以从这一事实中看出，在习惯之后，他们更勇敢地忍受了他们曾经认为无比残酷的事。（Seneca, *Epistles* 76.34）

> 没有什么比这更值得赞美大自然了：它知道我们生来的艰辛，所以发明了习惯作为灾难的缓解剂；因而我们很快就习惯了最深重的不幸。如果人们能像遭受第一次打击一样强烈地感受到逆境的持续存在，那么没有人能经受得住它。（Seneca, *On Tranquility of Mind* 10.2）

第十一章　美德

　　斯多葛主义的大部分内容都涉及剥离外部的幻觉，并从中获得超脱。当然，斯多葛主义也有积极的一面，许多人认为这是其最核心和最重要的思想：追求美德。这个话题本可以出现在书的开头。相反，它之所以出现在这里，是因为美德的斯多葛意义部分来自我们现在已经考虑过的学说。美德是正确运用理性的自然结果；理性是人类区别于动物的独特天赋，因此人类生活的目的必须在那里找到。前面的几章向我们展示了理性对斯多葛派的意义。一方面，最相关的是，它应该让我们准确地看到我们个人的渺小（第三章的主题）；由此我们可以推断出我们在世界上的相应位置，即作为整体的一部分忠实地发挥作用。

　　斯多葛派认为美德足以在任何场合产生幸福，也是幸福所必需的。斯多葛派最看重的幸福是 *eudaimonia*，或福祉——好的生活，而不是好的心情。但斯多葛派认为，美德能带来快乐，也能带来心灵的平静。美德会产生这些好的副作用。换句话说，斯多葛派的主要使命是帮助他人，服务于更大的利益，他们这样做并不是为了让自己快乐。他们这样做是因为这是正确和自然的生活方式。但事实证明，本着这种精神去做会让他们快乐。

正如我们所看到的，斯多葛派有各种方法来提出他们的观点，并使其具有说服力。他们试图把他们关于美德的想法主要建立在逻辑的基础上，特别是希腊人试图通过一个连贯的演绎系统来建立他们的伦理结论。他们认为，自然命令我们服从理性生活，并把我们设计为倾向于美德。这些通常被认为是斯多葛派提出的不太持久的论点。部分原因是他们认为自然是理性的、天意的观点现在很少有人认同。批评家们还抱怨斯多葛派的一些观点是循环论证。我不打算在这里追究这些问题，但我敢说，斯多葛派**证明**我们应该追求他们所定义的美德的努力，不太可能吸引那些不赞同他们主张的人。

然而，斯多葛派的美德观在某些方面是有吸引力的，这些方面可以从那些学说问题中分离出来。他们对美德和幸福之间关系的信念包含了很多心理学见解。有些精神状态很难直接获得；它们只是在其他方面努力的副产品。许多人发现幸福就是这样。通过直接追求来获得它的努力并不奏效；幸福必须在寻找其他东西的同时才能找到。（这一点在现代经常被大张旗鼓地重新发现。）斯多葛派提出的其他主张主要包括对理性的奉献和对其他事物的承诺——服务、正义和尽可能地帮助他人。无论是否伴随着对其正确性的逻辑保证，这些都是具有吸引力的价值观。它们也可能是通往幸福的可靠途径，或是比任何其他途径都更可靠的途径。但请记住，把幸福放在一边只是为了以后找到它的观念是欺骗；幸福不应该是斯多葛派的目标，甚至不应该是隐秘的。斯多葛派的观点是，一个人应该为了美德本身而拥抱美德，而这样做是必要的，以获得美德的良好副作用。感兴趣的读者可以进行反思和实验。

这一章与本书的其余部分（和第九章关于情绪的内容一样）一致，并不试图阐述早期斯多葛派发展的美德的理论框架和分类。相反，它以大纲的形式展示了晚期斯多葛派关于美德的意义、追求美德的益处以及一些美德的价值和培养的实用学说：诚实、一致性和善良。我们也将看到斯多葛派眼中参与公共事务和为他人服务的重要性。

1. 定义。斯多葛派认为美德首先是合理推理和判断的运用。

> 美德只不过是正确的理由。（Seneca, *Epistles* 66.32）

> 三言两语便可言明。美德是唯一的善，或者至少没有美德就没有善；美德本身位于我们的高尚部分，即理性部分。这种美德是什么？真实而坚定的判断。由此将激发心灵的冲动；由此，每一个激起这种冲动的外部表象都将沦为透明。（Seneca, *Epistles* 71.32）

合理的推理和判断反过来会产生斯多葛派所追求的某些特定品质或美德，其中许多已经在前面的章节中讨论过。

他们不会钦佩你的机智。就这样吧！尽管如此，还有许多其他的品质你不必说，"只是没有与生俱来"。所以，向他们展示那些完全取决于你的品质：真诚、尊严、吃苦；不要寻欢作乐，不要抱怨自己的命运，不需要什么；善良和慷慨；谦虚，不是空谈的谦虚，而是高尚的谦虚。难道你看不出你可以立即展示出多少——没有理由缺乏天生的能力或资质——然而你仍然甘愿失败？（Marcus Aurelius, *Meditations* 5.5）

马可·奥勒留珍视美德的例子也可以从他对他人的感谢中找到，例如他对克劳狄乌斯·马克西穆斯（Claudius Maximus）的感激之情——他是一位罗马执政官、法官和斯多葛派哲学家，也曾是马可·奥勒留的老师之一。

从马克西穆斯那里，我学会了自治，而不是被任何东西所排挤；在任何情况下，包括在生病时，都要保持愉快；他兼具甜美和尊严的道德品质，能做摆在我面前的事而不发牢骚……他也有幽默的艺术。（Marcus Aurelius, *Meditations* 1.15）

塞涅卡看到了学习自由七艺的价值，他把文学、音乐和数学都算在内（关于这一点，见第七章第 5 节）。但他说，它们都不如哲学重要，因为它们都没有教会学生美德的含义。他对这一点的阐述提供了斯多葛派所珍视的许多美德的清单。

> 勇敢是对引起恐惧的事物的蔑视者；它瞧不起、挑战并摧毁恐怖力量以及所有将推动我们在枷锁下自由的力量……忠诚是人类心中最神圣的善；它不受约束地被迫背叛，不受任何报酬的贿赂……善意禁止你对你的同事专横，也禁止你贪婪。在言语、行为和感受上，它对所有人都表现出温柔和礼貌……"自由七艺"会教给这样的人这样的性格吗？不，它们只不过是教人简朴、适度和自制……（Seneca, *Epistles* 88.29—30）

2. 美德的益处。斯多葛派认为美德是真正的 *eudaimonia* 的唯一来源，这个词有时被翻译为"幸福"，但（如本章开头所述）意味着更接近福祉或美好生活。美德会以副作用产生它，也会带来快乐和喜悦。

> 如果美德能带来好运、心境平和和幸福，那么走向美德的进步当然也就是朝着每一件事情的进步。（Epictetus, *Discourses* 1.4.3）

塞涅卡进而阐述了与美德相关的宁静或心境平和：

> 那么，我们想发现的是，心灵如何能够始终保持一个平衡和有利的过程，如何对自己抱有好感，如何在思考自己的状况时感到快乐，如何能够不受干扰地保持这种快乐——如何

能在这种状态下保持平静，如何从不放弃自己，如何从不沮丧。这将是内心的平静。(Seneca, *On Tranquility of Mind* 2.4)

这就是智慧的结果：一种恒久不变的快乐。智者的心灵就像月亮之外的天堂：那里的天空总是晴朗的……这种快乐只有通过对美德的意识才能产生。(Seneca, *Epistles* 59.16)

马可·奥勒留说：

你从经验中知道，你走了多远，却没有在任何地方找到美好的生活：不在逻辑，不在财富，不在名望，不在快乐——不在任何地方。那么，它是在哪里找到的？做人类本性所希望的。这是怎么做到的？通过制定控制你的冲动和行动的原则。什么原则？那些关于什么是善和恶的原则——除了使人公正、温和、勇敢和自由的东西之外，没有什么对人有益的东西；除了产生相反结果的东西以外，没有什么邪恶的东西。(Marcus Aurelius, *Meditations* 8.1)

然而，斯多葛派强调，在他们看来，追求美德并不是为了它带来的良好后果。这些后果是值得欢迎和重视的，但却是偶然的。

"但你也培养了美德，"他回答道，"只是因为你希望从中获得一些快乐。"首先，尽管美德可以保证快乐，但追求美德并不是因为快乐。它所保证的不是快乐，而快乐也同样；发挥美德也不是为了享乐，但它的努力——尽管它的目的是别的——也达到了这一点……因此，快乐不是美德的奖赏或原因，而是美德的副产品。（Seneca, *On the Happy Life* 9.1—2）

这可以与约翰·斯图亚特·密尔（John Stuart Mill）的一般结论作比较，他认为这是对大多数人工作方式的准确描述。

我认为，只有那些把注意力集中在除自己的幸福以外的其他事物上的人才是幸福的，如他人的幸福，人类的进步，甚至某些艺术或追求，它们不是一种手段，而是一种理想的目的。因此，他们瞄准了其他东西，顺便找到了幸福。［Mill, *Autobiography*（1873）］

密尔在其他地方将马可·奥勒留的著作描述为"古代思想的最高伦理产物"。

3. 诚实。本书的其他部分探讨了各种斯多葛式美德，如节制。我们现在考虑一些没有讲到的美德，并从诚实开始——不仅指说实话，而且指生活中什么都不隐瞒。关于行动的公开性：

　　当你决定要做某事并且正在做时，不要向别人隐瞒，即使大多数人都不同意。如果做得不对，就不要做；但如果是这样，为什么要害怕那些会错误批评你的人呢？（Epictetus，*Enchiridion* 35）

　　当你能够在公共场所生活，当你的围墙是在保护而不是隐藏你时，你应该感到真正的快乐——尽管我们大多认为我们的围墙围绕在我们身边，并不是为了让我们生活得更安全，而是为了让我们能更私密地犯罪。我要告诉你一个事实，你可以据此来判断我们的行为：你几乎找不到任何一个能在敞开大门的情况下生活的人。（Seneca，*Epistles* 43.3—4）

另请参见：

　　在你的生活中，不要做任何被你邻居发现会让你害怕的事情。（Epicurus，*Vatican Sayings* 70）

　　即使在私底下也能维持良好秩序的生活是罕见的。每个人都可以在舞台上扮演自己的角色，扮演诚实的人；但是，要在体内，在自己的内心，在一切都被允许、一切都被隐藏的地方得到很好的管理，这才是关键所在。下一个最接近的事情是在你的房子里，在你的日常行为中；在那里，没有任何刻意或人为的东西，对这些事，你对任何人都不需负责。

[Montaigne, *Of Repentance*（1580）]

至于思想的开放性，或坚持自己不会不好意思承认的想法：

一个人应该习惯于只考虑那些事情——如果有人突然问："你在想什么？"——他可能会坦率而毫不犹豫地回答这个或那个问题。（Marcus Aurelius, *Meditations* 3.4.2）

这些天的人们有多疯狂！他们向众神低语着最可耻的祈祷；如果有人在听，他们就会沉默。他们把不想让任何人知道的话告诉神！看看这是否会成为一条有益的规则：和他人一起生活，就像神在注视一样；和神说话，就像别人在听一样。（Seneca, *Epistles* 10.5）

我已经嘱咐自己要敢于说出我敢做的一切；我甚至会因为有我不会发表的想法而不高兴。在我看来，我最糟糕的行为和品质并不像不敢拥有它们的卑鄙懦弱那样卑鄙。[Montaigne, *Upon Some Verses of Virgil*（1580）]

4. 一致性。斯多葛派有一种对美德的测试，也许还有一条通往美德的捷径：一致性。一致性听起来像一种与物质无关的品质；一贯的坏（或错误）似乎和一贯的善良一样容易。但是，考虑一下一致性与上一节描述的思想和行动的开放性之间的关系。

真正的一致性意味着永远认为同一件事是正确的，永远不会偏离它。这也意味着在所有场合都要以同样的方式行事和思考——在公共场合，在家里，还是独自一人时，都绝不虚伪；因为虚伪不仅可以被准确地描述为不诚实，还可以被描述为一种不一致的形式。斯多葛派认为，在刚才描述的感官上能够保持一致的人，必然是善良的。

　　放弃对智慧的旧定义，使用涵盖人类生活所有方面的定义，我可以满足于此：什么是智慧？总是想要同样的东西，拒绝同样的东西。没有必要再加上一点限制，"只要你想要的是正确的"——因为如果一件事不正确，人们不可能总是对它感到满意。(Seneca, *Epistles* 20.5)

　　这就是一个愚蠢的头脑是如何被最清楚地表现出来的：它现在表现为一件事，同时又表现为另一件事。最糟糕的是，在我看来，它并不表现为它自己。相信我，只表现成一个人是件好事。(Seneca, *Epistles* 120.19, 22)

自古以来，很难挑出十几个人能把他们的生活形成一个确定和恒定的过程，这是智慧的首要意图。[Montaigne, *Of the Inconstancy of Our Actions* (1580)]

5. 爱、善良、同情。这些都是斯多葛主义中被低估的主题，因此值得详细说明。接下来的内容本身就具有指导意义，也可以向那些认为斯多葛主义冷酷或酸涩的人展示。马可·奥勒留说：

> 使自己适应你所描绘的环境；对于那些与你命运相关的人，你要真诚地爱他们。（Marcus Aurelius, *Meditations* 6.39）

> 理性灵魂的其他特征是对邻居的爱、真理、同情，以及不重视任何高于自身的东西，这也是法律的属性。因此，正确的推理和公正的推理没有区别。（Marcus Aurelius, *Meditations* 11.1.2）

> 仁慈是无敌的，如果它是真诚的，不是虚伪的，也不是装腔作势的。（Marcus Aurelius, *Meditations* 11.18）

爱比克泰德则说：

> 我不应该像雕像一样无情；作为一个虔诚的人，一个儿子，一个兄弟，一个父亲，一个公民，我应该关心我先天和后天的关系。（Epictetus, *Discourses* 3.2.4）

塞涅卡则说：

> 我们的共同生活建立在善良与和谐的基础上；它以互助

契约为纽带，不是因为恐惧，而是因为彼此的爱。（Seneca，*On Anger* 1.5.3）

这是哲学给我们的第一个承诺：同情心、人性、社交性。（Seneca，*Epistles* 5.4）

像优越者对待我们一样对待低下者。（Seneca，*Epistles* 47.11）

刚才显示的这段文字的翻译很吸引人，但也不拘泥于字面。原文更清楚地表明，塞涅卡在思考人们如何与奴隶生活在一起。

盯紧一个人，以免被伤害；另一方面，这是为了避免伤害他。为所有人的幸福而欣喜，为他们的不幸而同情；记住你应该承担什么，你应该防范什么。（Seneca，*Epistles* 103.3）

只要我们呼吸，只要我们在这世间生活，那就让我们珍惜眼前人；让我们超越损失、愤怒、冲突和嘲弄；让我们宽宏大量地忍受我们短暂的疾病。（Seneca，*On Anger* 3.43.5）

如果我们能够审视一个好人的心灵，我们应该看到多么美丽的景象：多么纯洁，多么令人惊叹的高贵平静——充满正义和力量，节制和智慧。除此之外，节俭、节制、忍耐、善良、和蔼可亲，甚至是**人性**——一种难以相信的品质，在人类身上是罕见的——都会为自己增添光彩。（Seneca, *Epistles* 115.3）

人们反对斯多葛派，不允许智者富有同情心或宽容。这些主张从表面上看是可憎的。他们似乎对人类的失败没有希望，但让所有的逾越行为都导致报应。如果是这样的话，是什么样的理论命令我们忘却人性，阻止我们最可靠的避祸互助？但事实上，没有一个学派比它更仁慈、更温和，没有一个学派比它更热爱人性，没有一个学派比它更关心公共利益，能够公开宣称其目的是服务和帮助他人，不仅关心自己，也关心人群中的每个人。（Seneca, *On Mercy* 2.5.2—3）

我们已经看到塞涅卡和马可·奥勒留提到了同情的价值。对于斯多葛派来说，这是一个微妙的话题。他们的哲学要求有一种感觉，即全人类都与他们有关系。它还呼吁帮助那些需要帮助的人。但是斯多葛派不赞成同情，这种同情指怜悯他人，并把他人的悲伤变成自己的悲伤——也就是说，因为他人的沮丧而变得沮丧。塞涅卡的立场是，善良的斯多葛派会**做**任何同情他人的人所做的一切，但他们自己不会感到怜悯；怜悯被认为是一种没有目的、损害良好判断力的痛苦。

悲伤不适合用来准确地看待事物，不适合用来理解如何完成事情，不适合用来避免危险，也不适合用来知道什么是正义。所以智者不会沉溺于怜悯之中，因为没有精神痛苦就不会有怜悯。对于那些感到怜悯的人倾向于做的所有其他事情，他都会欣然而行，精神高昂；他会宽慰别人的眼泪，但不会增加自己的眼泪。他会向遇难者伸出援手；他将为流亡者提供庇护所，为需要帮助的人提供慈善。（Seneca，*On Mercy* 2.6.1—2）

在第十三章中，我们将从爱比克泰德那里看到类似的情绪。与此同时，孟德斯鸠的结论是：

从来没有任何原则比斯多葛派的原则更符合人性，更适合塑造好人；如果我能暂时停止认为自己是基督徒，我就不能阻止自己把芝诺教派的毁灭列为降临于人类的不幸之一。

它超越了那些真正伟大的事物——蔑视快乐和痛苦。

只有这个教派才能造就公民；只有这样才能造就伟人；只有这样才能造就伟大的皇帝……

当斯多葛派将财富、人类的伟大、悲伤、不安和快乐视为虚荣时，它们完全被用来为人类的幸福而劳动，并履行社会的责任。他们似乎把他们认为居住在其内的神圣精神视为一种对人类有着密切关注的有利天意。

他们为社会而生，都相信为社会而劳动是他们的命运；

随着疲劳程度的减轻，他们的回报都在自己身上。仅凭他们的哲学就感到幸福，似乎只有别人的幸福才能增加他们的幸福。[Montesquieu, *The Spirit of Laws*（1748）]

6. 相互依存和服务。斯多葛派认为人的生命是相互依存的，并从中找到责任、情感和安慰的源泉。

如果一个人只看到自己，把一切都变成自己的利益，那么他也不能幸福地生活；如果你想为自己活着，你就应该为别人活着。（ Seneca, *Epistles* 48.2 ）

既然我可以用几句话告诉你人类的责任，为什么我要列出所有应该做和不应该做的事情？你所看到的一切，包括神和人，都属一体：我们是同一具身体的四肢。大自然使我们成为亲属，因为她从同一个物质中，并为同一个目的诞生了我们。她使我们彼此相爱，并使我们成为社会中的存在。她构建了公平和正义；根据她的分配，伤害比被伤害更悲惨。遵照她的命令，让我们在需要帮助之处准备充分。让那句著名的话铭记心中、口口相传："我是人，我不认为任何人对我来说是陌生的。"让我们抓住共同点：那就是我们是如何被制造出来的。我们的社会就像一座石头拱门，如果它们不互相阻挡，就会倒塌。它以同样的方式被举起。[Seneca, *Epistles* 95.51—53（引自 Terence, The *Self-Tormentor* ）]

你是什么？一个人。如果你孤立地看待自己，活到老，变得富有，变得健康是很自然的。但是如果你把自己看作一个人，一个特定整体的一部分，为了整体，你可能会生病，或在海上航行中冒险，或处于贫困之中，也许会被处死。（Epictetus，*Discourses* 2.5.25—26）

这种相互依存对我们如何生活和度过时间具有重要意义。斯多葛派理解自己有义务为他人服务，包括参与公共生活。西塞罗对斯多葛主义观点的诠释是：

既然我们看到，人天生就是为了保卫和保护他的同伴，那么从这种天性中可以看出，智者应该渴望参与政治和政府，也应该通过娶一个妻子并希望和她生孩子来与天性和谐相处。即使是纯洁的爱的激情也被认为与斯多葛式智者的性格不相容。（Cicero，*On the Ends of Good and Evil* 3.20）

塞涅卡对斯多葛派，即孟德斯鸠所称的芝诺派的期望有了一个更简洁的版本。

伊壁鸠鲁说："智者不会参与公共事务，除非他必须这样做。"芝诺说："除非他不能这样做，智者总会参与公共事务。"（Seneca，*On Leisure* 2.2）

同样，这种翻译有些无拘无束——这一次是为了保持它的两部分平行，这是不可抗拒的。但"公共事务"是什么意思？不仅是政治，而且是无论规模大小的帮助他人。

> 当然，对一个人来说，他应该造福他的同胞——如果可以的话，可以造福很多人；如果没有，那就造福几个人；如果不是少数，那就造福最近的人；如果不是这些，那就造福他自己。因为当他对别人有用时，他就从事公共事务。（Seneca, *On Leisure* 3.5）

斯多葛派也对造福他人的意义持宽泛的观点。哲学化很重要。而且，他们对他们必须服务的相关"其他人"也有广泛的了解。他们并不认为他们的直接社区或国家中的人是唯一重要的人。每个人都是重要的。

> 当被问及你来自哪个国家时，不要说"我是雅典人"或"我是科林斯人"。（像苏格拉底一样）说："我是世界公民。"（Epictetus, *Discourses* 1.9.1）

> 人是什么？国家的一部分——首先是由神和人组成的国家的一部分；然后是你更直接所属的状态，它是宇宙状态的缩影。（Epictetus, *Discourses* 2.5.26）

让我们理解有两个共同体——一个是一个巨大的、真正共同的国家，它同样地包容神和人，在这个国家里，我们不看地球的这个或那个角落，而是通过太阳的轨迹来衡量我们公民权的界限；另一个国家是我们因出生而被偶然分配到的那个国家……有些领域同时为两个共同体服务——对大国和小国——有些只为小国服务，有些只为大国服务。（Seneca, *On Leisure* 4.1）

第十二章 学习

斯多葛派不仅是斯多葛主义学说的学生，而且是学习如何实践它的过程的学生。他们将哲学视为日常生活的一种方式，而不是一座可以从外部欣赏或不时参观的知识大厦。因此，这一章提供了关于斯多葛主义研究中什么是现实的，什么不是，什么有帮助，什么没有帮助，以及在哪里寻找鼓励的评论。

斯多葛主义为那些试图遵循其建议的人提供了一些练习——回顾每一天，回顾一个人在哪些方面犯了哲学错误或做得很好；想象自己被一个理想化的人物注视，并询问观察者会怎么想和说；以及思索斯多葛主义的原则，直到它们深入人心。斯多葛派还对孤独和社交生活的价值提出了看法，比较了有助于或阻碍智慧进步的方式。最重要的是，他们强调哲学的进步不是通过了解其准则来实现的。它是通过同化它们，并据此思考和行动而形成的。

此外，斯多葛主义是一种训练思维之道。如果这听起来太难，斯多葛派会说这是因为我们不习惯像对待身体锻炼那样认真对待这项任务。每个人都知道，成为一名成功运动员需要时间和承诺。斯多葛主义的进步也是如此。它的方法特别具有挑战性，因为头脑既是训练者，也是训练对象。它必须学会做得更好。斯多葛派从不同于自动的角度看待事物，并试图抵制对任何可能发生的事情的惯常反应。这一切都需要稳定的注意力和精力，但随着时间的推移也会变得容易。

正如塞涅卡所建议的那样，我们可能会认为斯多葛主义等同于一种要求很高的武术。它需要练习。作为回报，哲学会给我们心灵的平静、无畏、幸福和智慧方面都带来改善。

1. 回顾。斯多葛派提供了许多提高思维质量的技巧。在其他章节中，我们看到了其中的一些，例如视角的变化或对可能发生的最坏情况的预测。但斯多葛主义也提供了元技术——也就是改进技术的技术。其中之一是设定哲学目标，并跟踪实现这些目标的进展。

> 如果你不想很快发怒，就不要养成习惯；不要把它当作生长的饲料。作为第一步，保持安静，数一数你没有生气的日子。"我过去每天都生气，然后每隔一天，然后每隔三天，然后每隔四天。"如果你能戒烟三十天，那就向神献祭吧。因为习惯一开始是放松的，后来就完全消失了。（Epictetus, *Discourses* 2.18.12）

一个类似的建议是，从斯多葛派的观点出发，每晚回顾一天是如何度过的。

　　每天都应该唤起人们的思想来进行核算。塞克斯提乌斯曾经这样做过。一天结束，当他晚上休息时，他会扪心自问："你今天纠正了哪些错误？你抵制了哪些错误呢？你在哪些方面变得更好了？"如果愤怒知道自己每天都要出现在法官面前，那么它就会停止，变得更加温和。有什么比这种回顾一整天的习惯更好的吗？……当灯火熄灭，我的妻子也早已意识到我的习惯而变得沉默，我便审视了我一整天的生活，回顾了我所有的言行。（Seneca, *On Anger* 3.36.1—3）

　　塞克斯提乌斯是斯多葛派和毕达哥拉斯学派的罗马哲学家，他比塞涅卡早了一代人。他在罗马创办了一所学校——塞克斯提学校，后来由他的儿子经营，这所学校从公元前 50 年持续到公元 19 年。我们从塞涅卡的信中得知，塞涅卡年轻时曾就读于这所学校（见第八章第 3 节）。塞涅卡向自己提供了上面提到过日常核算模式：

　　注意不要再那样做了；这次我会原谅你的。在那次讨论中，你说话太咄咄逼人了。在这之后，不要和无知的人争吵。如果他们从未学习过，他们就不想学习。你批评了一个比你应该批评的更坦率的人；结果你没有纠正他，你只是冒犯了他。从现在开始，要当心——与其说你说的是真的，倒不如说你说话的人能经得住事实的考验。（Seneca, *On Anger*

3.36.4）

这种日常回顾建议有时被称为毕达哥拉斯式。

　　这里给出的建议与毕达哥拉斯推荐的一条规则不相上下——每天晚上睡觉前都要回顾一下我们白天做过的事情。在繁忙的商业或娱乐中随意生活，而从不反思过去——可以说，继续从生活的线团中摘下棉花——就是不清楚我们在做什么；一个生活在这种状态下的人，他的情绪会变得混乱，思想也会变得混乱；这很快体现为他的谈话突然支离破碎，成为了一种被绞碎的东西。[Schopenhauer, *Our Relation to Ourselves*（1851）]

斯多葛派也将进行一种相反的回顾：为即将到来的事情作准备。

　　在每天清晨，对自己说：今天我将与爱管闲事、忘恩负义和傲慢的人会面；和欺骗、嫉妒和不合群的人在一起。所有这些都是因为他们不知道什么是善，什么是恶。但我看到了善的本质——它是美丽的；也看到了恶的本质，它是丑陋的；以及作恶者的本性，以及他与我的相似之处——不是因为他来自同一血统和种子，而是因为他拥有同一颗心灵和同样的一点点神性。我不能被他们中的任何一个伤害，因为除了我自己，没有人能让我卷入任何丑陋的事情。我怎么能对我的亲人生气，或者对他们怀恨在心？（Marcus Aurelius, *Meditations* 2.1）

学术管理人员可以对这段话进行有益的研究。塞涅卡提出了类似的建议：

智者在处理错误时冷静而公正；他不是错误的敌人，而是纠正错误；每天出门时，他会想："我会遇到许多醉酒的人，许多好色的人，很多忘恩负义的人，一些贪婪的人，还有许多被野心的疯狂所驱使的人。"他会以医生看待病人时的和善眼光看待所有这些事物。（Seneca, *On Anger* 2.10.6）

2. 观察。另一种调整视角的斯多葛练习是：采用双重思维，通过想象中的其他人的眼睛观察自己。建立一个外部的观点，并将其人格化，是一种更客观地看待你正在做什么，并使自己达到更高标准的方法。

我们必须挑选出一些好人，永远把他放在心上，这样我们就可以像被他看着一样生活，像被他看见一样做每一件事……选择一个生活、谈吐、面容都令你满意的人；然后向你自己展示他是你的监护人和榜样。我要说，我们需要一个人，以他为榜样来衡量我们自己的行为。没有尺子，你无法

把弯曲的东西弄直。Seneca, *Epistles* 11.8—10）

毫无疑问，它有助于为自己指定一个监护人，有一个你可以期待的人，一个你认为参与你思想的人。到目前为止，最高尚的事情是生活得好像你被一个总是在场的好人看到一样，但即使是下面这样，我也很满意——你做任何事都像**有人**在看着一样。只有我们一个人的时候，我们才会被怂恿去做坏事。（Seneca, *Epistles* 25.5）

爱比克泰德描述了人们可能与这样一个观察者进行的对话。

当你走到某个当权者面前时，请记住，另一个人正在从上面观察发生的事情。后者不是你面前的当权者，而是你必须满足的另一个人。于是，观察者询问你："流亡、监禁、束缚、死亡、耻辱——你在演讲厅里把这些称为什么？""我叫它们'无动于衷'。""那么现在你叫它们什么？这些事情有什么变化吗？""没有。""那么你变了吗？""没有。"……那么，自信地走进去，记住这些事情，你就会明白，在那些没有学习过的人之中，成为一个有学习过的年轻人意味着什么。老天爷，我想你会有这样的感觉："为什么我们作了这么多精心准备，却一无所获？这就是权力的含义吗？华丽的入口、服务员和保镖？我听了那么多讲座是为了这个吗？这些都不算什么，我准备得好像它们很棒一样。"（Epictetus,

Discourses 1.30.1—3，5—7）

3. 冥想。有时，思索、阅读和写作有助于斯多葛主义。它既是一种生活方式，也是一种思维方式。准确思考的排练是一个人实践斯多葛主义以及提高它的方法。

> 我知道，卢基里乌斯，你很清楚，没有智慧的学习，任何人都无法幸福地生活，甚至无法忍受生活。智慧一旦获得，就会产生幸福的生活；只有智慧开始，生活才可以忍受。但这种观念必须通过日常学习来加强和深化；坚持你已经作出的决心要比制定高尚的新决心更难。（Seneca, *Epistles* 16.1）

> 好的格言，如果你经常牢记在心，将和好的榜样一样有益。毕达哥拉斯说，当我们进入寺庙，看到近在咫尺的神像，等待神谕的发表时，我们的思想就会改变。谁会否认，即使是最无知的人也可能会被某些说法所震撼？这样的陈述简明扼要，但很有分量："没有什么可以纵欲。""没有财富能满足贪婪的人。""你必须期望别人像你对待他们一样对待你。"（Seneca, *Epistles* 94.42—43）

> 你经常思考的那些事情的性质将是你理解的性质，因为头脑被思想所染。因此，要沉浸在一系列这样的思想中：例如，在有可能生活的地方，也有可能生活得很好。（**Marcus**

Aurelius, *Meditations* 5.16）

> 我一定会死；所以我也一定会死而有憾吗？我一定会戴
> 上镣铐；我也一定会为某些事情哭泣吗？我一定会被放逐；
> 有没有人阻止我愉快随和地笑着离开吗？"说出你的秘密。"
> 我不说话；这一切由我决定。"那我就把你拴起来。"伙计，
> 你在说什么？在说我？你可以锁住我的腿，但宙斯自己无法
> 克服我的意志。"我要把你关进监狱。"你是说我可怜的身体。
> "我要砍掉你的头。"我什么时候告诉过你我的脖子是唯一不
> 能被砍断的脖子？这些都是哲学家应该思考的事情，应该每
> 天写下来，应该用作练习。（Epictetus, *Discourses* 1.1.22）

4. 场所。斯多葛派并不总是对一个人去的地方和结交的人，
以及对他们的选择如何影响哲学的进步持有相同的观点。也许答
案取决于细节。塞涅卡承认，有些地方比其他地方更适合智慧的
发展。

> 正如有些衣服比其他衣服更适合聪明诚实的人一样——
> 他虽然不讨厌任何特定的颜色，但也认为其中有些衣服不适
> 合过简单生活的人——所以聪明人（或以智慧为目标的人）
> 会避免一些地方，因为这些地方不利于过上好的生活。因
> 此，如果他正在考虑撤退，他将永远不会选择克诺珀斯，尽
> 管克诺珀斯不会阻止任何人变得善良；当然也不会选择已经

成为罪恶之穴的巴亚。（Seneca, *Epistles* 51.2—3）

克诺珀斯（Canopus）是埃及海岸的一座城市；巴亚（Baiæ）是今意大利西南部的一个城镇（靠近那不勒斯）。这两个地方都是以放荡著称的古代度假区。尽管这些地方带来了挑战，但斯多葛派通常的态度是怀疑身处一个地方而不是另一个地方的重要性。他们认为生命更多的是生活在头脑中，而不是生活在任何物理场所，他们认为对新地点的渴望与对其他新事物的渴望来自同一个源头：我们的感觉太迟钝，无法欣赏我们周围已经存在的东西。

"那我什么时候才能再次看到雅典和卫城？"可怜虫，你每天都在看的东西对你来说还不够吗？你能看到比太阳、月亮、星星、整个世界、大海更好或更伟大的东西吗？（Epictetus, *Discourses* 2.16.32）

比较西塞罗的话：

现在，如果我们突然从永恒的黑暗状态中被带出来，去看光明，天堂将会多么美丽！但是，我们的头脑已经习惯了我们眼睛的日常实践和习惯化，我们也不愿意费力去探究眼前的事物的原理；似乎事物的新颖性而非重要性应该激发我们去调查其原因。（Cicero, *On the Nature of the Gods* 2.38）

斯多葛派对风景的变化不如对自我的变化感兴趣，他们认为，没有第二种，就不可能满足第一种。

> 看到新的乡村怎么能给你带来乐趣？了解城市和地方？你会发现那种激动是无用的。你想知道为什么你的逃跑没有帮助吗？你带上了你自己。在任何地方都能让你满意之前，你必须放下自己的精神负担。（Seneca, *Epistles* 28.2）

贺拉斯也表达了这一观点："他们改变了他们的气候，而不是他们的性格，因为他们跑过了大海。"（Horace, *Epistles* 1.11。）爱默生也给出了一段众所周知的表达。

> 由于我们的第一次旅行，我们发现这个地方什么都不是。在家里，我梦想在那不勒斯，在罗马，我可以陶醉在美丽中，忘却悲伤。我收拾好行李，拥抱我的朋友，驶向大海，最后在那不勒斯醒来。在那里，我身边有一个严峻的事实，那就是我曾逃离的悲伤的自我，它无情，一模一样。我寻找梵蒂冈和宫殿。我假装被眼前的景象和暗示陶醉了，但我并没有陶醉。无论我走到哪里，我的巨人都会跟着我。
> ［Emerson, *Self-Reliance*（1841）］

普鲁塔克用了一个类似的例子作为类比，来描述所有对我们没有帮助的表面变化。

> 就像那些胆小晕船的海员一样，他们认为如果从小船转移到大船上，然后再从大船转移至军舰上，他们会更舒适地度过这次航行；但他们通过改变却什么也做不到，因为他们一直带着恶心和胆怯；同样地，改变一个人的生活方式，使其变得截然相反，也不会减轻使其悲伤和痛苦的事情。这些是对事物的无知、粗心大意、无法（以及不知道如何）恰当利用手头的东西。这些缺陷就像海上的风暴一样，折磨着富人和穷人，折磨着已婚者和未婚者；正因为如此，人们避开公共生活，然后发现自己的生活安静不堪忍受；正因为如此，人们在法庭上寻求晋升，一旦获得晋升，他们马上就会感到厌烦。[Plutarch, *On Tranquility of Mind* 3（466b—466c）]

5. 孤独。斯多葛派认为孤独具有类似的混合吸引力。关于它的价值：

> 独处本身并不能教人正直，乡村也不能给人节制方面的教训；但是那些以展示为目的的恶习将会在没有目击者或旁观者的地方消失。谁在不展示给别人看的时候穿上紫色长袍？谁在一个金盘子里上饭上菜……没有人仅仅为了自己的利益，甚或为了几个亲密的朋友，就变得优雅；我们把我们的恶习工具按照人群的比例放在那里看。事实就是这样：我

们所有奢侈的刺激因素都是共谋崇拜者。如果你不让我们炫耀，你就会让我们不去渴望。野心、奢侈和缺乏克制都需要一个舞台：如果你不被看到，你就会治愈它们。（Seneca，*Epistles* 94.69—71）

关于孤独的无用性：

他们为自己寻找隐居地——乡村、海滨、山区——而你也习惯于渴求这样的东西。所有这些都是完全业余的，因为你可以在任何时候退缩到自己里面。（Marcus Aurelius，*Meditations* 4.3）

关于其中的风险：

他们说，克拉特斯——我在早先的一封信中提到的斯提尔波的弟子——在看到一个年轻人在独自行走时，问他自己在那里做什么。"我在自言自语。"他说。对此，克雷茨回答道："小心，我求你了，仔细听我说：你在和一个坏人谈话。"……任何无知的人都不应该孤独。也就是说，在那时，他们为他人或自己制定了糟糕的计划，制造了未来的麻烦；在那时，他们组织了可耻的欲望。无论是出于恐惧还是出于羞耻，无论头脑曾经隐藏了什么，现在它都会揭示：它会磨砺勇气，刺激欲望，激起愤怒。（Seneca，*Epistles* 10.1—2）

斯提尔波（Stilpo）是公元前 4 世纪出生的希腊哲学家。正如塞涅卡提到的，他是底比斯的克拉特斯（Crates）的老师，后者是犬儒学派的成员；而斯提尔波和克拉特斯都被认为是斯多葛派创始人——季蒂昂的芝诺的老师。这三个人都是斯多葛派的英雄。

6. 好朋友和坏朋友。 斯多葛主义认为我们在这里是为了与他人合作。因此，虽然斯多葛派对社会生活的危害非常警觉（正如我们在第七章中看到的，稍后也将再次看到），但他们也认为与他人的关系很重要，并高度重视友谊。他们只是对此有选择性。

> 没有什么比挚爱和忠诚的友谊更能给人带来快乐了。（Seneca，*On Tranquility of Mind* 7.3）

> 与那些会提高你的人交往。欢迎那些你自己可以改进的人。过程是相互的；因为人们边教边学。（Seneca，*Epistles* 7.8）

> 熟练的摔跤运动员是通过练习来训练自己的。音乐家的灵感来自同样熟练的人。智者也需要锻炼自己的美德；因此，他就像鼓动自己一样，被另一个智者鼓动。（Seneca，

Epistles 109.2）

关于坏朋友的危险：

一个经常与某些人交往的人，无论是为了谈话、宴会，还是仅仅为了良好的友谊，都一定会变得像他们一样，或者按照自己的方式改变他们。因为如果你把一块已经熄灭的木炭放在一块正在燃烧的木炭旁边，要么第一块会熄灭第二块，要么第二块会点燃第一块。既然危险如此之大，我们应该非常谨慎地与外行建立这种社会关系，并记住，一个人与沾满煤烟的人擦肩而过，就不可能避免自己从煤烟中获益。（Epictetus, *Discourses* 3.16.1—3）

所以，在这些明智的想法固定在你身上，且在你获得了保护自己的力量之前，我建议你在与外行一起进入竞技场时要小心。否则，你在课堂上写下的任何东西都会一天天地融化，就像太阳下的蜡一样。（Epictetus, *Discourses* 3.16.9）

塞涅卡认为，在选择我们所听的人时要谨慎，这一点尤为重要。

正如那些听过音乐会的人把歌曲的曲调和魅力带到他们的脑海中一样，也正如他们阻碍了思考，不会让你专注于严肃的事情一样，阿谀奉承者和那些赞扬堕落的人的言论在听到后很久也会萦绕在耳中。要把这种讨人喜欢的声音从你的脑海中驱除并不容易：它会继续、持续，并时不时地回来。因此，你应该从一开始就对坏话充耳不闻。一旦它们进入我们的脑海，它们就会变得更加大胆。（Seneca, *Epistles* 123.9）

塞涅卡还提醒，我们在生活中遇到的坏人与我们内在的潜力相匹配。当我们与他们在世界各地的代表共度时光时，潜力就被挖掘出来了。

只要你和一个贪婪而卑鄙的人生活在一起，贪婪就会紧紧抓住你；只要你和傲慢的人在一起，你也会变得自大。如果你和刽子手共用一个帐篷，你将永远无法摆脱残忍。以通奸者为友会点燃你的色欲。如果你想摆脱恶习，你必须远离邪恶的榜样。贪婪的人、诱惑的人、残忍的人、骗子——如果他们在你身边的任一地方，都有可能造成很大的伤害——在你的内心。

7. 人群。与朋友相关的一个问题是我们与整个社会世界的关系，比如当一个人公开外出时。这对斯多葛派来说是一个重要的问题，因为哲学要求参与公共事务，但也要求抵制大众的判断和蔑视。斯多葛派不应该回避人群，但必须与人群保持谨慎的关系。爱比克泰德对群居的人类持仁慈的态度，将其比作取悦群居的农场动物。

若你们发现自己身处人群中——比如比赛、节日或假日——试着和其他人一起享受。如果你爱你的同伴，还有什么事情会比他们中的许多人更令人愉快的呢？当我们看到成群的马或牛时，我们很高兴；当我们看到一支由许多船只组成的舰队时，我们很高兴；当我们看到许多人时，谁会感到痛苦？（Epictetus, *Discourses* 4.4.26—27）

塞涅卡对人群采取了温和的态度。有时这是通过交替发现的。

这两件事必须结合起来，轮流进行：孤独和人群。前者会给我们留下对他人社会的渴望，后者会给我们对自己的社会留下渴望，而其中一个会成为另一个的解药。孤独可以消除我们对人群的厌恶；人群则可以消除孤独的无聊。（Seneca, *On Tranquility of Mind* 17.3）

塞涅卡还建议在人群中保持适度。在那里，他认为最好找到一条中间道路，允许人们参与社会生活，同时既不屈服于社会生活，也不憎恨社会生活。

你认为当他们受到各方攻击时，行事方式会发生什么变化？你必须模仿或拒绝。其实，无论哪种方式都应该避免。

不要因为坏人多而变得像坏人，也不要因为他们不像你而敌视他们。（Seneca, *Epistles* 7.7—8）

大胆的做法是在人群喝醉和呕吐时保持干爽和清醒。另一种选择则更为温和：不要孤立自己而让自己引人注目——也不要与人群混在一起——而是做同样的事情，只是方式不同而已。（Seneca, *Epistles* 18.4）

8. 学说的同化。斯多葛哲学意味着被吸收而不是被欣赏。

羊毛会立刻被染上某些颜色，而其他颜色则不会被羊毛吸收，除非后者被反复浸泡并煮沸。同样，我们的头脑一旦理解了其他的一些思想体系，就可以立即将其付诸实践。但是，我所说的这个体系，除非它深入发展、长期存在，且不仅使思想变得淡薄，而且给思想染上颜色，否则就无法实现它的承诺。（Seneca, *Epistles* 71.31）

因此，斯多葛派建议学生不要谈论太多。学习应该表现出来，而不是说出来。爱比克泰德说：

永远不要称自己为哲学家，不要在外行中谈论太多哲学原则，而要按照它们行事……如果你要在外行当中讨论一些哲学原则，请保持沉默，因为有很大的危险：你会立即吐出还没有消化的东西。当有人对你说你什么都不知道，而你没有被嘲弄刺痛时，要知道你正在取得进展。羊不会吐出草来告诉牧羊人它们吃了多少；在消化了肚子里面的草之后，它们在外面产出羊毛和牛奶。对你也是如此：不要向无知的人展示你的学理，而要展示消化它所产生的行动。（Epictetus, *Enchiridion* 46）

让我们的思想这样做：让它隐藏它所利用的一切，只展示它所产生的。即使你会和你崇拜的、对你有深层影响的人有一些相似之处，我也希望你像是做他的儿子，而不是雕像：雕像是死东西。（Seneca, *Epistles* 84.7—8）

为了说明这个观点，普鲁塔克创造了一个众所周知的比喻。

头脑不像一个需要填满的桶，而像一块需要点燃的木头，只不过是为了产生一种发现的冲动和对真理的渴望。想象一下，有人需要邻居的火，却发现有一团熊熊烈火，他就一直在取暖，直到火熄灭。如果一个人到另一个人那里去了解后者的思想，却没有意识到他应该点燃自己的灵感，点燃自己的想法。他只是因他听到的话而很高兴，他只是坐在那里陶醉了。［Plutarch, *On Listening to Lectures* 18（48c—48d）］

9. 话语。同样，斯多葛派也对过分依赖语言持谨慎态度。

他们认为哲学的进步是以思想和行动来衡量的，而不是以对准则的了解来衡量的。

> 如果我们不把正确的概念付诸实践，我们只不过是别人观点的解释者。根据所有的规则，我们当中现在有谁不能谈论善恶？"在现存的事物中，有些是善的，有些是恶的，有些是无关紧要的；那么善就是美德，以及参与美德的事物；恶是善的对立面；无关紧要的是财富、健康和名誉。"如果我们说话时有很大的噪音，或者有人嘲笑我们，我们就会被踢出跑道。哲学家，你刚才说的那些东西在哪里？
> （Epictetus, *Discourses* 2.9.14—17）

因此，斯多葛派警告人们不要被口头表述所欺骗。

> 这就是我们给孩子们背诵格言的原因……因为孩子们的头脑在还不能处理更多的事情时，就可以掌握这些格言。但对于一个有确实进步的成年人来说，固守华丽的辞藻，用最广为人知、最简短的格言来支撑自己，依靠自己的记忆，是可耻的，因为到了现在，他应该依靠自己。他应该制定这样的格言，而不是记住它们。（Seneca, *Epistles* 33.7）

正是通过演讲和其他此类形式的指导，一个人一定能走向完美，净化自己的意志，纠正利用印象的能力。这些原则的指导要求一定的表达方式，以及表达方式的生动性和多样性。因此，一些学生被这些东西迷住了，并一直待在那里——一个是风格的俘房，一个是三段论，一个是模棱两可，还有一个是在其他类似的路边客栈里，留在那里，浪费在那里，就像在一群塞壬中一样。（Epictetus, *Discourses* 2.23.40—41）

措辞谨慎也会影响一个人对某种哲学的品位。这本书中强调的斯多葛派对没有具体回报的理论感到不耐烦。但是理论的正确比例不仅是斯多葛派和其他人之间的争论，也是不同斯多葛派之间的争论。早期的斯多葛派有时以巧妙的悖论和概念提炼而闻名，但罗马人对此并不感兴趣。他们认为哲学的利害关系太高，无法变得持续抽象和过分精妙。塞涅卡嘲笑用三段论（包括斯多葛式三段论）煽动人们做出英雄行为的想法。

杀死巨大的恶魔需要伟大的武器……你的那些小小的飞镖——你是在向死亡投掷它们吗？你是在用针挡住狮子吗？你的这些论点是尖锐的，但没有什么比一根稻草更锋利的了。有些东西由于其微妙之处而变得无用。（Seneca, *Epistles* 82: 23—24）

头脑习惯于自娱自乐，而不是自我疗伤；当哲学是一种治疗方法时，头脑往往把它当作一种消遣。我不知道"智慧"和"聪明"之间有什么区别。我确实知道，我是否知道这样的事情对我来说没有什么区别……那么，你为什么用智慧的术语而不是它的结果来困扰我呢？让我更勇敢，让我更冷静，让我与命运平等，让我超越命运。（Seneca, *Epistles* 117.33）

塞涅卡认为，哲学的愿景是帮助人们解决他们最急切的问题。

你想知道哲学能为人类提供什么吗？劝告。死亡召唤着一个人，贫穷刺痛着一个人，另一个人被财富折磨着——别人的或自己的财富。这个人对不幸感到不寒而栗，那个人渴望摆脱自己的好运。这个人被众人虐待，那个人则被众神虐待。你为什么要设计你的文字游戏？现在不是玩弄的时候：你被召去帮助那些可怜的人。你承诺过你会帮助那些遭遇海难的人，被俘虏的人，生病的人，贫困的人，那些要被斧头砍头的人。你要去哪里？你在做什么？（Seneca, *Epistles* 48.7—8）

爱比克泰德提出一条相关建议：

爱比克泰德说，宇宙是由原子组成的，还是由未合成物质组成的，还是由火和土组成的，这和我有什么关系？仅仅知道善与恶的本质，我们欲望与厌恶的适当界限，以及我们行动与不行动的冲动，难道还不够吗？利用这些规则来安排我们生活中的事务，向那些超越我们的事物告别，难道还不够吗？后面的这些事情很可能是人类头脑无法理解的；即使假设它们是完全可以理解的，理解它们又有什么好处呢？

[Epictetus, *Fragment*（Stobæus 2.1.31）]

10. 与身体发育的比较。 前面的几章提到了斯多葛派对反复出现的错误模式的兴趣：我们倾向于高估我们所能看到的，而牺牲我们所不能看到的——金钱多于时间，或者习得的好处多于隐藏的成本。斯多葛派以同样的方式看待哲学进步。如果说改变我们的思维习惯似乎太难了，那是因为我们不习惯于把我们所作的那种对任务的承诺带到更具体的目标上去。因此，我们的作者将哲学的挑战与为次要原因而通常忍受的努力和艰辛相比较。

军队已经忍受了各种剥夺；它们以植物的根为生，以一种令人难以启齿的方式抵御饥饿。为了一个王国，他们忍受了所有这些事情——更奇妙的是，为的是别人的王国！那么，谁会犹豫着忍受贫穷，以使自己的思想摆脱疯狂呢？

（Seneca, *Epistles* 17.7）

当然，答案是每个人都会犹豫，但斯多葛派的立场是没有人应该犹豫。一条相关的论据将斯多葛主义所要求的劳动和训练与取得巨大身体成就所需的劳动和训练进行了比较。

> 有这么多的人锻炼自己的身体，而只有这么少的人锻炼自己的头脑！摔跤表演是假的，完全是为了娱乐，观众却蜂拥而至，而好的艺术是多么孤独啊！我们钦佩这些运动员的肌肉和肩膀，但他们的头脑多么浅薄啊！（Seneca, *Epistles* 80.2）

事实上，训练头脑应该比训练身体更容易。

> 虽然身体需要很多东西才能保持健康，但心灵会自我成长、自我滋养、自我训练。运动员需要大量的食物和饮料，还有大量的油脂，更不用说大量的努力，但你可以在没有设备、无需代价的情况下实现美德。（Seneca, *Epistles* 80.3）

斯多葛派最喜欢的一个比方是杂技演员的训练。斯多葛主义可以比这难多少？

> 没有什么是如此困难，如此遥不可及，以至于人类的头脑无法征服它，并使它熟悉不断的实践；没有一种情绪是如此强烈和独立，以至于无法通过训练来控制。无论头脑自己命令什么，它都会得到……人们学会了走钢丝，学会承受巨大的负担，几乎超出了人类的承受能力；也学会了潜水到很

深的地方，待在水下，没有呼吸的机会。还有一千个其他坚持克服每一个障碍的例子，它们都表明没有什么是困难的，只要头脑命令自己忍受它。（Seneca，*On Anger* 2.12.3—5）

杂技演员们毫无顾虑地面对艰巨的任务，冒着生命危险表演，有的在倒过来的剑上翻筋斗，有的在高空绳索上行走，有的像鸟儿一样在空中飞翔，一个错误的动作就会导致死亡。他们做这些事都是为了可怜的微薄报酬——而我们不会为了完全的幸福而忍受苦难吗？（Musonius Rufus，*That One Should Disdain Hardships*）

11. 奉献。人们在这一点上不应该犯错误：实践斯多葛主义需要献身精神。斯多葛派并不把它视为一种爱好。

哲学的学习不能推迟到你有空闲的时候；为了我们能够专心于哲学，其他的一切都可以忽略，因为没有多长的时间是足够学习哲学的，即使我们的生命从童年延长到分配给人类的最长时间。（Seneca，*Epistles* 72.3）

如果一个人只在他可以摆脱恶习的时候学习，那么他怎么能学会足够的知识来反对他的恶习呢？我们没有人深入。我们只摘取一些小贴士：我们认为花一点时间在哲学上对有事情要做的人来说已经足够了，而且远不止足够了。

（Seneca, *Epistles* 59.10）

全神贯注的人的最后一项职业是生活——而且没有什么比学习更难的了。世界上充满了其他艺术的老师；男孩子们把其中一些学得很好，甚至也能教授它们。学习如何生活需要一生的时间，而且更让你吃惊的是，学习如何死亡也需要一生的时间。（Seneca, *On the Shortness of Life* 7.3）

12. 鼓励。正如最后几节所示，斯多葛派有时说他们的哲学很难，有时说这是触手可及的。他们声称，学习需要一生的时间，但一个人可以立即取得进步。归根结蒂，他们要求人们成为乐观主义者。我们已经看到了需求；让我们以乐观的态度结束。

说实话，工作也没有那么艰巨，只要——正如我所说的那样——我们开始塑造和改造思想，使其弯曲的部分变硬。但即使是在很难的情况下，我也不会绝望。没有什么是顽强的努力和近距离、执着的关注无法克服的。橡树不管有多么弯曲，都可以拉直。热使弯曲的横梁展开；那些以其他形状生长的植物被塑造成我们需要的任何用途。心灵比任何液体都更容易被塑造，变得柔韧和屈服！（Seneca, *Epistles* 50.5—6）

我们患有的疾病可以治愈，如果我们愿意得到改善，我们的本性会帮助我们——因为我们生来就是要走正确的道路的。通往美德的道路也不像一些人认为的那样陡峭和崎岖：通往美德的路是平坦的。我不是来给你错误的建议的。通往幸福生活的道路很容易。只要迈出第一步，就会有众神的支持和帮助。做你现在正在做的事要困难得多。（Seneca, *On Anger* 2.13.1—2）

我经常遇到一些人，他们认为**他们**不会做的事情都做不到；他们说我们总是在谈论超出人性所能承受的事情。但我自己对他们的估计是多么好啊！他们也可以做这些事情，但他们不想做。此外，这些任务可曾有让试图完成它们的人失望过？可曾有人觉得它们做起来并不容易？我们缺乏信心不是困难的结果。困难来自我们缺乏信心。（Seneca, *Epistles* 104.25—26）

战斗是伟大的，成就是神圣的；为了帝国，为了自由，为了幸福，为了和平。（Epictetus, *Discourses* 2.18.28）

第十三章　斯多葛主义及其批评者

作为一种后记，本书的这一部分由三个简短的讨论组成。每一个都涉及对斯多葛主义的批评和回应。

1. 无情。我们的第一个批评回应的是爱比克泰德的下面这段话：

> 当你看到某人悲伤地哭泣时，无论是因为他的孩子出国了，还是因为他的财产丢失了，不要让自己被他因为那些外部的事情而遭受痛苦的印象冲昏头脑。记住这个想法："折磨他的不是已经发生的事，因为它不会以同样的方式影响其他人；折磨他的是他对它的看法。"就语言而言，要毫不犹豫地同情他，或者如果他埋怨，也要毫不犹豫地和他一起埋怨。但注意不要在里面埋怨。（Epictetus, *Enchiridion* 16）

这段话后来引起了约瑟夫·艾迪生的回应：

正如斯多葛派哲学家摒弃所有一般激情一样，他们不会允许一个智者同情他人的痛苦。爱比克泰德说，如果你看到你的朋友陷入困境，你可以装出一副悲伤的样子，向他表示慰问，但要注意你的悲伤不是真实的……就我个人而言，我认为同情不仅使人性变得高尚和文明，而且其中有一些东西比在斯多葛派对人类的漠不关心这样的懒散的幸福中所能遇到的东西更令人愉快。〔Addison, *The Spectator* no. 397（1712）〕

艾迪生的说法集中体现了对斯多葛派的一种标准批评——他们的哲学是无情的，与同情心格格不入。学成的斯多葛主义者，如果真有这样的人存在的话，可能会说些安慰的话，但不会对其他人有任何感觉。斯多葛派不会关心他人或世界，因为那是一种对外部事物的依附。

这都是误解。斯多葛派并不谴责感受。他们以重要的方式支持它。斯多葛派重视同情心，憎恶懒惰，致力于为人类服务——这与艾迪生认为他们想要的正好相反。但斯多葛派会将这些承诺从任何特定情况下的内心痛苦中解脱出来。为什么停止这个案例？在各个方面都有造成这种痛苦的原因，与此同时，这些原因分散了人们对大局的注意力，也分散了人们对可能采取的任何建设性行动的注意力。所以，是的，斯多葛派认为怜悯之情对任何人都没有帮助；但他们的目标是做同样的事情，而不要像其他人那样同情。这一点在第十一章第 5 节中有解释。（有时斯多葛派建议同情对手，但这并不涉及痛苦。见第七章第 13 节。）爱比克泰德提出这一观点的方式可能听起来有点苛刻，但他的结论在实质上与伊壁鸠鲁的温和路线没有太大不同：

> 让我们分享我们朋友的痛苦，不要悲伤，而是体贴地理解。（Epicurus, *Vatican Sayings* 66）

尽管如此，我还是不愿意说艾迪生对他们的了解不够，来为斯多葛派辩护。罗马人所说的话中有很多可以驳斥他，但仔细搜索后可能会在别处找到支持他案例的某些变体的语言。我们至少已经看到斯多葛主义不需要得出任何他的结论。我宁愿利用他的批评作为一个机会，进一步思考斯多葛主义中感受和同情的位置，或者这本书所提供的各种各样的情感和同情，而不是进一步研究引语之间的比较。

正如第九章所讨论的，斯多葛派希望避免的是情绪或其他干扰准确观察世界的能力的状态——换句话说，感受的状态妨碍了理性，并产生（或创造）对外部的依附。斯多葛主义者对没有这些来源和影响的国家没有困难。为了暂时的方便，我在第九章中建议将好的或不可反对的状态称为与情绪不同的感受。感受和情绪之间的差异很重要——或者说是那些驱逐理性的状态和那些不威胁理性、并因此不会困扰斯多葛派的状态之间的差异。这些差异很重要，因为如此定义的感受状态，很可能是激发同情心所必需的，或者有助于形成令人钦佩的品格。情绪可能不是。

让我们通过与时间的影响进行比较，更仔细地考虑斯多葛主义对学生内心生活的预期影响，尤其是对情绪的影响。从艾迪生描述的案例开始：一位朋友遭受了可怕的损失。假设你活了足够长的时间，见过一千次这样悲痛的朋友，想象一下当下一个朋友（编号1001）接近你时，你可能会有什么反应。不是每个人都会对重复的经历作出同样的反应，所以，让我们以最吸引人的情景为例。我们的态度可能类似于一个医生，比如一个非常好的医生，他有很长的职业生涯，为临终的病人及其家人工作。在这类最好的医生中，我们会找到善良、温暖和同情。这里会有感受，但情绪是不可能的。你会同情，但你自己不会经历哀悼。你可能已经看过很多次了。

到目前为止，这些猜测并不涉及斯多葛主义。它们只是关于长期经验如何可能影响任何人的情感的观察。但是，这个思想实验的结果如果被接受，就与斯多葛派所寻求的精神状态十分相似。这种相似是自然的。时间和经验是生命的老师，它们逐渐带来智慧。亚当·斯密这样说：

> 时间是伟大而普遍的安慰者，它逐渐使弱者平静下来，就像智者在一开始就懂得尊重自己的尊严和男子气概一样。
> [Smith，*The Theory of Moral Sentiments*（1759）]

我的主张正好相反。如果斯多葛派说我们受制于外部、罪恶或情绪，那么说我们受困于自己的缺乏经验可能同样准确。只有新手是膨胀的、贪婪的、恐惧的；但我们都是新手。遗憾的是，生命是短暂的，因为它不允许我们经历足够的考验，使我们变得像我们所希望的那样聪明。斯多葛哲学是一种补偿——一种时间的替代品，或一种时间的模拟。斯多葛主义意味着在提供智慧的同时跳过重复；它试图通过沉思来获得一些教训、豁免权和其他一些如果活得够久就自然会获得的性格特征。因此，斯多葛派的"智者"类似于一个有着长期生活经验的人——也许比任何人都能拥有的时间更长。斯多葛主义是千度锤炼而来的哲学。

斯多葛主义和时间的影响之间的联系可以延伸。想想重复对其他情绪的影响。最初令人恐惧的东西通常会随着长时间的暴露变得毫无意义，或者失去力量。恐惧的根源并没有改变，而头脑的根源却改变了。或者想象一下，自己赚了一大笔钱却失去了一千次，或者爱了一千次又悲伤了一千次。你可能不会停止关心这些事情，也可能不想停止。但你可能会对它们有一种平静的感觉，并以某种超然的态度与它们相遇——有感受但有理智，并因此没有情绪。在经历了如此多的得失之后，贪婪和虚荣也很可能所剩无几。经验令人谦卑。你可能会有其他类型的快乐——来自欣赏和理解的平静。

回到这一点上来：斯多葛派对一件事的反应所规定的情绪的缺失，也是我们在长时间接触它后自然会期望的。感受和同情心可以在长时间的重复和经历中存活下来，甚至会成长，而情绪不会。由经验自然产生的情绪和感受之间的区分，类似于斯多葛派通过哲学实践而要达成的目的。

将斯多葛派性格倾向与长期经验所产生的性格品质联系起来，在几个方面都是有成效的。第一，它有助于使斯多葛理想不那么超凡脱俗。长期经验的观点使斯多葛派被视为我们所知生命的延伸——努力在成人之路上走得更远，努力不像德莱顿在本章后面批评的那样影响虔诚。斯多葛主义试图给我们带来更多的困难，但如果我们有更多的时间，自然也足够了。

第二，基于经验的观点使斯多葛主义的目标更令我们熟悉，也更容易理解。每个人都有过经验积累的小经历，以及由此产生的感受和情绪之间的差异。我们不需要十几辈子的时间来了解它。人们可以把第一次悲伤的经历与第十次相比较，或者把第一次遇见快乐与第五十次相比较，或者把第一次亲吻与第一百次相比较。这些经历不必失去意义或没有感受。相反，在最吸引人的情况下，我们可能会说，这里的感受成熟并改变了。但即便如此，这些事件最终也会失去情绪上的控制，不再对理性构成威胁。当然，在有些情况下，情绪上的刺激更难得到。我只是想说，这一过程，以及斯多葛派"智者"的品质，对于适度规模中的大多数人来说，已经足够熟悉了。

第三，斯多葛主义的长期经验观阐明了斯多葛理想是令人钦佩的。在许多试验所形成的人格中，我们发现斯多葛派成品的品质以一种吸引人的方式表现出来。长期经验所形成的性格类型没有什么丑陋之处，或者至少没有必然丑陋之处。它**可能**没有吸引力；有时，我们会经历磨难，这会削弱我们的能力。但当它与同情结合在一起时，它就有了高贵性。斯多葛主义要求这样做。它不仅要创造出经过多次试炼而成熟的头脑，还要创造出最好的头脑——通过长时间的学习，学会了充分、精力充沛地照顾病人的医生，而不是厌倦了的医生。

第四，将斯多葛主义视为类似于长期经验可以帮助解决一些难题。有时，哲学的一般原则似乎难以适用于特定的事实。斯多葛主义者不鼓励愤怒的情绪，但如果你是某些荒唐的不公正的受害者呢？那么，愤怒是不是正确的——甚或是重要的，因为愤怒会激励人们努力阻止不公正再次发生？人们可以用本书所讨论的准则来解释这种问题。你可能会说斯多葛派关心正义，不需要愤怒来激发对违反正义行为的回应等（见第九章第 12 节），但我们目前的想法提供了一条捷径。如果你想像斯多葛主义者那样对不公正作出反应，就要像一个有着长期经验的人那样作出反应——不是一个适应了不公正并且不再关心的人，而是一个毕生致力于纠正不公正的人。根据我自己的经验，这些人往往会以感受而非情绪来面对不公正。他们的平衡不会被新的不当行为打破。他们处理问题的频率太高，无法作出那样的回应；（回到我们的问题上来）当不公正折磨其他人时，他们是非常富有同情心的。为了**这些**目的，他们成为了天生的斯多葛主义者。最好的律师可以是这样的。

我们可以通过颠倒我们先前的思维实验来结束这部分讨论。你正在悲伤当中，两个朋友中的任何一个都可以安慰你：一个将你的灾难视为一种新的经历，另一个在看到你的悲伤时对它充满了情绪，或者说看过一千遍悲伤，所以有温暖和关怀的感受，但没有情绪。我会选第二个。但无论如何，我认为都没有理由再欣赏第一个了。第二个就是斯多葛派。

────────────

关于无情，这已经足够了。不过，作为补充，我想就斯多葛主义和经验之间的关系再多说几句。刚才的讨论提到了一些值得进一步评论的权衡。如果经验侵蚀了情绪，有些人可能会认为这种侵蚀是一种损失，然后害怕重复，因为情绪**无法**幸存下来。人们可以想到，那些经历过多次的人，在这方面似乎不太明智。他们看不到新鲜的东西；他们几乎没有注意到它；他们并不欣赏它。他们已经被适应所破坏。

最公正的说法可能是，有不同类型的智慧，或在不同场合有用的情感。老手（无论是什么）经历了太多次，已经没有了情绪上的敏感，但也有其他优势：洞察力、良好的判断力，以及长期的熟悉和知识所带来的轻松和温暖。这些都是伟大的美德。它们是斯多葛主义的核心。但它们并不是唯一的美德，即使是斯多葛派也不总是最想要这些美德。斯多葛派还希望一种新来者对一个主题的敏感度，他拥有业余者的优势，例如欣赏手头的东西。

这些关于经验和缺乏经验的影响的说法可以用本书前面提到的术语重述。斯多葛派在所有场合都寻求最有用的视角。我在这里强调，关于情绪和逆境，斯多葛派想要的是那种与长期经验相联系的智慧。但在某些情况下，他们实际上寻求新来者的态度。我们可以回忆第十二章第 4 节：

"那我什么时候才能再次看到雅典和卫城？"可怜虫，你每天都在看的东西对你来说还不够吗？你能看到比太阳、月亮、星星、整个世界、大海更好或更伟大的东西吗？（Epictetus, *Discourses* 2.16.32）

以及第五章第 8 节：

不要想象拥有你没有的东西。相反，从你拥有的东西中挑选最好的，想想如果你没有它们，你会多么想要它们。（Marcus Aurelius, *Meditations* 7.27）

实际上，我们可以区分两种错误。我们不能欣赏一些东西，因为我们对它们太熟悉了。我们对别人反应过度，因为不够熟悉他们。在第一种情况下，我们痛苦是因为我们不能像第一次那样看到旧的东西。在第二种情况下，我们痛苦是因为我们不能像一个熟稔的人那样看待新事物。斯多葛派更关心第二种错误，而不是第一种，但都理解两者，并试图根据情况从一种观点转向另一种观点。

人们可以重新审视本书中的许多主题，并根据在处理这些主题的理想心态中会发现多少（假设性的）重复来重新解释它们。新来者的视角往往会加深对事物的接受和满足，从而超脱于欲望——这可以通过学习如何以陌生的视角看待熟悉的事物，学习如何以不让我们的手指长满老茧的方法触摸它们。同样的视角可以帮助我们认识到，一项常规是愚蠢的或不公正的，它对人们来说太熟悉了，难以被普遍感知。情绪和逆境（有时也包括欲望）需要相反的观点——也就是说，对这些状态的主体的态度，可以在长期经历这些状态的人身上找到。当考虑一个人所爱或所恨的事情时，当考虑对任何事情的反应时，问一下有多少是由于他遇到这个问题的次数，无论是多次还是少次，都是有益的。

———————

斯多葛主义不应被高估。反思不能产生长期经验所能产生的性格和感受的所有品质，也不能逆转这些品质，逆转可能更加困难。但也不应低估斯多葛主义，因为反思可以帮助解决一些问题。这一点可以在不涉及情绪的环境中看到，也可以在涉及情绪的场景中看到。当一个人研究了新奇事物并思考了足够长的时间，以至于它失去了魅力，也不太可能让你做愚蠢的事情时，这就是斯多葛主义，它是有益的。（或者用"奢侈"或"地位"取代"新奇"——这一切都是一样的。）另一种选择是一次又一次地被新奇所吸引，直到它被许多关于它的无足轻重的艰苦教训，也许要到人的晚年，最终耗尽其魅力。智者省事。

2. 不可能。

斯多葛派的粗犷只是作为神的一种愚蠢的做作——用滑轮把自己吊起来，使自己对痛苦麻木不仁，同时，通过说他不痛苦，他知道他的感受，来欺骗他自己的经历。真正的哲学当然是更顺从的，更适合于人类使用……智者永远不会尝试不可能的事情；这种事就是为了超越他存在的本性而使自己吃力。他要么通过超越痛苦而成为神，要么通过假装没有感觉到痛苦而将自己贬低为牲畜或石头。[Dryden, *Don Sebastian*（dedication）（1690）]

德莱顿对斯多葛主义提出了另一种常见的批评：它的学说是不可能实现的。为了重申挑起批评的观点，斯多葛派认为，我们应该努力控制自己的事情，避免执着于不该做的事情。我们的判断和对事件的反应取决于我们；而事件本身并非如此。斯多葛派有时通过描绘一个"智者"来表达这种想法，通过使用这些原则，智者没有欲望和恐惧。从来没有这样的智者被确认过，一些人因此将斯多葛主义视为一种行不通的哲学。

正如本章前一节所述，我们可以把批评作为一个机会，来思考它提出的一个更大的问题——在这里就是关于斯多葛主义是否有价值，即使它的学说不能被完全遵循。但和以前一样，我们首先应该说的是，斯多葛派的学说真正需要什么。斯多葛主义者受苦受难，他们不会假装不这样，尽管他们认为继续下去没有任何意义。他们试图做的是理解自己的思想在制造痛苦中的作用，然后利用这些知识来减少痛苦。但是善良的斯多葛主义者，或至少是本书所讨论的类型，都对人的境况有着清醒的认识。喜欢德莱顿批评的人也应该喜欢这段关于如何应对亲人死亡的文字：

　　我很清楚，有些人的智慧是残酷的，而不是勇敢的，他
们否认智者永远不会悲伤。但在我看来，这些人永远不会
遇到这种不幸；如果他们遇到了，命运就会把他们骄傲的
哲学打倒，迫使他们即使违背自己的意愿也要承认真相。
（Seneca, *Consolation to Polybius* 18.5—6）

　　这听起来可能正是应该对斯多葛派说的那种话——一股现实
主义的冲击暴露了他们哲学的不可行性。但事实上，正如本书第
九章第 6 节所述，这些是塞涅卡的话，他在那里提供了一个比德
莱顿所攻击的观点要更加现实的视角。他的话有助于纠正对斯多
葛派的讽刺，即认为斯多葛派是一种要求不可能的理论，或者
斯多葛派是一种假装没有任何感觉的人。读完本书其他内容后，
读者在书中已经抵达了这一点，他们已经知道斯多葛派比这更
聪明。

　　或者至少有一些人是这样。公平地说，塞涅卡的这段话也表
明，斯多葛主义并不总是意味着同一件事。他批评的人可能还有
其他斯多葛派，毫无疑问，其他斯多葛派也会反过来批评他。正
如塞涅卡自己所说："我们斯多葛派不是暴君的臣民：我们每个
人都主张自己的自由。"（*Epistles* 33.4）对情绪的斯多葛式观点也
涉及其中，如果我们试图将它视为整体，并将我们所知的希腊
人的观点囊括进去的话。本书（或德莱顿）并没有公正地对待它。
如果哲学是以某种方式被定义的，那么塞涅卡在上文和第九章中
的观点确实可以被视为对斯多葛主义的背弃。如序言所述，我更

喜欢将本书中的一系列思想视为斯多葛主义的版本，而不是本真和异端说法的混合。但序言中也提到了我对这些论点缺乏激情，所以现在我只想说，这本书提供的框架并不是很适合德莱顿的抱怨。

不过，现在让我们承认他的批评是对的。一个完美的斯多葛式的存在，即使它并不需要意味着德莱顿所想的，也无疑是不可能的。这大概相当于永远不依附于外部，过着持续的美德生活。最伟大的斯多葛派老师是第一批说自己没有做到这一点的人，尽管他们不会说任何人都不能做到。斯多葛派确实敦促他们的学生和他们自己努力达到斯多葛主义的理想，有时他们会说这好像是可能的。他们只是补充说，事实上从来都不可能，或者几乎从来都不可能。

> 我也不会建议你，除了一个智者之外，你不应该追随任何人（也不应该让他追随你）。毕竟，你会在哪里找到那个人——我们已经寻找了这么多世纪的人？要代替最好的，也要让它成为最不坏的！（Seneca, *On Tranquility of Mind* 7.4）

> 塞莱努斯，按照你的习惯，你没有理由说我们的这位智者无处可寻。他不是我们斯多葛主义者的虚构，不是人性中的一种虚幻荣耀，也不仅仅是一个概念，一个虚幻事物的强大外表；而是像我们描述的这样一个人，我们已经展示过，并将再次展示——虽然可能不常有，但每个榜样都不时出现

在生命中。(Seneca, *On the Constancy of the Wise Men* 7.1)

　　塞涅卡心目中的斯多葛派的一个楷模是斯蒂尔波，一位比塞涅卡早三百年的希腊哲学家，没有留下任何著作；他又是芝诺的老师。对斯蒂尔波这一评价的最著名的依据是一则轶事，其中他在故乡被洗劫后失去了妻子和孩子，但他平静地说："我带着我所有的东西。"如果斯蒂尔波生活在罗马晚期，他可能会像爱比克泰德或其他类似的人物那样，并会和他一起否认自己的完美。当然，他是对的。当我们不太了解他们时，任何人都可能看起来很完美。这就是为什么斯多葛派的模范，在这些模范被提供出来的罕见场合，总是来自过去的几代人。

　　爱比克泰德本人认为不容易找到一个完整的斯多葛主义者。

　　　　如果你知道一个斯多葛主义者的话，给我看看。他在哪里？如何是？……正如我们称之为"菲狄亚式"的雕像是根据菲狄亚斯的艺术制作的，同样，请给我展示一个根据你所说的学说制作的人。让我看看一个既生病又快乐、既危险又快乐、既将死又快乐、既在流亡又快乐、既耻辱又快乐的人。把他给我看看——神啊，我想看到一个斯多葛主义者！所以你没有一个完整的人可以展示给我，然后展示给我一个正在进行的作品，一个朝那个方向倾斜的作品。请帮我一个大忙，不要嫉妒一个老人看到这壮观的场面，到目前为止我还从未见过！(Epictetus, *Discourses* 2.19.21—25)

所以，没有完美的斯多葛派。如果说"智者"或贤者是一种不达到就彻底失败的地位，这将是一个重要的观点。早期希腊的斯多葛派有时被公平地或以其他方式引用，采取类似的立场。但罗马人并没有，而且理智地说，如果一种哲学（如果有的话）除了不可能的成就以外什么也不能提供的话，它的意义何在？斯多葛派的智者最好被认为是一个参考点，即使遥不可及，也会有所帮助。这是一种解释完美智慧含义的便捷方式：想象拥有完美智慧的人会如何思考和行动。这是康德对此的观点：

> 斯多葛派的智者是一个理想，也就是说，一个只存在于思想中并完全符合智慧理念的人。因为这个理想提供了一个行事准则，所以理想为复制品的完美、完全的决定充当了原型。因此，这位智慧而神圣的人的行为为我们提供了一种行动标准，我们可以用它来比较和判断自己，这可能有助于我们改造自己，尽管我们永远无法达到它所要求的完美。
>
> [Kant, *Critique of Pure Reason*（1781）]

康德的观点与晚期斯多葛派的观点一致。我们可以把它比作塞涅卡所认为的斯多葛主义理想和通常可以实现的目标之间的区别。他理解一个可能无法实现的理想的价值。

> 我们必须把最高的善作为我们奋斗的目标，我们的每一

个行为和行动都要考虑到这一点——就像水手们必须通过某些星座来确定他们的航向一样。(Seneca, *Epistles* 95.44—45)

当谈到斯多葛主义的实际进展时，塞涅卡将学生分为三类。第一、二类的人不受情绪和外部因素的影响，但对这些收获的把握程度不同。然后是第三类，这似乎是大多数人所能期待的。

> 第三类人已经克服了许多恶习，甚至是严重的恶习，但并不是所有的恶习都能克服。他们逃离了贪婪，但仍会感到愤怒。他们不再为欲望所困扰，但仍为野心所困扰。他们不再垂涎，但仍然恐惧。在恐惧中，他们对某些事情足够坚决，但对其他事情却让步了。他们鄙视死亡，但害怕痛苦。让我们反思一下这最后一点。如果我们能进入第三类，事情会进展顺利。要达到第二类，则需要天资聪颖、学以致用、不断努力；但即使是第三类的条件也不容小觑。想想你在周围看到的那些邪恶；看看没有犯罪行为是不被追究的，邪恶每天都发展到什么程度，有多少坏事发生在公共场合和私人场合。如果我们不是最差的，你会看到我们做得很好。(Seneca, *Epistles* 75.14—15)

斯多葛派的人有时说得好像每个人都应该接受斯多葛派的理想，这无疑使他们自己成为一些嘲笑的对象。尽管如此，我们还是应该用一种能充分理解斯多葛主义的方式来解释它。这包括在斯多葛派有时自相矛盾的学说中作出选择，以使哲学最好地服务于其目的。斯多葛主义的目的是帮助研究它的人更准确地看到真理，从而更明智地思考和生活，而不是达到一个终点，或者被认为是浪费时间。"智者"是这个计划的帮手。最好把它理解为北极星——它指示方向的来源，而不是目的地。

3. 伪善。

从朋友和敌人的证言中，从爱比克泰德和塞涅卡的自白中，从琉善的讥笑中，从尤维纳利斯的激烈谩骂中，我们可以清楚地看到，这些美德导师有着他们邻居有的所有恶习，包括伪善。[Macaulay，*Lord Bacon*（1837）]

一些批评家与麦考利一起声称，斯多葛主义是一个虚伪的学派。斯多葛派声称不受虚荣、贪婪和恐惧侵扰（批评家说），他们劝告其他人加入他们，但与其他人一样，他们也沉浸在这些恶习中。他们崇尚美德，但并不道德。

斯多葛主义虚伪的名声主要源于它与塞涅卡的联系，而考虑他的情况将是解决这个问题的一种普遍方式。塞涅卡在他那个时代的政治生活中是一位有争议的人物。正如序言所述，他曾担任尼禄的导师和顾问，尼禄是一位名声不好的皇帝，塞涅卡可能帮助他做过各种不道德的事；塞涅卡的情况至少在道德上是复杂的。评论家们也对塞涅卡的钱感到不安。塞涅卡写道："除了蔑视财富的人，没有人配得上神。"然而，他自己却非常富有——拥有许多奴隶，显然还在意大利、埃及和西班牙拥有别墅。据说，他向殖民地里不想贷款的布立吞借钱，后来又突然收回贷款，造成了毁灭性的后果。

我认为，以马可·奥勒留为例更具建设性。他是斯多葛派的一员，作为一个人和一个政治家，他的声誉非常好。但是，由于塞涅卡一直是如此多讨论和怀疑的对象，让我就利用他贬低斯多葛主义以及一般的斯多葛式虚伪问题发表一些看法。

a. 在过去的 2000 年里，关于塞涅卡的文字很多，有些是同情的，有些则不是。这些文字太广泛了，无法在这本书中逐一记录。然而，大多数人认为他们对塞涅卡的了解来自塔西佗、苏埃托尼乌斯和卡西乌斯·狄奥写作的历史，以及塞涅卡同时代人的零星评论。塞涅卡生前留下的最著名的描述是一个宿敌普布利乌斯·苏利乌斯·鲁弗斯（Publius Suillius Rufus），塔西佗的《编年史》（*Annals* 13.42）中曾对其进行过描述；但塔西佗认为，苏利乌斯的名声极不好。

塞涅卡本人只留下了他的哲学著作和戏剧。除了这些作品，我们几乎不知道他曾对尼禄说过什么（请参阅第九章第 10 节末尾的有趣内容），也不知道他是如何看待自己似乎所处的悲惨道德地位的。有时，好人为坏人工作。塞涅卡这样做可能是为了公众，也可能是出于次要原因；他可能会让尼禄变得更糟，或者更好；他可能参与了试图杀死尼禄的行动，或者没有参与（尼禄当然认为他参与了）。所有这一切现在和对古代历史学家来说都是猜测。塔西佗撰写《编年史》时，塞涅卡已经去世五十年了。（苏埃托尼乌斯也是写塞涅卡的作家，是塔西佗的同时代人。）卡西乌斯·狄奥在将近一个世纪后写了赛涅卡。

鉴于记录稀少，对塞涅卡的大多数判断持怀疑态度的理由是显而易见的。为了便于比较，有人建议我们可以想象一下我们这个时代的一个人物，在两千年后根据一个与他同代的敌人的描述，以及两三个后来出生的历史学家的著作，被人记住和评价。历史学家没有关于这个人物的任何记录，也没有接触过几个见过他的人。按照现代标准，他们只有一小部分书面记录。如果没有这些缺点，我们很难理解历史学家和心理学家研究的近代公众人物。当我们回顾遥远的过去时，我们应该更加谨慎。所有关于塞涅卡的动机、内心生活和个人行为的评论都应该加上星号和注释，说明我们正确处理这些事情的几率不会太大。

尽管有这些限制，关于塞涅卡是什么样的人，长期以来一直有大量的猜测，其中很多都是挑剔的，没有带上星号。评论家们讨论了他对他的皇帝的看法，他写信时的想法，他自杀时的想法。如果不太当真，这些推测是无可非议的。但是判断伪善需要对所涉及的事实和人物有详细的了解，我认为现在所有人都无法对塞涅卡有这样的了解。

b. 话又说回来，就算我们能做到，又会有什么区别呢？坏人也能写好书。塞涅卡并不是一个试图以身作则的宗教人物。他是一位试图用理性说服人的哲学家。没错，他确实说过，评判哲学家应该看他们是如何生活的，而不是他们说了什么，所以如果用他自己的标准来评判他，他可能就失败了（或者他可能不会——参见本章第 1 节）；但这一标准本身选择不当。我们应该根据其价值来判断哲学家或心理学家写的东西。这一点在塞涅卡这样的著作中尤为明显，这些著作旨在提供一种有用的思维方式。它有帮助，或者没有。

c. 尽管如此，请重新考虑塞涅卡到底说了什么。他写的那些严肃的东西，并没有后人才有的限定条件，而人们太容易抓住这些条件不放了。刚才我引用了他关于蔑视财富的一句话。但现在考虑一下它所出现的整段话，也出现在第六章：

> 除了蔑视财富的人，没有人配得上神。我不禁止你拥有它们，但我想带你到你毫无恐惧地拥有它们的地步。只有一种方法可以做到这一点：说服自己，没有它们，你可以幸福地生活，并始终把它们视为即将离开。（Seneca, *Epistles* 18.13）

这反映了塞涅卡对斯多葛主义的一般态度。这是一种脱离快乐和厌恶的哲学，而不是消灭快乐和厌恶的哲学。理解这一点就其本身而言是很有价值的，因为否则斯多葛派可能会有一些荒谬的要求：不允许偏好或享受。理解这一点的另一个价值，是在判断斯多葛派是伪君子的说法时，这一说法认为斯多葛派中的一些人有钱，却又说谁都不应该这样有钱。诚然，一位哲学家在财富的包围下主张财富的非重要性时，可能会有些奇怪或令人厌恶。但如果非要把塞涅卡的话和他所做的事情进行比较的话，他所说的话就应该被仔细记住。也许他做到了自己所倡导的那种与财富的分离；也许他捐了很多钱。尤维纳利斯的第五首讽刺诗写于塞涅卡死后的那一代，里面提到了塞涅卡的慷慨，好像人人都知道似的。同时期的马提亚尔（Martial）的警句诗中也有类似的提及。但话说回来，塞涅卡和他的钱到底有什么关系，我们只能猜测。

其次，与此相关的是，塞涅卡并没有声称自己是斯多葛派中十分有成就的。他对传统行为的许多批评似乎主要针对自己。

> 我并不厚颜无耻到即使自己生病了，也要去治愈别人。这更像是我们躺在同一个病房里；我正在和你谈论我们所得的同一疾病，并分享治疗方法。所以，听我说话，就像我在自言自语一样。我会让你进入我的私人空间，并检查我自己，把你用作陪衬。（Seneca, *Epistles* 27.1）

塞涅卡有时对我们现在正在考虑的这些埋怨十分恼怒，这些埋怨是他生前和后来都有的。

> "你说一套，做一套。"你这个最恶毒的生物，对所有最

好的人都怀有敌意！这与他们对柏拉图、伊壁鸠鲁和芝诺的嘲讽是一样的：因为他们所有人都不是在教自己过去是如何生活的，而是在教自己应该如何生活。我说的是美德，而不是我自己。当我谴责罪恶时，我首先谴责的是我自己的罪恶。我会尽快以应该活的方式活下去。(Seneca, *On the Happy Life* 18.1—2)

最后一种态度是斯多葛派的特点。本书多次表明，他们的哲学是建立在谦逊的基础上的；任何在成为斯多葛派方面夸夸其谈的人并不谦逊，而斯多葛主义的进步可以部分地用一个人对其失败的感悟能力来衡量。马可·奥勒留也有相似的论述：

这个想法也将帮助你避免空洞的自尊心：你不可能作为一个哲学家活完一辈子，甚或从年青活到年老。相反，对许多人和你自己来说，你已经很明显地远离了哲学。你已经变得困惑，获得哲学家的声誉对你来说不再容易；你在生活中的地位也在与之斗争。如果你已经看到事情的真相，那么就不要再去想别人会怎么看你。如果你能用你的天性所提供的智慧度过余生，无论余生是什么，都要感到满足。(Marcus Aurelius, *Meditations* 8.1)

d. 撇开塞涅卡不谈，虚伪的说法也误解了斯多葛主义在大多数对其感兴趣的人的生活中的意义。该主张将斯多葛主义视为一种信条，试图使其追随者皈依，或被信徒作为判断他人的依据。这将使斯多葛派因说一套做一套而受到批评。从这本书的写作中，我们可以充分理解这种观点。为了把他们的想法教给别人，斯多葛派不得不向他们提供指导。但斯多葛主义的实践并不是告诉别人如何进行任何可能与自己的行为相矛盾的行动或言说。斯多葛主义，至少对现在研究它的大多数人来说，是一套思考工具，也是一种使用它们的方式，有人发现，有了它，他们可以帮助自己。这是要做的事，不是要说的话。

　　e. 关于斯多葛派，人们可能会问的最后一个问题是：我们拿它与什么相比？假设——我认为是有道理的——斯多葛派的典型学生仅向其目标前进了一点点，他们最终对自己无法控制的事情少了一点焦虑，对恼怒、侮辱和不幸多了一点耐心；他们在思维中，对传统有了更多的抵抗，对不应存在的欲望或恐惧有所减少，诸如此类。换句话说，他们取得了一定的进步。有些人从哲学中得到的比这多，有些人得到的比这少，但我们可以认为这是一个共同的结果。与贤者的成就相比，这些都是微不足道的收获，但与没有它们的标准相比，它们又相当可观。与其他类型的哲学研究的结果相比，它们也是相当可观的（哲学有多少能为学生做的呢？）在很难找到其他类型的改进时，轻视微小的改进是愚蠢的。因此，如果斯多葛派追求伟大的东西，但只实现了一部分，这种差异不应令他们被认为是伪君子。他们志存高远，遭遇失败了，却能有所成。

图书在版编目(CIP)数据

做自己的哲学家:斯多葛人生智慧的 12 堂课/(美)
沃德·法恩斯沃思(Ward Farnsworth)著;朱嘉玉译
. —上海:上海人民出版社,2023
书名原文:The Practicing Stoic:A
Philosophical User's Manual
ISBN 978 - 7 - 208 - 18140 - 3

Ⅰ.①做… Ⅱ.①沃… ②朱… Ⅲ.①斯多葛派-人
生哲学 Ⅳ.①B502.32 ②B821

中国国家版本馆 CIP 数据核字(2023)第 105490 号

责任编辑 吕子涵 于力平
封面设计 周伟伟

做自己的哲学家

——斯多葛人生智慧的 12 堂课

[美]沃德·法恩斯沃思 著

朱嘉玉 译

出　　版　上海人民出版社
　　　　　(201101　上海市闵行区号景路 159 弄 C 座)
发　　行　上海人民出版社发行中心
印　　刷　上海商务联西印刷有限公司
开　　本　890×1240　1/32
印　　张　11.5
插　　页　2
字　　数　229,000
版　　次　2023 年 9 月第 1 版
印　　次　2023 年 9 月第 1 次印刷
ISBN 978 - 7 - 208 - 18140 - 3/B·1673
定　　价　68.00 元

MINERVA

·密涅瓦·

大师经典

《社会学的基本概念》　　　　[德] 马克斯·韦伯 著　　　　胡景北 译
《历史的用途与滥用》　　　　[德] 弗里德里希·尼采 著

　　　　　　　　　　　　　　陈　涛　周辉荣 译　　　刘北成 校

《奢侈与资本主义》　　　　　[德] 维尔纳·桑巴特 著

　　　　　　　　　　　　　　王燕平　侯小河 译　　　刘北成 校

《社会改造原理》　　　　　　[英] 伯特兰·罗素 著　　　张师竹 译
《伦理体系：费希特自然法批判》

　　　　　　　　　　　　　　[德] 黑格尔 著　　　　　翁少龙 译

《理性与生存——五个讲座》　[德] 卡尔·雅斯贝尔斯 著　杨　栋 译
《战争与资本主义》　　　　　[德] 维尔纳·桑巴特 著　　晏小宝 译
《道德形而上学原理》　　　　[德] 康德 著　　　　　　苗力田 译
《论科学与艺术》　　　　　　[法] 让-雅克·卢梭 著　　何兆武 译

新锐思潮

《部落时代：个体主义在后现代社会的衰落》

　　　　　　　　　　　　　　[法] 米歇尔·马费索利 著　许轶冰 译
《鲍德里亚访谈录：1968—2008》

　　　　　　　　　　　　　　[法] 让·鲍德里亚 著　　　成家桢 译
《替罪羊》　　　　　　　　　[法] 勒内·基拉尔 著　　　冯寿农 译
《吃的哲学》　　　　　　　　[荷兰] 安玛丽·摩尔 著　　冯小旦 译
《经济人类学——法兰西学院课程（1992—1993）》

　　　　　　　　　　　　　　[法] 皮埃尔·布迪厄 著
　　　　　　　　　　　　　　[法] 帕特里克·尚帕涅
　　　　　　　　　　　　　　[法] 朱利安·杜瓦尔 等编　张　璐 译

《局外人——越轨的社会学研究》

　　　　　　　　　　[美] 霍华德·贝克尔 著　　　　张默雪 译

人生哲思

《论人的奴役与自由》　　[俄] 别尔嘉耶夫 著　　　　张百春 译
《论精神》　　　　　　　[法] 爱尔维修 著　　　　　杨伯恺 译
《论文化与价值》　　　　[英] 维特根斯坦 著　　　　楼　巍 译
《论自由意志——奥古斯丁对话录二篇》（修订译本）

　　　　　　　　　　[古罗马] 奥古斯丁 著　　　　成官泯 译

《论婚姻与道德》　　　　[英] 伯特兰·罗素 著　　　汪文娟 译
《赢得幸福》　　　　　　[英] 伯特兰·罗素 著　　　张　琳 译
《论宽容》　　　　　　　[英] 洛克 著　　　　　　　张祖辽 译
《做自己的哲学家：斯多葛人生智慧的 12 堂课》

　　　　　　　　　　[美] 沃德·法恩斯沃思 著　　朱嘉玉 译

社会观察

《新异化的诞生：社会加速批判理论大纲》

　　　　　　　　　　[德] 哈特穆特·罗萨 著　　　郑作彧 译

《不受掌控》　　　　　　[德] 哈特穆特·罗萨 著
　　　　　　　　　　　　郑作彧　马　欣 译
《生活还在继续》　　　　[法] 贝尔纳·皮沃 著　　　于文璟 译
《隐秘之恋——二战中的西方战俘与德国女人》

　　　　　　　　　　[德] 拉斐尔·谢克 著　　　　汪文娟 译